全球治理与发展战略丛书

丛书主编：陶 坚

国家经济利益与全球公共物品

张士铨 著

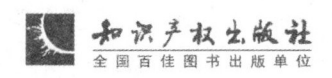

知识产权出版社
全国百佳图书出版单位

图书在版编目（CIP）数据

国家经济利益与全球公共物品/张士铨著. —北京：知识产权出版社，2016.6
（全球治理与发展战略丛书/陶坚主编）
ISBN 978-7-5130-4127-0

Ⅰ.①国… Ⅱ.①张… Ⅲ.①经济全球化—经济利益—研究②经济全球化—公共物品—研究 Ⅳ.①F014.1②F20

中国版本图书馆CIP数据核字（2016）第069427号

内容提要

以由浅入深、由简单到复杂的方法，对国家面对的利益格局调整、国家利益的获得以及它们和全球利益的博弈关系，对国内公共物品和全球公共物品的需求和面对的矛盾逐一展开分析。并提出了精辟观点：第一，国家利益并非铁板一块，而是取决于内外环境的变化，不同利益集团的组合既超越了国界限制也打破了意识形态束缚；第二，增进一国的国家利益，必须说明并夯实各方的利益基础，否则国家利益就是空谈，无法实现；第三，国家利益有其内在结构，在一定外在环境下各种利益之间存在互补与替代关系，优先发展经济利益是取得国家利益的关键；第四，以问题为导向，分析利益格局和公共物品的供需关系，在国家实力提升、更主动参与全球治理体系的背景下，以提供"硬公共物品"为先导，逐渐对"软公共物品"发力，促进我国利益与全球利益融合，提升我国的全球影响力。

策划编辑：蔡　虹	责任编辑：杨晓红　李　瑾
责任出版：刘译文	封面设计：邵建文

国家经济利益与全球公共物品

张士铨　著

出版发行：知识产权出版社有限责任公司	网　　址：http://www.ipph.cn
社　　址：北京市海淀区西外太平庄55号	邮　　编：100081
责编电话：010-82000860转8114	责编邮箱：1152436274@qq.com
发行电话：010-82000860转8101/8102	发行传真：010-82000893/82005070/82000270
印　　刷：三河市国英印务有限公司	经　　销：各大网上书店、新华书店及相关专业书店
开　　本：787mm×1092mm　1/16	印　　张：13.25
版　　次：2016年6月第1版	印　　次：2016年6月第1次印刷
字　　数：250千字	定　　价：39.00元
ISBN 978-7-5130-4127-0	

出版权专有　侵权必究
如有印装质量问题，本社负责调换。

总 序

以下呈现给读者的，是国际关系学院国际经济系师生的最新作品。它们是国际经济系课题组承担的"北京市与中央在京高校共建项目"的部分研究成果，取名为"全球治理与发展战略丛书"，共5种。

全球治理与中国，是贯穿这项课题研究的一条主线，一个既宏大、长远，又具体、直接关系到世界进步、国家繁荣和企业发展的问题。

陶坚教授主编、十多位老师和同学协力完成的《全球经济治理与中国对外经济关系》一书，以全球经济治理的大时代为背景，展开分析了中国对外经济关系涉及的多领域、多层面议题。上篇，着眼于找规律，启发思考。作者对全球治理的理论进行了深入剖析，揭示了国际经济秩序的变革与全球经济治理的内在关系，并从全球可持续发展的视角研究了全球环境治理问题。接着，以二十国集团、欧盟、东亚地区、美国为例，从不同角度切入，探讨了各自的政策和实践、对全球和地区经济治理的影响以及对中国的启示。下篇，立足于谋对策，紧扣中国。作者围绕中国参与全球经济治理的国家角色、现状和能力建设，人民币国际化，中美经贸不平衡关系的治理，对美欧贸易协作的应对，以及推行"一带一路"战略实施，提出了全面推动中国对外经济关系发展的系统、有见地、可行的政策建议。

张士铨教授在多年的教学实践中发现，在全球化和转型两个大背景下，我国国家治理体系面对着一个中心问题——如何处理增进国家经济利益和现有全球公共物品的相互关系。虽然它们都是现实存在并有多样化的表现方式，也是当今我国继续推动市场化改革获取国家利益，在此基础上谋求国际经济规则的制定权和发挥国际影响力的着力点所在，但为什么这样做，很多人尤其是学习国际关系的学生不甚了解。所以，他在专著《国家经济利益与全球公共物品》中，以由浅入深、由简到繁的方法，依次对国家面对的利益格局调整、国家利益的获得以及它们和全球利益的博弈关系，对国内公共物品和全球公共物品的需求和面对的矛盾逐一展开分析，并提出了精辟观点：第一，国家利益并非铁板一块，而是取决于内外环境的变化，不同利益集团的组合既超越了国界限制也打破了意识形态束缚；第二，增进一国的国家利益，必须说明并夯实各方的利益基础，否则国家利益就是空谈，无法实现；第三，国家利益有其内在结构，在一定外在环境下各种利益之间存在互补与替代关系，优先发展经济利益是取得国家利益的关键；第四，以问题为导向，分析利益格局和公共物品的供需关系。在国家实力提升、更主动参与全球治理体系的背景下，以提供"硬公共物品"为先导，逐渐对"软公共物品"发力，促进我国利益与全球利益融合，提升我国的全球影响力。

气候变化与环境保护是当前全球经济治理的重要领域。史亚东博士在《全球环境治理与我国的资源环境安全研究》一书中，详细介绍了全球环境治理机制的主体、原则和政策工具，结合我国资源安全和环境安全的现状，对参与全球环境治理对于我国资源环境安全的影响进行了深入分析。她以全球气候变化为例，探讨了当前全球气候治理机制存在的问题、未来的改进方向，以及对我国能源安全、水资源安全和粮食安全的影响，还具体分析了节能减排约束下我国能源价格风险和能源效率问题。

服务经济与服务贸易的兴起和发展已经在很大程度上改变了世界经济和贸易的格局，特别是区域经济合作进程不断加快，推动了服务贸易自由化在全球各地区的迅速发展，包括中国在内的东亚国家在国际服务贸易领域占据了越来越重要的地位。刘中伟博士的专著《东亚区域服务贸易自由化合作发展机制研究》，在总结借鉴服务贸易和服务贸易自由化理论研究的基础上，回顾东亚区域服务贸易发展现状，研究东亚区域框架下服务贸易自由化的合作发展机制和区域经济治理问题，并就中国参与区域服务贸易自由化合作进程提供政策建议和理论依据。一是通过回顾全球和东亚区域服务贸易发展格局，对东亚地区服务贸易总体状况和服务贸易自由化的发展特点与趋势进行了阐述。二是基于传统比较优势理论适用于服务贸易理论分析的观点，认为贸易自由化在提高经济效率、形成贸易效应方面的作用在服务贸易领域同样适用，并对东亚区域服务贸易自由化的积极作用明显。三是东亚区域服务贸易自由化的合作发展，一方面在于各经济体自身的服务业发展，服务生产要素资源在产业内的整合、互补和投入程度，具备开展服务贸易合作的基础；另一方面在于东亚各经济体要具有开展合作的意愿，并通过寻求签订服务贸易合作协议来实现服务贸易自由化。四是在全球价值链整合和服务业跨境转移背景下，东亚服务生产网络的形成与发展对东亚区域服务贸易体系和结构产生了深刻影响。构建有利于东亚地区长远发展的稳定、平衡的合作与治理机制，将最终成为东亚区域服务贸易自由化实现的制度保障。五是中国在参与东亚区域服务贸易自由化进程中，可以立足于比较优势和专业化分工深化，改善自身服务贸易出口结构；大力推动服务外包产业发展，加快促进服务生产要素自由流动；把握东亚服务贸易自由化合作进程重点，注重合作与治理机制整合发展；建立健全服务贸易政策体系，促进我国服务贸易可持续发展。据此，作者指出，当前东亚区域服务贸易自由化进程主要通过其共享机制、开放机制、竞合机制和经济增长机制四种机制，推动包括中国在内的东亚地区经济体深入开展服务贸易合作，完善区域开放性经济一体化和治理机制建设，促进东亚各国经济的可持续发展。

刘斌博士的《21世纪跨国公司新论：行为、路径与影响力》，重点围绕跨国公司的经济属性、管理属性和政治属性的"三维属性",从一个整合的层面,结合全球经济治理的视角,对其中的七大核心问题进行分析和阐述。全书通过对跨国公司的产业行为、经营行为、战略行为、组织行为、创新行为、垄断行为、主权行为进行纵向历史性总结分析,阐述了在相关领域内跨国公司行为的特点、模式、路径,以及产生的影响,特别是分析了21世纪以来的10多年间跨国公司在相关领域行为的新动向。本书将中国跨国公司的行为特点和发展现状视为一个重要的部分,分别在相关的章节进行了分析和说明,希望由此描绘一个对中国本土跨国公司分析的完整视图。

相信上述5部著作能够帮助读者从不同的视角,来观察和理解中国在全球治理中的角色,在不同领域面临的挑战,靠什么来维护国家利益,又如何扩大全球影响力。

作者们将收获的,是学术发表的喜悦和为国家经济发展建言献策的荣耀。

是为序。

陶坚(国际关系学院校长)
2015年7月16日于坡上村

目录

引言 1

第一章 全球化和转型背景下的新问题 18
第一节 全球化、转型与利益关系 20
第二节 研究方法和基本思路 39

第二章 利益与国家利益 44
第一节 利益的辨析 44
第二节 从个人、微观利益到国家利益 66
第三节 国家利益内涵的再思考 87

第三章 国家经济利益在国家利益体系中的地位 94
第一节 国家经济利益存在的条件 94
第二节 国家经济利益的内涵和表现形式 100

第四章 国家经济利益与全球公共物品 103
第一节 公共物品和国家利益的关系 103
第二节 集体行动和公共产品 113

第五章 公共物品实践和理论演变——转型角度 119
第一节 市场经济条件下的公共物品 119
第二节 转型进程中公共物品的变化轨迹 128

第六章 公共物品实践与理论演变——经济全球化角度 … 141
第一节 由国内公共物品到全球公共物品 … 141
第二节 全球公共物品的本质及特征 … 153

第七章 全球治理进程与全球公共物品 … 162
第一节 发展和变革潮流提出的新课题 … 163
第二节 全球经济治理在全球治理体系中的基础作用 … 169
第三节 全球经济治理趋势与全球公共物品的关系 … 176

第八章 案例和新问题分析 … 181
第一节 美国主导下的跨太平洋伙伴关系 … 181
第二节 全球环境与生态合作 … 187
第三节 贸易摩擦中体现的国家利益和全球公共物品之间的关系 … 194

结束语 … 200

后 记 … 202

引 言

本研究课题"国家经济利益与全球公共物品研究",系我系(国际关系学院国际经济系)承担的"北京市与中央在京高校共建项目——国际经济与贸易"的一个子课题,也是该总课题涵盖的两个系列(教科书和学术专著)第二个系列中的一本专著。鉴于我系致力于打造在本科和研究生教学和科研两个层面的专业特色——全球经济治理与国家经济安全,以配合国家崛起和突出我校的学科建设方向(国际关系和国家安全)大小两个目标,研究国家利益(国家安全的基石在于国家利益的得失,而国家利益的主要表现形式之一是国家经济利益)和全球治理(经济治理既是全球治理的组成部分,又是国际关系中的重要内容,其主要手段便是全球公共物品的供给和运用)及其之间的关系,便成为本书的主旨。值得说明的是,本课题的两个关键词(国家经济利益和全球公共物品)是在国家利益和公共物品顶级词汇下的"二级"词汇,但它们又同属于当今我国参与国际生活、发挥能动作用主要和率先追求的目标,因此说明它们之间关系非常必要。为符合逻辑叙述要求,应该先给它们盖上"帽子",即从它们的上一层——国家利益和公共物品开始,循序渐进地展开分析。

利益是我们耳熟能详和经常用到的词汇,尽管人们对利益内涵和各种利益的相互关系即利益结构可能有不同的解读,然而却普遍承认,利益是个人、企业甚至国家、国际组织决策和行为的出发点和动机。可以将他们称之为不同的利益主体。他们各自独立的利益诉求,不同利益主体之间的合作以及争端冲突,同一利益主体内部各组成部分的利益差异,必然都在现实社会生活中得到充分展现。据此,可以将个人利益和整体利益、局部利益和公众利益、国家利益和全球利益、国家经济利益和政治利益等,列为涉及利益格局的一些基本关系。当今人们为什么会对利益格局予以强烈关注?首先来源于自身利益在社会生活中究竟得到增进还是受到损害——研究利益时应该坚持"问题导向"。按照约瑟夫·奈的说法,当氧气充足的时候，人不会有什么异样的感觉，但是氧气不足的时候，便无法生活，因为他已经脱离常态。他只有两种选择：或者采取措施适应"新常态"下利益格局的变化，或者逃离现实。显然，后面这一条不足取，也不是大多数人行为的真实写照。另外，对于生活在社会中的利益主体而言，也要摸清与自己相关的其他利益主体的打算，只有在共赢基础上，自身利益的实现才是踏实有效的。建立在非排他性和协调共赢基础上的利益关系，以增进共同利益关系为主旨，这类社会经济政治生活的制度、机制和基础设施，便是我们所论及的公共物品。

凡平常对社会生活有观察有思虑的人，都可以信手拈来一些利益关系中既有一致又有争端的方面：比如个人恪尽职守对集体利益的增进，或者争权擅行对集体利益造成的损害；考虑到行业和本部门的利益，却没有从公共和国家角度着眼——只强调本部门的出口利益却未注意到国际收支的平衡；就一国国家利益和全球利益的关系而言，更是如此。谁都知道，自由贸易有助于全球利益的增进，有助于各国按照比较优势和竞争优势配置资源。然而当下后金融危机时代，各国普遍奉行的以邻为壑、损人利己的贸易保护政策却大行其道；经济利益本来是政治纷争的缓冲器，但某些国家中的政治领导人为了迎合选民需要，增加自己的票仓，断然割断国家间的贸易投资渠道而为自己的进身之阶，等等，不一而足。各种利益关系不但变动不居，因时因地不同，而且也难于用统一的标准要求人们去使自己的行为符合集体、公共、国家甚至全球的总体利益。不同的利益层次之间，即便在每一利益层次中的不同利益主体之间，协调矛盾，化解冲突，都是不容易甚至长期无解的事。为什么如此？看起来很难理出一条清晰的线索，"没有永远的朋友，只有永恒的利益"，利益驱动着人、组织和国家关系的分分合合；利益关系相互交织，任何一种关系环境变动都会影响到其他关系，改变利益格局的面貌。然而，利益的变动似乎有规律可循，因为它毕竟是下至个人，上至国家和国际社会中不同行为体行为的驱动器，人们从事经济政治文化等各种各样的活动，制定政策，背后头等重要的因素应该还是利益关系。按照汪丁丁的说法，只要试图把经济学"实践起来"，别总是纸上谈兵，而是用其阐述的道理，试图改善现实世界里的资源配置效率，我们就会意识到，现实世界的经济学是永远置身于利益冲突当中的。这一基本的问题意识,是政治经济学的问题意识,它渗透到一切政治经济问题当中,从柴米油盐、衣食住行到工资、赋税、劳动、资本、土地、财政、金融,一切公共物品都不能逃于其外,都少不了利益关系的支配。置身不同人群不同个体之间的利益冲突之间,寻求资源配置效率的改善,这就是政治经济学的主题①。当然,我们要强调的是,利益必须是在社会生活中表现出来的,封闭条件下缺少利益的实现条件,此方利益得失必然和彼方利益得失密切相连;利益和争取利益的行为是可变的,获取了近期利益的主体必然提出对远期利益的要求,就像谚语所说,人不能两次跨过同一条河流;利益冲突是绝对的,利益协调和共赢是相对的,只有在一定条件下才能存在,问题是怎样让这种局面维持得更长久一些。

正因如此,研究利益关系的发展变化,就应该从利益主体的想法和做法开始。

第一,利益的考量和利益的计算——理性人的计算。理论上看,理性人时时刻刻都在进行成本和收益计算,否则不能做出符合自己利益的决策。这必须在市场经济的环境下才有可能——市场机制指挥人们行为的信号是实实在在的,价格、利润和市场份额等都跟人的利益直接相关;而在计划经济条件下,人们即便对自身利益有所算计,也不存在实现的条件。因为价格等信号,都不是市场供求变动的反映,也不能为人们自主配置资源提供依据,当然更不能调节人的行为。当然,不管计划还是市场体制,人的行为不可能只以利益为导向,还有其他动机,如社会地位、荣誉、被人接受等,然而用这些与物质利益动机相比,后者始终居首——只有基本物质利益得到满足,其他才能提上层面②。即便是个人利益(更不用说集体和国家利益)也有层次区别,随着低层次利益的实现,必然过渡到对高层次利益的追求,如果一味投入满足低层次的利益,其效果必呈递减趋势。除了上述这些之外,还因为利益是在社会生活与他人交往中实现的,所以个体在对自身的利益进行考量和计算的时候,还必须将和自己有关的利益主体

---

① 汪丁丁:《新政治经济学与中国社会变迁》,《新政治经济学评论》2005年版。
② 用马斯洛的需求层次理论解释,基本需求首先指生存一类的物质利益,而物质利益必须用收入来满足。

的利益边界以及自己和别人的利益交叉部分一并考虑在内。不同主体的利益边界指的是自身利益的最大外围,这是自身利益之底线,不容被别的主体不付代价或低价换走。而与别人交叉部分指与其他利益主体的利益重合区域。如果某人做事,既利己又利他,那么交叉部分的面积显然较大,换句话说,其自身利益的"正外部性"就越容易得到社会承认。据此,我们可以说,利益的实质在于其主体的考量和计算,是内生而不是"被表现"的,是在竞争中外化的,而不是被"代表"出来的。即便真是代表,也必须看利益主体对代表者的"授权"。没有法律意义上的授权制度,谁能保证公众利益的"代表者"就是从事符合公众利益的工作?"经济学之父"亚当·斯密对此就持怀疑态度。古往今来的历史经验也表明,理性行为人做事之前,先要研究利益获得和投入成本之间的关系,搜集足够的信息,也要对当前利益与未来利益及获得方式做个比较,盲目采取行动被认为是"缺心眼"。

第二,增进利益的政策和行动。面对眼前可能的利益得失,利益主体要有明确措施应对,就必须参考行动过程中外界的变量,否则就不可能获取利益——主动出击和被动的应对缺一不可。等着利益上门无异于天上掉馅饼,并非当今社会利益主体的行为特点。当然"经济人"在追求自身利益的同时也可能使社会利益最大化——这就是斯密所论"看不见的手"在配置资源中的作用。这种理想境界的条件在于,利益主体能否得到足够的、促使其科学决策的信息,政府能否为真实信息资源的流动,构建一种制度并以此规范自己的行为,比如怎样让政府信息更加真实透明,使人们相信,并在决策时有所依赖。

第三,必须迎合历史潮流,否则难以从中获益。很难想象,利益是在真空中实现的。这里的意思是,利益必须能够落实到具体的事物上面,空谈利益不仅极其有害,问题是没有人相信[①]。如果一国财政和货币政策不能调节利益关系,谁还会回应这些政策?人对利益的追求,随时代变迁也会

[①] 就像中国的"义利观""命运共同体"等说法,比较抽象,很有具体化的必要,才能让世人接受。张锋:《为什么中国的外交话语这么难懂》,共识网21ccom.net,2015-5-21。

提升追求利益的层次。所以要将利益分成若干部分，每个部分可能对应于不同的阶段。就国家利益的实现而言，我国自十一届三中全会以来的改革，先解放的是捆绑在个人利益上的枷锁，没有个人利益的解放，个人乃至集体、社会和国家都不可能获得发展机会，国家利益也没有根基。此时没有人过多考虑全球利益，毫无疑问在当时条件下，相比国家利益，它处在次要地位；但在当今，以增大的国家实力和形象撬动国际关系争取对我国发展的有利格局时，国家利益和全球利益便成为我们追求的主要对象，具有同等的重要性。但不要忘记必须使其和微观利益对接起来，否则也将成为无源之水、无本之木。

第四，利益并非决定人的行为的唯一因素。大卫·休谟早就说过，尽管人是由利益支配的，但是利益本身和人类的所有事务却是由观念支配的。观念的变革——价值观的变化导致利益观发生变化是不言而喻的[①]。否则我们很难解释有人不按个人或集团利益出牌的行为，也很难说明，有人不被短期利益诱惑而从事风险较大的投资。

第五，考虑并尊重他方利益是获得自身利益的前提。因为利益不能离开社会存在，国家利益也不能离开别国利益和全球利益而存在，以邻为壑和对他人利益的冷漠态度都不利于一国在国际社会中立足，更遑论发挥建设性作用。相反，具有包容性和凝聚共识并以共同利益为根基的制度形式，才可能具有生机与活力。按照伯格斯滕——美国国际经济研究所前所长的计算和分析，中国希望在亚太经济合作组织APEC框架下推动亚太自由贸易区FTAAP进程，虽然这与美国主导的跨太平洋经济伙伴合作协定TPP存在一定矛盾，不参与TPP每年要增加交易成本1 000亿美元。但他认为，这两个事情都是真实存在并会取得发展，谁都不能强调一面而忽视另一面。当然FTAAP不如TPP成熟，主导国不明显，路线图不清晰。但是它具有的包容性却是TPP无从比拟的，显然不管发展层次高低，都能被纳入，相比之下美国主导的TPP倒有些曲高和寡，进入的条件比较严格。然而，若从发展前景上看，TPP却代表未来方向和谈判中的高级议题。所以中国要拿这个同美国主导下的TPP对抗，还有很大差距。而中国希望以自己的

[①] 马克斯·韦伯在《新教伦理与资本主义精神》里，对这样的问题，有较好的论述。

方式加入TPP，美国亦不反对，参加TPP的国家对FTAAP也有热情。所以问题并非有人想象的那样，中美是竞争不合作，互相以竖旗笼络喽啰的方式反对对方。可以说两国之间利益既交叉存在又充满纷争，这是双方都承认的。不能以一时得失论短长。①

　　从国家主体角度来看利益关系在世界中的变化，就可知道我国的发展和转型不可能离开全球潮流而存在。中国依仗全球化和转型——依据国际生产要素流动补充稀缺资源、国际贸易发挥比较优势和国际金融体系融通资金，还有市场及规则等而崛起。倘若没有西方国家从前所做的铺垫——可称之为发展的参照，比如市场配置资源的制度、社会保障体制等成功经验和教训，很难激发我们自己的改革意愿，只靠蛮干"杀出血路"，难以取得今天的成就。可以用历史说明这个道理：邓小平时代是以经济建设为中心——我们的开放开始时，首先是对西方国家的开放，瞄准的是发达资本主义国家的技术、人才和资金，这是因为舍他们无其他国家可以提供给我们稀少又急需的要素。就发达国家而言，帮助我国也是一个双赢结果，因为他们也从中国的发展中获益，最少也获得"分红"。反过来说，某个发达国家如果搭不上中国经济发展这班车就是损失，相对于其他得利者的差距就被拉大。所以说，中国发展离不开自身和外力的共同作用。但在今天中国经济的"自生能力"已经得到充分提高的状态下（不但产品结构有了根本改善，而且生产能力也有了极大的提升），挟世界经济中第二大经济体量和第一的增长速度，我们对于世界的需求也跟以往有了很大差别：的确需要更多的生产要素（只不过所需生产要素的结构发生很大变化，对资金需求已不像过去迫切，而以原材料、能源以及技术需求为主）和更为广阔的产品市场（制造业和服务类产品成为主流，而不是过去意义的劳动密集型出口产品）。这一情况说明，中国已经全方位地暴露在国际社会面前，需求和愿望已被世人熟知。如果再一味地"韬光养晦""闭口深藏舌，安得处处牢"，不宣示自己在世界经济中的诉求和责任，不但不合时宜还会被人认为虚伪和不负责任。我们知道，在国际政治的话语里，所

---

① C.Fred Bergsten："Bridging the Pacific: Toward Free Trade and Investment between China and United States".

谓崛起，就是一个国家由于经济实力（不管用什么方式取得）的快速上升，与其他国家相比，国际地位急速提高，影响力迅速加大，从而对国际政治经济秩序产生重大影响。然而这种影响是分步体现出来的。就中国而言，经济为先取代了过去的凭借武力崛起（相比于其他大国的历史崛起，中国经济增长不存在海外扩张的诉求）的确不容置疑：贸易金融投资的数量变化、参与国际经济组织的指标（在IMF中的份额的扩大，在世界银行中的贡献加大，这些都是衡量一国参与全球化的尺度——外在的一般性指标，也可以看成对世界经济的贡献——将世界经济蛋糕做大）。当然，增长的快速也会引起别人的不适应，比如说对原料市场争夺和加剧对产品市场占领。所以，我们也要让世人知道，这些是不可避免的，关键在于我们是按照国际经济的规则，以国际社会能够接受的方式展开竞争的。

大国崛起是撬动国际利益关系变动的杠杆，在经济上迅速崛起是我国的鲜明特点。我们理解的崛起是可持续的而不是昙花一现的，有今天没明天的，是前后相连而不是大起大落的；崛起是一个客观的进程，其中政府的作用十分重要，但诸种发展要素的变化却是最根本的，比如资本从改革开放初期的短缺到后来出现剩余的变化，导致从吸收外资这种稀缺资源到对外直接与间接投资，反映了当初的紧俏资源随着发展已经在国内过剩，必须寻求更有利可图的国际市场；从对外经济关系角度看（比如一路一带，是我国与沿线国家共同打造"全球公共产品"，作为主办方的我国肯定要投入更多并允许别国搭便车），中国的崛起离不开其他国家的参与和支持，我国在自身利益扩展过程中，也需要符合他国利益，若是没有一个实现共赢的机制，中国的崛起必然受到他国的抵制；经济崛起，从本质上看，更需要技术和管理等生产要素供给，相比资金和劳动力等要素而言，我国至今仍然没出现像资本那样的从短缺到剩余的变化，因此，还需要继续引进，而不是输出，这不但说明我们对全球经济的影响还比较有限，与美国无法比肩，也说明总体经济素质与我之大国地位尚有一定差距。

第一，"崛起的争议"。主要涉及按照什么标准衡量崛起，以及世人质疑中国崛起存在的问题。如果从GDP存量和增量的角度看，我国经济存量居于世界第二，增量在30多年来一直稳居世界前列（可以说这是基于比较有利的国际条件和较低的基数）。种种情况表明，按照PPP（购买力平价，Purchasing Power Parity）——可以称之为激进办法，根据国际货币基金组织IMF的解释，中国的GDP已经于2014年超过美国，继2001年超过日本之后成为世界第一大经济体。但是这种算法多有质疑。主要是说购买力平价虽然能够消除人为操纵汇率的弊端，但不能解决由于国民收入、资本流动、贸易条件乃至政治因素变动对汇率的影响，也无从解决计算汇率的"一篮子物品"的组成问题，因此，人们对此结果都是一笑而过[①]，并不将此视为中国经济已经超过美国的"依据"。但是，如果按照实际宏观经济指标看，按市场汇率计算的GDP、世界第一的贸易大国、第一的制造业大国等，则说明崛起是不争的事实，而且这些数据是搭载到高速增长的快车上。考虑到金融危机后经济回归"常态"，中国的增长速度依然在全球力拔头筹，又足以说明，"崛起"这件事本身没有水分。

然而伴随激进崛起的许多事情令世人担忧，比如资源环境恶化、贫富差距扩大、人口红利消失和严重的腐败等不一而足。"有问题"的崛起包含两层涵义：经济总量和在世界中的地位加强，"崛起模式"受到的挑战也越发尖锐。特别值得注意的是，以往高速增长靠投资、人口红利、房地产泡沫和粗放发展，但现在这些都减少了存在的基础，因此，增长不得不回归常态——往日崛起的速度成为明日黄花。反过来说，这也是崛起引发的问题，逼迫我们不得不改弦更张。

第二，实力增长和责任担当。实力增长对世界经济影响力加大和责任担当不仅相辅相成，也是国际社会的要求。从贸易、投资和金融活动与全球经济的互动角度看，一方面它们是拉动经济增长的三驾马车：贸易活动的基础在于比较优势与竞争优势，而我国在制造业领域中的生产和贸易规模总体上已经超过美国，尽管在结构上有些问题——高等级的制造业少，污染环境的产品多，但这些并不能阻止中国成为世界经济的重要引擎；从过去注重吸引外资到向外直接投资并重。我国对外直接投资开始侧重对要素市场的投资，为我国本土产品生产准备原料、燃料，而现在投资的重点

[①] 《基于购买力平价计算GDP存在局限》，2014年11月10日，中国证券报。

是外国的基础设施和民生领域,不但有助于缓解我国已经存在的过剩产能,亦能满足受资国的需要,扩大我国的影响;在金融领域中,我国的角色也发生很大的转变,一改过去的资本输入,变为以资金参股国际经济组织和向地区银行注资,提供对深受危机传染国家的金融支持等。总之,我们自己的崛起无法离开世界,那么我之繁荣必然要回报世界,也要担负必要的全球安全和发展责任。这就体现在发展带来的"正外部性"上,也是别国认可我国崛起的基础。

第三,体制转型和互惠互利。中国崛起不但依赖于全球化,也依赖于转型①,后者甚至是更重要的因素。转型使发展成果从过去的国家政府独享到国内多元受益,从国际上看也是让别人共享你的成果。历史经验已经告诉我们,靠计划经济和自力更生不可能实现崛起,而市场经济和参与全球经济才是制胜之道。所以,发挥市场配置资源的主渠道作用,就必须承认并且扶持除政府而外的各种力量特别是民间资本等,让他们获利从而激励他们的投资热情,在国际关系中也要坚持与别国的互惠互利原则。

参考材料1:新常态下宏观经济面临的结构调整问题

2014年,中国GDP达到63.6万亿元,比上年增长7.4%。这一数值比2014年年初确定的全年增长目标7.5%,相差0.1个百分点。

虽然基本达标,但因其为24年来最低的宏观经济增长速度,有几个问题必须引起足够的重视。

从全年经济发展的态势来看,2014年全年呈现出前高后低的趋势,第三、四季度经济增速处在全年最低位,预示着进一步下滑的压力仍然巨大。经济下行的趋势有延续的较大概率。

就几个重要的增长引擎的状况来看,也不容乐观。房地产行业目前面临人口老化和高库存的双重压力。央行采取的降息政策虽然带动一线城市销售明显回暖,但占比80%以上的二三线城市依然疲弱,全国整体房地产销售还在下滑。再加上目前巨大的房屋存量和在建面积、人口下降对房地产需求

---

① 两个转型——资源配置方式由计划体制向市场经济体制转型,经济增长方式由粗放向集约转型——作者注。

的刚性压力，该行业未来很难再承担扩张需求的大任。如果脱离房地产对大量相关行业的带动作用，仅靠在铁路建设上的几个大项目，很难拉动经济增长持续向前；制造业方面也面临着全面过剩后的结构调整问题。在经济已经转变为新常态的背景下，地方政府不能将GDP作为单一考核指标，还要加上结构调整甚至发展因素；再将上述房地产开发投资意愿放缓导致对制造业产品需求下降，房屋需求不振等因素算进，结果必然导致制造业供给端的库存压力增加。所以，未来制造业的发展——除去少数产业外，都将以去产能和去杠杆为主，很难再现引领经济增长的辉煌；出口本是我国经济增长的传统引擎，但现在也面临着很大的困境。人民币有效汇率的攀升和劳动力成本的上升都制约着出口的增长，而适应国际市场需求的高技术产品和人民币国际化推进，虽然能够对拉动出口给予一定的支持，但毕竟还需要一段较长的时间去摸索和形成生产能力，在可见的时间内很难对出口形成实质性的利好。

更加现实的问题是，从用电量、银行信贷规模、铁路货运量这三大无水分指标来看[1]，比如2015年年初，国家统计局公布的用电量指标更进一步加深了我们对中国经济发展的担忧。2014年用电量同比增长仅3.8%，比2013年的7.5%剧减3.7个百分点，创2003年以来最低值；根据中国电力企业联合会在年初时做出的预测，预计2014年用电量同比增长6.5%至7.5%，实际指标和预测指标之差不容小觑。同样，2014年M2同比增速为12.2%，也低于年初13%的预定目标和市场的预期。

客观上看，政府和百姓不必对GDP增速高低牵肠挂肚，市场似乎也没必要过于杞人忧天，毕竟我国以全球第二大的经济体量，又持着超过7%的GDP增速——依然在世界经济中名列前茅，这就足以使我们宽心。但要保持经济稳定、健康的发展，必须要为中国的经济增长确立新的增长引擎与增长动力。根据李克强总理在达沃斯论坛上给出的中国经济发展蓝图，不难看出，未来中国经济的可持续发展，最重要的是需要依靠两个支柱。

第一个方面是改造传统引擎，重点是扩大公共产品和公共服务的供给。中国基础设施建设和公共服务体系还有很大空间。数据统计显示目前中国

---

[1] 很多人称此为"克强指数"，即李克强总理衡量宏观经济运行状况的3个指标。

公共设施的存量仅为西欧国家的38%,北美国家的23%,服务业水平比同等发展中国家普遍低10个百分点,而城镇化则比发达国家低20多个百分点。在经济下行时期,通过基础设施建设和扩大公共服务供给,保持稳增长态势,应该是最行之有效的手段。这也诱发在"新常态"的情况下,国家对资金来源运用新战略,不再依靠国家和政府的全力投入,而是引导社会资本与外资合理进入基建项目。

  第二个方面则是打造创新引擎。为创业松绑,启动中小企业和私人部门的增长引擎,以替代房地产和传统制造业留下的空缺。如果能够释放创业和创新活力,最核心的要素是启动创业者和中小企业的热情,这就涉及对资本市场的开放和推行财税优惠措施。资本市场的进一步开放为投资者打开了资本增值的机制,也就等同于为创业者和中小企业营造了更加舒适的融资环境。而财税优惠的推行,可以通过降低企业成本和降低消费者支出,为供需双方提供更加充足的经营动力和消费意愿。

  自习近平和李克强为首的新领导班子上位以来,"经济新常态"就成为出现最多的一个新短语,而愈来愈多的人也开始意识到这并不仅仅是一个新官上任提出的噱头,而是代表着中国进入了改革的深水区和经济结构的转型期。在经济新常态下,GDP不再是政府政绩的唯一考核标准,经济增长的模式和动力也会从传统产业向新兴产业转移。

参考材料2:新常态下我国经济在世界经济中的影响力问题[①]

  自2010年起,中国就超过日本成为全球第二大经济体,并在接下来的5年时间里,以年均8.5%的经济增长速度,超越美国成为全球经济增量最大贡献者。

  但是每年的经济增长速度是不均衡的。预计在2015年,中国经济增长速度因结构性调整需要,从2014年的7.4%进一步降低至7.1%,而美国经济复苏步伐加快,经济增长速度可能从2014年的2.4%升至2015年的3.2%。针对这一预测,有分析家断言甚至惊呼中国的世界经济增长最大引擎地位又被美

---

① 《东方信邦宏观经济分析》,总第4857期。

国重新夺回。此预测的可信性究竟有多大？做个定量分析便知端的。如果以2014年实际经济规模（国内生产总值GDP）数据与国际货币基金组织IMF最新公布的2015年全球、中国与美国的经济增长的预测值作为基础数据来做简单的定量推算的话，2014年全球经济规模为77.7万亿美元，中国经济规模10.4万亿美元，美国经济规模17.4万亿美元，可知中国占全球经济的比重为13.4%，美国占全球经济的比重为22.4%。同时，IMF关于2015年预测值为：全球经济增长3.5%，中国经济增长6.8%（专家的预测为7.1%），美国经济增长3.6%。为谨慎起见，拟取中国经济增长的较低预测值，而对美国取较高预测值。

根据加权平均法，A年X国对于全球经济增长Z的贡献度Y的计算公式为：

$Y=(XG \times XW)/Z$

XG: A年X国经济增长速度

XW: X国上一年占全球经济比重

Z: A年全球经济增长速度

则2015年中国与美国对于全球经济增长的贡献度分别为：

中国贡献度=(6.8%×13.4%)/3.5%=26%

美国贡献度=(3.6%×22.4%)/3.5%=23%

这清楚地表明，2015年中国对于全球经济的贡献度为26%，仍高于美国对于全球经济增长的贡献度(23%)3个百分点，所以说中国仍是世界经济增长最大引擎，美国只能屈居第二。当然，因中国经济增长速度放缓与美国增长加快，两国于全球经济增长贡献度的差距比有所缩小，但这并不预示此差距今后会不断缩小，美国最终将重夺最大增长引擎地位。至于今后的增长率和对世界影响力之区别，主要涉及以下两个因素。

一是随着中国经济增长速度继续快于美国经济增长速度（这是毫无疑问的，只是快多少的问题，起码按照市场价值测算的GDP计，中国在2025—2030年间赶上美国之前是如此，这也是国际经济学界的共识），客观上看，中国占全球经济比重愈来愈大，愈来愈接近美国，为保持中国对全球经济增长的贡献度高于美国，中国经济增长速度高于美国经济增长速度的要求会不断降低。2014年中国占全球经济比重为13.4%，美国占全球经济比重为22.4%，两者之差约为9个百分点，或以占中国经济比重的百分比计算为61%，则中国经济增长速度只需高于美国经济增长速度61%，中国对于全球经济的贡献度就会高于美国。是故2015年中国经济增长6.8%，美国经济增长3.6%，前者比后者高89%，中国对世界经济贡献度高于美国，便是可以肯定的问题。

二是今后中、美两国经济增长前景问题。关于中国经济今后5年增长速度，专家认为能保持在7%左右。这是预测，如果尚不能算数，那就看看市场预测值。该数值表明，除个别预测低于6%甚至低至3%外，大多数预测都在6.0%以上。姑且就算6.2%，已属十分悲观的情况。而对于美国经济预测，除个别高于4%外，大多数低于4%。姑且就算3.8%，已属很乐观的预测。两相比较，中国经济增长速度还是比美国的快63%。据上述推论，美国对于全球经济增长贡献度仍不能超过中国，几年之内，美国仍不能超越中国成为世界经济最大引擎。至于5年以后，由于中国经济规模与美国经济规模大致相当，分别占全球经济比重已很接近，则中国经济增长速度只要略高于美国，中国对全球经济增长贡献都会高于美国，中国的全球经济增长最大引擎地位就不动摇。而在今后一段时期内，显然这是不难做到的事情。

当然，这仅仅是对未来10年的判断，不足说明永远。中国经济增长速度将随着经济规模不断扩大，经济结构不断高端化与经济肌体不断成熟而逐步放缓——以往那种大上快进局面将不复存在。与美国经济增长速度差距将随之逐步缩小这一公认前景，不能排除美国经济增长速度在将来某一时点超过中国，届时美国或有机会与中国争夺世界经济增长最大引擎地位。但这要等到中国经济按人均GDP计算基本上成为发达经济体之时，那时恐怕已经在从现在起的20年以后。其他发展中国家，如印度建立在比我国低的发展阶段基础——由于前期性特征更加明显，要素投入的产出效果也会更加突出，故而其经济增速极有可能在今后几年超过中国。但目前印度经济规模仅为中国五分之一左右，其占全球经济比重也仅为3%上下。据上面测算公式与逻辑，目前印度对于全球经济增长贡献度若要超过中国，除非其经济增长速度为中国经济增长速度的5倍。显然这是不可能的。印度要想与中国争夺世界级经济增长最大引擎地位，只能在其经济规模比现在大大地接近于中国之时，而这少算也是20年之后的事情了。所以我们看，起码今后20年之内，中国仍将是全球经济增长最大引擎。同时也说明，中国能够进行结构调整以提高经济质量，用改革红利促进次高速经济增长，不但对于中国人民是福音，对于世界人民也是重大利好。值得指出的是，新常态下的经济增长并非低速增长状态，而是从高速转向中高速增长阶段，此阶段乃是调整阶段——调整的好坏至关重要；当下的确是增长的转折点：为保证中高速增速以缓解就业和其他方面的压力，信贷的适度扩张还是必要的。

所以，我国经济从过去的高速向中高速增长已经成为现实，但是经济增长方式转型还只是开始，两者在新常态下，必须做到匹配。否则增速降低，效益未得到改善，这种"双差"格局，十分不利于提高我国在国际社会中的形象。

就像人的追求被自身发展和环境更新所诱导，从低层次跃升到高层次那样，以国家为主体的利益（国家利益）和从经济领域看的国家利益（国家经济利益）也随着改革开放向纵深发展而不断变化，其内容和获得形式也在不断充实。从一般角度看，我们可以将国家利益变动的轨迹看为一个动态的过程，其中充满着不可预知的因素，主要指的是在世界经济政治文化多元发展、多元参与者层出不穷的情况下，我们无法用经验数据判断未来走势，也无法找到具体的衡量指标。有鉴于此，能够推进研究的路径是，将引发利益变动的因素分为内外两层变量——外部变量主要是全球化和转型，内部变量包括受外部变量影响的决定利益关系的一些因素——如参与者多元化导致利益结构变动、人的诉求从低层次向高层次转化、从追求物质利益到追求价值实现等。在这样的背景下，不论什么样的利益（国家利益、集体利益、个人利益）的实现和扩展，都未必能够按照其主体事先规划的目标和步骤前行，也可能超出人们能够认识和控制的边界。但即便如此，我们还是能够根据实际中展现的一些具有"萌芽状态"的东西，和其中存在的并被公众广泛认可的"联系"，去寻找其间的"规律"，然后对利益和利益扩展路径进行"宜粗不宜细"的定性说明。当今现实世界里,存在一个特别明显的联系——国家利益的扩展与国内和全球公共物品的关系日益密切,它关系到国家主体获取利益的方法和步骤,因此极其重要。

首先,以国家为主体,通过建立公共物品(主要指"纯公共物品"),不论是国家领土之内的公共物品(比如重要的基础设施和战略性产业)还是国际公共物品的方式(比如对我国和国际社会都有利的国际规则体系),来获取国家利益,增进我国在全球的影响力;或者通过市场经济,让公共物品在转型过程中自发地产生。一般而言,传统意义上的"纯公共物品"不可能产生于市场经济的土壤,而"准公共物品"却能够因应市场经济发展中人们的相互依赖和相互需求而产生。如此一来,国家利益便有可能建立在微观利益基础上,否则它必将成为无源之水。同时,这也为国家尽量少地指挥、操控市场参与者,避免国家利益蜕化为少数人利用的工具,与公众利益格格不入的行为。显然,不论是哪一种公共物品都各有利弊,也都有其存在的理由,所以,寻求它们之间的"互动",取长补短更为合理可行。

其次,国家经济利益和全球公共物品乃是国家利益和公共产品的深入和扩展。一般来说,获取国家经济利益有两个途径:蛋糕做大参与者多得,自然国家主体的经济利益有所增进。经济利益的基础在于蛋糕的大小,但是在蛋糕做大过程中又存在资源环境、制度及现有生产力发展的制约,因此,只能通过渐进方式,意图一蹴而就、瞬间扩大经济利益必然是空想;也应该注意到,在全球化和国际交往加强的背景下,获取利益实际上存在两种方式:零和方式,即你得我失——蛋糕体积不变前提下改变分配;或者是非零和方式,但利益也不能平均,而是在扩展过程中,不同主体的利益增量发生不均衡变化。无论上述哪个途径,都离不开公共产品的创造和供给,以及它对世界经济的调节——这是在无政府的世界中维持基本秩序的需要①。

再次,这项研究主要应用政治经济学和国际政治经济学的观点。从经济学角度主要讲资源有效配置,对内外开放和发挥比较优势与竞争优势,

---

① 关于利益和经济利益的基本概念及其发展,可以参见亚当·斯密、大卫·休谟、约翰·穆勒等人的观点,后文对这些还有分析。

消除关税与非关税壁垒等,从政治经济学的角度,主要考虑到国家之间的利益关系、国内利益集团之间的关系、这些关系对于资源有效配置的限制作用、如何调和这些关系、能否照顾到效率与公平两个方面等。

同经济全球化一样,经济体制转型也是几十年来国际社会中经历的大事。怎样估计转型对国家利益的促进也不为过。所以我们将转型作为国家利益的一个主要变量,纳入本书的分析之中。以往学界研究国家利益,对此着墨甚少,然而脱离这个变量,怎能说明国内各种利益关系变动的轨迹?众所周知,相比市场经济,计划经济是经济发展的不归路和死胡同,早就成为各国各界的共识。但若用比较的观点来看,就知道过去不同国家奉行的计划体制还有着程度差别:我国的计划体制不如前苏联完善,倒是我们在市场经济道路上取得比他们更好成绩的理由。从我国转型实践看,关键问题在于认定谁是市场经济的主人,是生产者和消费者,而不是政府;谁是改革的动力,不是高层领导而是基层群众,政策应当体现并符合他们的要求;是否坚定地按照市场经济那一套去做?在这些问题上的犹疑彷徨是转型迈不开步伐的症结。当然,转型中暴露的一些问题,也与过去计划经济体制有着密切联系,这并非"程度差别",而是本质联系:比如,怎样判定当今的国企垄断现象,国进民退是否越演越烈?行政机关配置资源,为何没有得到抑制,增长仍然高度依赖从中央到地方的政府大规模投资?在微观层面上,现在的就业指标未必是企业劳动力供求的表现,就业并非真正市场化,等等,这些恐怕还是原来计划体制的表现——不能简单地称其为"余毒"。作为原本市场经济意义上衡量宏观经济的指标,在当今我国条件下,未必十分管用。

转型的理念是按照市场经济的原则和利益去处理内外关系。原来以意识形态为基础,并按此划线形成敌友,这样一种国家之间的关系,便日渐式微。为什么中国过去大力资助的兄弟国家却与我国反目?表面上看是国家意识形态的一致性,却无法掩盖现实利益的巨大分歧。国家利益是个实在而不像意识形态那样"上位"和"虚",并且不易测量的问题。可以通过国家利益在国内外的得失来衡量利益的上升和下降状况。另外,当利益受到威胁时,也能够用指标衡量其损失。因为必须去保卫,就要付出额外的成本，而且面对的这些威胁也要通过比如股票和期货市场反映出来，让人能够看得见摸得着。如南苏丹内战不止，而对我国企业投资该国石油带来现实威胁，国家既然要管，就必须付出相应的成本，比如撤侨撤资或者是增加保卫的人手等。

  所以，国家利益具有实实在在的内容。由谁来认定，依靠谁来增进国家利益，怎样处理利益冲突，这是国内转型过程中需要解决的国家利益问题；不能说全球公共物品的建立和运作，就能解决全球和"部分国家"之间的和谐相处问题，但是它们之间的博弈（指各国之间在利益的交换过程中实现均衡）规则和过程，能否最后实现帕累托最优，这又涉及全球化中国家利益的实现。可以从解析跨太平洋合作伙伴关系TPP、跨大西洋合作伙伴关系TTIP和我国发起、得到50多个国家响应的"一带一路"中得到深刻的启示。

第一章　全球化和转型背景下的新问题

学界针对全球化和转型的论述已经是汗牛充栋，几乎形成两个专门学问：全球化理论和转型经济学或转型社会学等。这里不做过多归纳和总结。笔者想说的是，尽管人们对它们的起源、发展进程、演化模式看法不尽相同，对它们给国家带来的正负面影响褒贬不一，但都普遍承认，这是对国家和全球带来重大变更的现实历史进程，不管什么人、集团或者国家，都不能不受其裹挟并参与其中。究竟是主动参与还是被动应对，是将其看成机遇、威胁或者兼而有之，一定与自己所持的利益观存在紧密关联。毫无疑问，在转型和参与全球化之前的计划体制年代里，由于决定和操控宏观经济命运的主体是单一的，即政府属下的全民所有制企业，而全民所有制又只能采取国家所有制形式，因此国家利益就等同于国家所有制的利益，其他形式的所有制实际上沦落为国家所有制的附庸，它们的所作所为必须迎合后者的利益，否则便被划为异类处理。由此种利益观打底，国家利益的外延势必被限制在国家所有制的狭小空间里，谈不上从动态和开放的视角对其进行拓展。

在封闭和排斥市场的计划经济条件下，作为代表全民利益主体的国家，更强调主权安全即主权利益，时刻提防别国给自己带来的威胁。而在开放和转型条件下，除主权和安全利益而外的其他利益，都在一定程度上可以转让和交易，这就需要精确地计算得失，因此非传统安全就取代了传统安全，成为在全球化和转型背景下国家安全的主流[1]。同样，转型使过去实施计划体制的国家开始崛起，市场经济让其焕发了生机，在此基础上

---

[1] 非传统安全威胁是指，相对传统安全威胁因素而言的，除军事、政治、外交以外的其他对主权国家利益及对人类整体生存和发展构成威胁的因素。其特点是全球性、破坏性大、突发性以及不确定性等。这些威胁更容易跨国界传播，损害各国的公民与国家利益——作者注。

融入了全球经济体系，从中获得更广泛的国家利益——比如，加入WTO对我国来说是利远大于弊，对IMF增资也使我国在世界经济中的影响力大大提升，这是国人的共识。因此，怎么强调这两个因素对国家利益的正面影响都不过分。然而遗憾的是，以往学界研究国家利益时，一般只将其与全球公共产品、全球化进程即一国对外开放参与国际事务相联系，同转轨所带来的利益关系变化，很少联系起来。为什么这样？我认为，有着历史背景和人的固有观念双重原因：首先，从执政党和政府角度，尽管他们从来都宣称自己是国家与全民利益的代表者，甚至说是人类未来的洞见者和实现者，但现实却告诉人们，并非这样美丽，实际问题多多：比如长期以来存在的以党代政、党政不分，国家所有制和全民所有制企业垄断并压制了民营中小企业的发展，其利益并未得到充分实现。其次，就我国而言，在参与全球化方面已经取得不小的成绩（虽然是以长期粗放和过分消耗资源的生产方式支持了我国在贸易投资和金融领域中的地位，这些方面都有数据为之佐证），但是转型并未与之相适应。也就是说，走向市场经济的改革步伐时时受到既得利益和权贵集团的阻碍，在很多行业和地区，粗放投入方式引发的增长仍然是GDP的主流，参与全球化和转型的步伐存在诸多不协调状况。正因为如此，我们才说，二者的相辅相成决定了转型和全球化的成就，二者的不协调导致了国家利益的损失。

　　参与全球化和转型，也就是我们所说的改革开放，不但改变了我国人民的历史命运，也极大增加了我国在全球中的影响力。但它并非人为设计并按照指定目标前行的产物，乃是一个"问题导向""摸着石头过河"，通过实验取得成绩然后推广的模式。在此进程中，由于逐渐积累了经验，找到了规律，特别是对政策后果有了比较明确的预期，则"顶层设计"和政策措施配套才提上日程，二者开始呈现出较紧密的联系。就像经济理论中存在诸多假设，在这些假设条件下才有合乎逻辑的整套理论，但现实生活却难用这些理论去说明，因为假设对实践的约束太强，不折不扣按理论办事，终将碰壁。只能是边实践边总结，用实践发展理论。任何国家，都不可能有一个或一些先知先觉者事先就确定了参与全球化或是转型的策略。

第一节　全球化、转型与利益关系

一、转型打破了国家利益的既有格局

转型焕发了微观经济的活力,不但为国家经济实力的提升奠定了坚实的基础,而且打破了国家利益的既有格局。什么叫转型?即以市场配置资源取代计划配置资源的过程。其特征是:承认并确定市场经济参与者的主体地位——独立不受干预的决策权和经营权、政府逐渐退出竞争性的行业而专注于宏观调控和公共产品建设、市场机制替代政府计划作为资源配置的主要手段等①。其实,这些都是学者后来针对改革进程总结的规律,在转型开始时并不存在一个完整的主观设计。

我国30多年的转型成果,主要体现在市场逐渐取代计划,全方位配置资源并成为主流。不仅新兴产业和新兴市场如此(比如网络产业和排污权买卖市场等),过去计划体制占优势地位的传统产业也不例外;关乎人民基本生存需要的农业如此,而决定国家国际竞争力提升的制造业也不例外,推动产业升级的第三产业更不必说。这是因为,竞争才能提高社会生产效率,使比较优势和竞争优势得到激励而充分发挥,符合帕累托效率的

---

① 吴敬琏:《当代中国经济改革教程》,上海远东出版社2010年版。"匈牙利裔的美籍学者科尔奈总结社会主义国家的转型过程,认为如果存在一个初始设计的话,那么可以分为两种战略,在社会主义国家向市场经济转型过程的比较分析上,曾经流行一时的方法是将他们的转型战略分为激进和渐进两种——休克疗法(shock therapy)和渐进主义(gradualism)。这比较表面化,很难得出有意义的结论。而科尔奈(Janos Kornai)提出一个更能触及事物本质的理论框架——两种基本的转型战略:A战略,把最重要的任务确定为创造有利条件,使私有部门得以从下而上生长起来;B战略,把最重要的任务确定为尽可能快地通过国有企业私有化消灭国有制。经验表明,A战略能够促进资本积累、培育企业家阶层和加速规范市场制度的形成,是一种较为有效的转型战略;B战略无法做到这一切而不能提高效率,弄得不好,还会形成被一小撮寡头控制的无规则的市场,贻害无穷。但是前者也有不利方面,由于强大的国有部门基本未受触动和经济运行出现'双轨并存'状态,不但形成滋生腐败的寻租环境,还给日后的经济社会转型增添了困难。"

基本条件①。当然,在改革初期,政府强调效率却在一定程度上忽视了公平,没有考虑市场经济中失意者的境况,因而也不可能提出对他们进行救济的措施。但是,这却是改革进程的真实写照:改革的起点是集权和计划体制。由于改革之前的单一公有制必然要加上国有的外观,不论国内的经济发展还是在国际经济领域的种种活动,国有经济企事业无一例外都打着国家利益的旗号,事实上也实现着总体统一的国家经济利益——在国有经济一统天下时代,仿佛只有他们是国家利益的唯一代表者,而微观的非国有企事业的利益都不能受到应有的重视,长期以来处于"二堂等候"状态。然而在转轨初始阶段,这种情况就开始了根本变化,呈现出鲜明的特征:从强调微观的生存利益②开始,从打破公共产品的一统天下开始,从体制外因素的边际增长开始,从有条件的沿海地区开始;从进程角度看,也体现了小步走和多数人同意、改革和开放相互促进、双轨制下的各得其所这样一些改革路径;从至今取得的结果看,成就显而易见:资源配置信号由计划指标到市场价格、经济决策主体由政府官员到企业家、个人权益基础由政府职位转向私有财产、经济发展动力由中央动员到地方竞争、总体经济运行系统的对外全方位开放,等等,不一而足。凡以上情况,都说明市场经济条件下的利益观念和获取方式,从单方需要和适应全球公共产品到提出对它的要求和主动提供的转变,从强调集体利益到个人和公民利益的转变,脱离转型这个背景无法说明问题。

微观主体对于自身利益的认识和不懈追求是转型的强劲动力。转型的关键在于,由利益主体来定义和决定自身的利益——而不是由外在力量强加的。如果主体不能意识到自己的利益,对之熟视无睹或者总是隐忍不发,不主动去追求,那么将不可能从"自在"转向"自为",也得不到社会承认。利益在表达和实现的时候需要别人及环境因素的协助,脱离社会的

---

① 帕累托效率的基本条件是产品最优分配。即能够满足消费者福利最大化的分配 MRShpS=MRShpG——边际替代率;资源最优技术配置。MRTSlkH = MRTSlkP——边际技术替代率;最优产出产量。MRShp=MRThp——边际替代率=边际转换率。作者注。
② 对应马斯洛5个层次的需要层次,满足了最基本需要,也体现了利益的落实。显然,生存需要与生存利益是对应的。

"人"——类似鲁滨孙那样的社会,不过是个空想;利益总是和权利、责任相对应,只得到利益而不付出责任的社会绝不是成熟的市场经济社会。在以集权为标志的计划经济时代,国家、全民、集体和个人利益不分,被主流的意识形态作一统看待,特别强调下面的利益要以上面的利益为转移,体现自下而上的服从关系。这种利益的高度一致导致权利和责任以利益为中心和导向,权利和责任必须服从国家的总体利益。而在转型阶段,主体利益在实现过程中,要求相应的权利和对市场应负的责任。比如说,公平交易及良好信誉既是一种责任,同时依靠它也能获得市场收益。所以,主体权利和责任被追求自身利益唤醒,从后面走向前台。实质上看,转型过程实际上也是先在利益关系上做出调整,然后再重申并落实主体的权利和责任,权利和责任又为利益的落实提供了必要条件。这在"网络新生代"和"农民工新生代"身上体现得特别明显。问题是:为什么在一个成熟的公民社会中,责任、权利和利益要均衡对称,而不是突出哪一个?①从政府角度来看,平衡利益关系的改革比推翻旧制度的革命要难,因为后者是单一目标。当人民都感到生存受到威胁的时候,社会各界都有共识,因此容易组织起来共同推翻旧制度。但是在和平的发展时期,在缺少利益共识的情况下,试图用一个"共同的目标"来凝聚人心,的确是很困难的工作。

参考材料3:改革开放打破了原有的利益格局并形成新的利益格局

30多年以来,改革和开放的先驱们——既有邓小平这样的伟人,也有类似小岗村的农民,凭借解放生产力摸着石头过河的勇气,为转型开辟了道路。改革之初,由于集权和计划体制之下存在的、遍及全国的过度贫穷和压抑(从增长速度来看,按照国家统计局的数据,1953—1978年,GDP年均增长率为6%,从新中国成立,发展了30年到1978年,我国的人均GDP还只有379元。30年中央计划经济的实验,在经济上仍未摆脱积贫积弱境地,在贫穷落后的同时,不间断的政治运动和"文革",导致工农业生产一蹶不振,生活必需品处处短缺,国民经济濒于破产),经济上已然是退无可退,政府

---

① 郭于华、黄斌欢:《世界工厂的中国特色》,《社会》2014年第四期。
张维迎:《社会合作的制度基础》,共识网,2014年2月28日。

只要推行对既有体制有微小突破的激励政策（尽管开始时未必有明确的意识，所以是摸着石头过河），都能给人民造成福利，达到立竿见影的结果，所以改革能够引起人民广泛的共鸣——尽管存在风险，还能比过去更坏吗？从实践上看，几个重要的改革，就使社会各阶层都成为改革的受益者——他们自然拥护改革：农村家庭联产承包责任制不仅解决了农民的吃饭问题，也使农产品的供给大为提高，最终为粮食的配给制度画上句号，造福于全体人民；多种所有制经济的兴起和发展，不但使全体人民告别一直追随我们、和计划经济并行的物质产品匮乏时代，更重要的是，给人们主动参与经济自己解决发展奔小康创造了条件；国有企业经营自主权下放使人们的生产积极性空前提高，焕发了劳动热情，也使传统意义上的公有制获得改制和变化的新起点；中央和地方财政分灶吃饭调动了中央和地方两个层次的积极性，双方的财力都有很大增长，等等。总之，改革使各方面都受益，即便有不均的现象，但是好处是普遍的，否则不可能形成帕累托改进条件。

  虽然改革进程推动了经济增长，进而形成了新的利益格局，但是这未必是最符合经济发展和人民总体利益所需要的。比如社会保障体系改革，实质上看，现有改革还不能说是全覆盖的，存在着地区和人群之间的差别。发达的、并有更多有财政支持的地区——比如北京、上海、广州、深圳等，就走在前面，而这些地方的公务员和国企职工等人群也可以因为政府补贴做到退休和医疗条件无忧。然而边远地区和广大农民，却与发达地区以及公务员等差距很大。即便如官方所说，医保已经得到覆盖，其利益保障也还存在质量方面的重大区别；又比如资源价格改革，会触动资源性企业、资源丰富地区和运用资源比较多的地区的利益，拉大与资源稀缺地区的差异；财税体制改革，涉及中央和地方、整体和政府各部门之间，社会、企业和居民之间的关系，导致人们对此的评价大相径庭。所以，建立规则以维护改革秩序，保证改革红利逐渐落实到所有的地区和人群，就是全民利益所在。而且必须用法律来对公权力进行必要的约束，否则极有可能出现越是贫穷地区，政府机关反倒越庞大臃肿的现象。再比如利益的变化和周围环境呈现强烈的对应关系。城市里衣食无忧的人们现在将雾霾认定为首要敌人，因为这会损害其健康，伤其根本利益，但是对那些用劳动密集型排放污染物为生的中小企业和没有致富门路的不发达地区的人们来说，他们就不会为了这一点污染对身体的损害而放弃就业机会,在污染和致富的比较中必定选择后者。不同的人身处环境的不同,造就了他们对利益的评价和追求利益的方式不同。怎样平衡这些利益冲突?必须由政府出面协调各方利益,不但要对受害者给予补偿,还要创造条件助力所有人的发展。

　　转型的实质是由市场配置资源,减少政府干预。毫无疑问,由于市场在配置资源中起到决定性作用,激发了微观主体的积极性,在生产和交易效率提高的同时,也会因为市场机制的不健全,导致负外部性产生。比如从自身利润最大化出发,生产商盲目排污导致资源环境破坏等。然而,不能仅从市场的"负外部性"出发,得出政府干预的结论[1]。关键在于认清一个比较完善的市场具有自动调节利益的功能,而政府控制和干预必须符合发展阶段的性质,不能"新瓶子装旧酒",总是不放心让市场调节,认为非此不能建立一个正常的宏观经济秩序。正如奥地利学派经济学家米塞斯指出的那样,没有任何办法可以使集中化的经济计划替代对市场过程的算计和协调能力。依靠市场,可以进行有效配置资源和满足消费者的需要。"给定市场经济的制度框架,以及稀缺资源的数量,消费者的偏好一定会导向某种特定的市场方法、资源配置和市场价格的构型",这就是市场过程的含义[2]。就拿东亚后发国家和地区(四小龙)为例,在经济起飞之前,为了实现快速赶超,以"威权体制"配置资源是不得不用的方法。这些国家的政府都会用"看得见的手"支持本国的技术研究与开发活动,政府主导型的研究和开发更多依赖政府部门中官僚的智慧。由于资源有限,所以一般会选择目标产业,然后以政府财力通过产业政策对那些产业和重点企业的研发活动进行投资——这些产业和企业被他们认为是未来自己国家经济的领跑者或优胜者。不过,我们不能忘记这样一个道理,即在产业结构相对简单的时候,官员们的选择可能是正确的——设想未

---

[1] 历史证明,政府不恰当干预是最大的负外部性源泉,相对应市场经济中市场配置资源的外部性而言,计划经济下的政府控制一切,就是一个极端的例子——作者注。

[2] 伊斯雷尔·柯兹纳:《市场过程的含义》,冯兴元等译,中国社会科学出版社2012年版。

来研发的产品能够适销对路并带来经济效益，只存在于结构简单需求能够一目了然的情况之中。但是在取得发展、产业结构多元和产业之间的联系更加复杂之后，官员们就未必总是能够做出优先发展什么、什么是战略性产业的正确决策，即便凭借超级计算机也不可能对付未来的"不确定性"。问题的严重性还不仅于此，关键在于这些错误的决策，抹杀了符合技术规律的"正确"并代表潮流的产业发展生机。日本就是一个突出的例子，在20世纪90年代，它早已进入发达国家行列，但是政府的产业政策中却忽视了网络技术，在电视机生产上强调高清晰度，而将数字化置于脑后，政府的错误干预使日本未能成为全球经济的引领者，在激烈的国际竞争中错失良机。

所以说，如果仅以外部性来证明市场失败，并由此推论出政府干预的正常性和必要性，理论上站不住脚，实践中更是有害的。总体而言，可以说没有任何一项活动不需要政府干预。就像科斯已经证明过的，外部性其实是个产权界定问题，而界定并保护产权体现了政府对宏观经济秩序的应尽责任。按照传统经济学理论，当一个企业造成环境污染的时候，它有外部性，它对别人造成损害但没有赔偿，所以它的选择不是最有效率的，需要政府来干预。因为市场失灵也是一种集体行为，它造成的负面后果一定比个别企业大。但如果换一个角度，假如开一间饭馆，比竞争对手做得好，把他挤垮了，这是不是外部性？看起来这也是外部性。但用外部性理论无法解释这个问题——应不应该赔偿他？经济学家不会认为要赔偿他，所依据的也是市场能够有效配置资源、优胜劣汰的理论。所以，外部性强调的是自身行为对社会的影响，而竞争则强调参与者享有平等的权利和本身组合要素的水平——谁的本事大谁就能在竞争中获胜。二者并行不悖但角度不同。针对前一种情况，政府要督促污染企业对社会进行赔偿，而对后一种情况，政府则不必要干预，应当让市场发挥其优胜劣汰功能，自行解决参与者的问题。

政府在市场经济中的最重要功能是界定产权，并且给市场中的失意者提供帮助，维护社会经济秩序的稳定。改革不是空谈对民众利益有所增进，也不能总是强调先定的"总体设计"，让改革按照早已绘好的路线图走下去，而是要在发展过程中解决出现的现实问题，否则非但不能推进改革,也不能维护改革的声誉。产权改革是最重要的,之所以这样说,是它不但为生产者提供最强大的激励,而且是交易的基本条件。我做得好,价廉物美,打垮了竞争对手,这是我的权利,你也有同样的权利。但如果我在你家门口堵塞客户进入你的商店,侵害了你的权利,这时,政府干预就势在必行。简单地说,通过产权(法律意义上的所有权)来定义权利边界,其意思在于,任何侵害个人产权的行为都是不正当的,都应该受限制,政府在市场经济中的作用,首先就应该落实这件事。可以用我们经常思考的问题为例:野生动物比家畜家禽宠物更容易灭绝;公共厕所总是长流水而不像自家洗手间用毕即关;个人在面对自己利益时采取的行动迅速果决,而面对公众利益时的集体行动却时常迟缓以致耽误时机等,这就是所谓"公地悲剧"——产权不确定或者公有产权没有明确的代理人的后果[①]。联系到转型,可以说它的最大成就或者说也是最没有完成的工作便是"确权"。市场经济的进展依赖所有权之明晰,而市场改革的深化,其症结同样也是靠着所有权的落实以实现与责任和义务的对称。我国的转型过程之突出特点,是先确定的是经营权、剩余分配和剩余索取权[②],在发展过程中逐渐提出对所有权的确权。如今,这个问题已经提上改革的议程。市场经济中,政府要做的事主要是界定产权并用适当的手段对之加以维护,打击侵权行为。

---

① 关于"公地悲剧"和利益引发冲突,亦可参考埃莉诺·奥斯特罗姆在《公共治理之道》中提出的"公共池塘管理理论"。也可以设想有一块公共牧地,牧民可以在牧地上自由放牧。这块牧地仅可以支持一定数量的牛群,一旦战争、饥荒和疾病使得牧民与牛群的数量降低到牧地承载力以下,那么牧地的状况就不存在问题;然而,当社会的发展趋于健康和稳定,放牧的牲口数量超过这块公共牧地的承载力时,它很快就会遭到破坏。只要这块牧地是公共的,悲剧就难以避免。由于对于每一位牧民来说,在牧地上每增加一头牲口可以给自己带来很大好处,同时只需要承受一小部分由于过度放牧导致土地退化而带来的损失,于是他会尽可能地在这块牧地上增加牲口的数量,而不去考虑该行为对他人的影响。解决此问题唯一方法是"财产权或与之类似的权利"。"公地悲剧"可以被应用到很多领域。尤其适用于医疗保健领域。如果有人过多占用医疗资源——高级干部等,又不需要自己支付医疗成本,就导致所有人医疗服务可获得性降低及服务质量下降。所以,如何让所有人拥有"权利",就是个问题——作者注。

② 剩余索取权和剩余处置权。这两个权利都从属于所有权,也是所有权的具体体现。通过所有权的运作获得的剩余,所有者当然有权获得和进行符合自己利益的配置——作者注。

竞争者不因被侵权而破产，政府都不应为之补偿，因为这是市场经济自身优胜劣汰的逻辑。另外，如果没有市场失灵，政府在经济中的作用就是关注收入分配——因为竞争使收入分配展现两极化倾向，政府关注和干预乃是出于宏观经济稳定需要，并且注意在第一次分配时的公平。而出现重大失灵情况下，存在着某种形式的干预能够实现帕累托改进——有些人境况变好又不使其他人境况变坏。

就改革和转型而言，现在仍然需要注意的两个问题：按照中共中央十八届三中全会做出的到2020年全面深化改革的总体部署，第一，经济体制改革是全面深化改革的重点，核心问题是处理好政府与市场的关系，使市场在资源配置中起决定性作用和更好发挥政府的作用；第二，建设统一开放、竞争有序的市场体系，这是使市场在资源配置中起决定性作用的基础。

就市场在资源配置中起基础性作用而言，并非老生常谈，因为它是对改革开放以来，经常出现的借口市场失灵而用政府干预甚至政府取代市场倾向的否定，尤其是在金融危机之后，针对"国进民退"、政府干预常态化等逆改革方向行为加剧的否定和抨击。假如不是这样，许多社会矛盾都不能得到合理解决，已经走出危机阴影的民间积极性不仅无法调动，竞争有序的市场更是无从谈起。这个命题，其实包含5个方面重要内容，不仅切中当前市场秩序混乱的根源，更有对症下药的含义在内：建立统一的即一体化的市场，意味着消除条块分割演变为市场碎片化前景，这是市场体系存在的基础；对所有市场主体开放意味着实行"负面清单"和"准入前国民待遇"，消除各种歧视和不平等待遇。不论对于直接的市场主体——生产者抑或消费者，还是对于调控主体的政府而言，也无例外地加上限制性规定，包括必须依法行政而不能随意处置问题，尤其是对于新市场参与者来说，政府不能对其有"身份"上的歧视，应一视同仁，重在行为上的激励；强调竞争，意味着消除地方、行业保护，以及现今广泛存在的行政垄断。因为行政垄断破坏了资源按照经济发展规律的配置，丧失效率的同时也破坏了竞争基础上形成的利益关系。坚持谁对市场和经济发展的贡献大则得到的利益多，谁才可能对市场和经济发展做出更大的贡献的道理；"有序"意为交易和生产活动在规则和法治基础上展开，这样才能消除宏观经济中的不确定性，若是人们都能按规章制度办事，则秩序一定是好的，而经济结果也是可以预期的。如果不按规矩办事，如不正当竞争、欺行霸市等泛滥成灾，也就没有人相信市场能够配置资源了，所以说，法治跟市场始终是孪生子；最后就是改变要素市场落后的状况，而这又是当今的一大问题。所谓完整的市场体系是"企业自主经营、公平竞争，消费者自由选择、自主消费，商品和要素自由流动、平等交换的现代市场体系"。其实重点在于要素市场的状况，像产权明晰、公正公平的市场秩序、按照要素贡献给予报酬等市场体系的根本问题都在要素市场上体现出来。关键在于划清政府职能的边界，充分利用价格、利率和汇率等杠杆来配置资源。而在商品市场上，主要是消费者权益能够得到保障的问题，比起要素市场，问题自然要简单得多。

转型还包括经济发展方式转型以及由此带来的其他转型。事实证明，转型不只是经济体制和增长方式的转型，也包括社会文化、思维方式、政府管理等方方面面从旧体制向新体制的转变。对经济体制和增长方式转型研究做出最重要理论贡献的，是新制度经济学。这是因为它并不囿于表面的转型过程究竟采取的是激进还是渐进方式，而是聚焦新旧因素是如何交替、其间存在怎样的利害关系引起冲突，致使转型止步不前或者变味，这对解释转型面临的问题很有帮助。这些理论包括：产权理论研究、激励结构设计（它是委托代理理论研究的主要问题）、交易成本经济学（关注制度体制改革的交易成本比较——转型的成本约束）、制度变迁和演化理论（需要创新和制度革新的时候，路径依赖和顺从的成本问题，也就是说，如果创新和改革的人无利可图或者成本很大，谁还愿意推进改革？现实生活中是否缺乏这样的激励机制）。根本上看，利益的变化都是其中的主线。就拿计划经济为例：由于党与政府直接控制和分配物质产品，保护政府控制的企业，价格由政府决定，为保证微观与政府利益的高度一致性，必须由党牢牢控制人事岗位，并且为他们中意的人提供优厚的条件——配置资源的权力，以回馈他们为计划经济做的贡献。可称此为双向需求制。再拿市场经济做个对比：结论就完全与上述相反。价格和配置资源由市场决定，微观行为首先是利润最大化，企业中的要素配置和人事安排，必须避免由党和行政说了算，应该由企业家根据市场情况决定。

用上述新制度经济学中的观点，对理解转型中的悖论亦有作用：开放和改革压缩了政府垄断的空间,但是政府仍不肯让出配置资源的角色,就是因为政府工作人员可以凭借权力获得好处,处在发号施令的经济统治者地位又满足了他们的虚荣心。传统社会主义计划经济无情批判资本主义垄断的同时,自己却建立了一个无所不包垄断所有的政府,已经得到的权力怎肯轻易放弃;在转型面向竞争的环境中,虽然政府向自己中意的人提供回馈的机会和资源减少,但在"安全"和"维稳"前提下,配置资源的权力反而有所扩大——这就是某些不肯退出舞台的新政治权力特点。我们说,一旦将很多问题上升到维护安全层面,反而有助于加强而不是向社会和市场分散权力;官僚内部传统的激励机制也越来越无效。从过去的追求权力、名望、待遇,到今天还必须加上金钱等——如果收入少,官员也会放弃"忠诚"。如果不对政府机构进行大规模的调整,在精兵简政的同时,将人员的责任、权力和利益协调并对称起来,恐怕这种现象会愈演愈烈。

参考材料4:转型进程中利益关系调整面对的某些瓶颈

　　粗放发展方式的内在原因:如果只依靠粗放的发展方式,强调名义GDP、经济体量和经济规模、增长速度,那么,获得的只是一种"空壳"式的增长,人民和国家利益并不会因此得到增进。为什么一说到发展,有人就会想到"上项目"外延式的扩大,而没有从精细化、内涵的角度,没有从项目是否符合需求、是否造成产能过剩角度看?另外,增加投资能够带动的增长逐渐式微,因为当今的投入要素结构已经发生深刻变化,技术、人才和体制带来的增长超过了资本投入带来的增长。但是为什么近年来政府总说担忧这个问题,但实际上依然故我,没有发生实质性的转变呢?关键的一点在于没有从根本上转变政府控制经济的老路,政府不相信市场力量对生产者的激励作用,这就造成政府干预和政府投资造成的"负外部性"过高、社会效益不彰的后果。

　　高层设计、先易后难的改革路径展现的矛盾:我国经济体制转型之初,群众提高生产力解决温饱改变落后面貌的实践,被开明的有战略眼光的高层领导人看到以后,便顺势开启了尊重群众的首创与高层指导相结合的改革进程。从领导者推动的角度看,"高层设计""先易后难"是两个基本原则。就高层设计而言,领导人设计了改革目标、程序和步骤并由其亲自推动,实施过程也体现了自上而下的原则,然而如果这个过程不能适时调整,则民众能够参与改革的机会和渠道都比较有限,导致现实中排斥民众参与、官言代替民言的事情时有发生。比如反腐举报和媒体对改革的呼吁等反映民众参与的指标,已经证明这些并不符合强调群众首创是推进改革基本动力的初衷;制度化、常态化的参与机制尚未形成。比如不定期的决策听证会,似乎也只是可有可无,这和市场经济体制相对应的自组织社会还存在很大的差距;先易后难的改革路径,虽然有效推进了改革进程,但也面临着许多涉及利益关系的"硬骨头"横亘眼前,不动真格改革就必然倒退,过去取得的成果也终会由于利益关系的固化和阻隔而断送。这些硬骨头有:城乡一体化建设——资源配置倾斜导致城乡利益分配不均,一体化难以推行;反腐败体系建设——既得利益集团凭借权力获得利益的现象受到党纪政纪国法约束,但是官商勾结的基础尚未从根本上撼动;收入分配制度改革——利益应当建立在效率和公平基础上,一次分配就应该体现这些原则,靠二次分配达到公平不啻于杯水车薪,但现在仍无根本改进;廉洁高效的权力运行体系建设——相互监督而不是权力部门的肆无忌惮,这涉及选人用人制度改革,只有唯德才能杜绝"关系"对资源的配置;国有企业改革,更是要打破其一统天下,凭借垄断地位获得利益并与社会利益格格不入的状况等。凡此这些,如果没有民众参与,改革必然流于表皮而没有实质性的变化,同时社会支持改革的力量很难通过现有体制传递到上层。在这种信息不对称情况下,改革便很难得到共识和上下呼应。那么这些动真格的改革也就只能是说说而已。有人认为,我国的既得利益集团分成三类:以贪腐官员为代表的权贵利益集团、以垄断企业为代表的垄断利益群体和以房地产资源行业为代表的地产资源利益群体。很显然,这种分法强调的是他们自身的利益与公众利益的对立,特点十分鲜明。虽然既得利益集团不能公开地反对改革,原因在于他们是既有改革的获益者,但是各种改革的深化,必定会触及他们的根本利益,可以预期的是,他们将会对新的改革措施采取种种抵制和拖延、变形的手法。如果不能打破这种局面,进一步的改革必定流于空想。

二、全球化和国家利益变动的关系

战后特别是冷战结束后风起云涌的经济全球化进程,不但加强了国家间的联系纽带,也将国家利益与全球利益紧密联系在一起。它还说明,虽然国家利益是每个主权国家在参与全球化进程中都要力争的事情,但同时也要照顾并符合他方和全球利益,一味损人利己最终会被全球化排除在外;从内部基础来看,关键问题在于,让国民在参与全球化中得到发展机会,否则国民就会质疑参与全球化的动机,究竟好处给了谁?谁来承担全球化的风险?等等,不一而足。

全球化从"经济全球化"开始,贸易、金融和投资及在国际经济组织中发挥作用,构成一个国家参与全球化的路径。国家经济利益的获取,是国家利益扩展的基石。

一个国家的国家利益可以由不同方面的利益构成,政治、经济、外交和文化、社会等方面的利益都是其重要的组成部分。但在国家利益的结构中,什么样的国家利益具有不可分割性?借助经济学的语言,最具有排他性或者说独占性的利益是什么?领土和主权完整、生存保障、发展道路选择和独立自主的内外政策,这些乃是保证国家利益实现最根本的问题,非他国所有,不容交换和让渡,没有弹性。

而在全球化中的其他利益都不是排他的,并非体现出你输我赢的零和博弈特征,是可以与他国共享和让渡的,不见得非一国独有。总体上看,经济全球化就是各国经济利益的相互让渡和博弈,可以从其四个表现方面一探端的:

在国际贸易领域——按照比较优势进行国际贸易,或者都受益或者贸易摩擦,但也能够进行谈判做出让步,避免破局危险;

在国际直接投资FDI和国际化生产领域——各国无论是在国际垂直、水平分工甚至价值链分工中处于何种地位,都各有比较优势和不足,取长补短必然伴随利益的交换和共享;

在国际金融和国际货币体系方面——一国无论是对资金的需求,还是为了获得更为便利的交易条件,也需要让渡一定的经济主权以获得国际社会的支持;

在国际组织和规则方面——任意国家哪怕是美国,都不可能完全按照自己的意旨办事而不顾他国的反应,只有通过协商才能达成一致。

历史已经证明,全球化首先是经济全球化。原因在于,经济关系是其他一切国际关系的先导和载体，经济利益是一个国家能够在参与国际生活中率先获取的利益：利用后发优势①可以得到全球化的好处，但同时又容易困于后发劣势造成的体制障碍，导致在国际上话语权和形象上的缺失。以我国为例，某些外国人认为，中国的崛起本身并不是问题，问题是在此过程中，中国面对世界是变得更加自私还是大方？是只顾自己还是让大家得利？这正体现了利益的相互性和外部性问题。然而即便要兼顾他方，在全球化进程中我国的国家利益也只能增长而不能萎缩，否则执政者便会失去国内民心。如同世界银行的研究所发现的问题：每一个取得了经济赶超业绩的经济体都是外向型经济政策的实施者，这暗示出口在经济发展过程中具有超越表面的重要性。按照前面论述，可以将整体经济划分为两个部门：出口部门与非出口部门。出口部门直接接入全球生产链条，对于学习与引进先进的生产技术与经济流程具有最小半径，后发优势能够得到最佳利用。这样，出口部门具有最快的发展速度。出口部门获得的技术进步与经济流程改善首先溢出给为其服务的国内配套部门，并透过后者溢出到第二层次的配套部门，如此，涟漪效应之下，整体经济技术水平快速上升，经济体的生产可能性边界也得以扩张。

所以，在参与全球化中和他国一道获得共赢结果，并利用不断增长的收益推动国家利益的扩大再生产。

参考材料5：我国与世界经济的联系出现了新变化

当今中国出口占全球份额，很难继续大幅度提升。首先，人民币在经历大幅升值之后，低估程度从1994年之前的100%以上收窄到零附近，已经没有用贬值刺激出口的空间，即使有的话，也因国际压力而不能再用。其次，随着中国人口红利耗尽、消费占比开始上升，低劳动力成本优势也在快速消耗

---

① 后发优势：美国经济学家亚历山大·格申克龙提出这一理论，指后起国家在推动工业化和现代化方面具有的特殊有利条件，而这一条件在先发国家并不存在，是与其经济的相对落后性共生的来自落后本身的优势。由于是在发展阶段产生的差别，它可以在发展中运用先发国家已经具备的技术、设备和资金甚至制度演化过程中的经验和教训。利用这种优势还反映了落后国家赶超先发国家的一种强烈愿望，如果不吸收借鉴，就会在日趋激烈的国际竞争中陷入"落后挨打"的困境——作者注。

之中。再次，中国的出口结构逐渐出现了重大变化，一般贸易占比超越加工贸易，出口中机电产品占据半壁河山——这是制造业大国或"世界工厂"的真实涵义。在这种产品结构下，要取得进一步的全球份额，需要向占据更高价值链地位的发达国家出口大国如德国、日本等国挑战，取得竞争优势更多地不再是依赖低成本劳动力，而是科技水平与创新速度。这方面中国难有全民优势，或者说不是一朝一夕能实现。最后，过去20年中国出口的快速增长与跨国公司主导的全球制造业产业链移至中国有关。未来，这一转移速度注定将会下滑——国际资本对华直接投资的方向已经有所变化，第三产业投资增多，高端制造业增多，而投资于加工制造环节已经开始减少。

全球化大大加深了各国之间的经济联系，而风险和危机因素的传染也愈演愈烈。体现在"正外部性"与"负外部性"并存。可以通过如下事实加以证明：发达国家金融危机后开始了缓慢的复苏，美国也逐步退出量化宽松政策。在此过程中，一些宏观经济稳定、政府财政赤字和经常项目赤字不高、外汇储备比较充足的经济体面对的资本外逃的压力就比较小；相反，这些方面表现不好的国家资本外逃的情况就十分尖锐。

对于中国而言，以往我们身处改革开放初期和中期，致力于脱贫治穷的时候，发达国家对我国的态度是乐观其成——他们可以从我国的增长和发展中获得机会。但是自2010年后，以GDP衡量，中国已经成为世界第二大经济体，进一步发展势必在国际要素和产品市场对他们构成新的竞争态势，他们对我国的态度自然要发生变化，这是必然的，也是可以理解的。对于我们而言，如何在坚持符合国情的体制同时，又要拓展国家利益的空间，就成为我们主动参与全球化头等重要的研究课题。是坚持国家资本主义推进经济发展的方式为先，还是以市场自由主义推进经济发展的方式替代前者？二者在全球化进程中的顺序变化如何，谁为谁准备条件，最终目标何在？回答这样的问题已经是迫在眉睫。

可以进一步提出经济全球化的涵义，随着跨边界活动日益增多，产品和要素不但在边界且渗透到国内，变得不可分割，过去所说的两个资源、两个市场已经被今天的一个资源、一个市场所取代。在具备跨国特征的前提下，所有国家都面对共同的国际经济条件，比如所有国家都面对同样的国际金融市场条件，同样的全球气候变化的机遇与风险。这就引出合作共享机遇和共担风险的意愿。各国采取共同行动是将意愿变为现实的条件。

三、分工、技术革命与国家利益变动的相互关系

与转型和参与全球化能够带来各方利益变化一样，当今社会经济领域中的分工也出现了多种多样的表现形式，就国际分工而言，传统的行业间分工向行业内分工，特别是产品内分工发展，以致后者又进一步演变为产品价值链中的环节分工，垂直分工也被水平分工取代；与之相伴的是在全球范围内的新技术革命，以互联网和在其他产业中兴起的对要素投入和生产方法的革新，不但使国家的经济实力有了进一步提升的基础，也提出了问题：究竟何种体制才能适应潮流？怎样抓住机遇使国家利益有所提高？怎样避免国家利益建构过程中负面因素的影响？

现代社会分工细化，不但促进了经济增长，也使社会差距进一步扩大。可以称之为"社会生产的异质性增加"。改革开放所带来的社会流动性和流动性"固化"又和社会生产异质性产生新的矛盾。行业间、行业内甚至在某种产品不同生产环节的分工深化，导致人们的社会地位、工作条件以及收入水平都出现了较之以往不同的差别，新职业和新阶层的出现，引发了新旧行业、新旧阶层乃至城乡之间的各种矛盾；不同的人群对国家利益的认识，既存在共识又存在矛盾，在处理不当的情况下总是以冲突的形式面世。总起来看，当人们面对共同威胁，需要国家出面帮助时，就会暂时忘掉他们的利益冲突，此时国家利益就明显，就能超越集团和个人的利益矛盾，容易得到共识；但是，强调个体利益发展提高市场效率的过程中，或者说在共同利益不突出时，人们就会更多地从本单位、本部门或本集团利益出发制定决策，几乎成为常态化现象。一个突出表现是，总将局部的、自己的利益上升到国家利益——这就是被人称之为国家利益泛化的背景。作为国家利益的代表，政府通过何种政策来实现国家利益？怎样弥合各种利益纷争？怎样集中群智来解释国家利益与局部个体的利益关系？显然，在计划经济和社会流动性不畅的体制下，没有孕育这些问题的土壤，它属于一个全新的、横亘在政府管理中的问题：在市场领域，专业化促进生产效率提高[1]，刺激增长扩大了市场交易，共同拉动参与者的利益实现；而在

---

[1] 亚当·斯密对此早有论述，今天依然适用——作者注。

社会政治领域,专业化却导致人们沿着行业和职业界限,沿着对"社会关系"的占有和运作,组成了一些特殊性、相关性强的利益集团,影响公共决策并改变资源配置,获得对自己有利的结果,在很大程度上保护落后,阻碍了经济增长。所以,政府如何调节,如何既能达到帕累托最优同时又能减少社会矛盾,怎样营造这么一种外在环境,就成为一个突出的,不得不回答的问题。

互联网是新技术革命的代表,作为一种能够对市场起正外部性作用的产业,其健康发展将有利于国家利益的实现。第一,应该对帕累托最优有贡献。理论上看,由于互联网对谁都是开放的,网中流通的信息对谁都是一种资源,其"非排他性"的特征使人们从中得到自己的利益,却不排斥他人的利益。但现实却与理论的推测有别:由于网络中存在垄断和虚假信息传播的力量,某些人从其中遭受了更多的损失。他们与受益者拉大了利益差距。第二,在应用网络技术提高竞争力政策上的问题。网络具有公共物品性质,但它的建立却是以民间的商业模式先行,政府政策支持为后援为特点。对于政府而言,如果不能采取合理的鼓励多元化、万众创新以及扶持(类似孵化器、创业园区中实施的风险融资措施等)政策,就不利于让具有竞争潜力的企业脱颖而出,使国家利益置于新的技术平台上。

互联网成为一种新的经济、社会乃至政治资源,更贴近于自由体制的资源配置方式。从技术结构上看,互联网是多中心或无中心的,可以实现点对点连接,由个体赋权,不承认权威,容易集合需要相同的人组成群体。它对社会经济的影响是,更好利用市场配置资源,并为政府退出不适当干预,为生产和需求的无缝对接和市场均衡提供了历史机遇;通过网络可以对市场进行模拟——但这不能为完整不包的宏观计划提出理由;在网络经济中,上述几个技术特点都充满着不确定性;另外,互联网根本改变了市场竞争形态,决定胜负的是创造力——这体现了国际竞争力的新态势,而不是劳动成本甚至不是产品质量。并且这种开放是没有边界的,不论互联网产业,还是其他产业,都将自己的生产经营置于网络平台上,让竞争范围通过网络扩展到全球各个角落。

因互联网的兴起,传统的工业社会在未来十年内可能就会终结,只不过很多人意识不到这种摧毁性的力量正在崛起。有人认为,未来的市场竞争不是同行竞争,而是跨界混搭穿越竞争。举个例子,为什么小米毛利那么高?因为它把传统的包袱全扔下了,不需要渠道补货、不需要给批发商回款、不需要设维修网点,通过互联网把交易成本拉到最低,这就是其成功的秘诀所在。

参考材料6:新的国际分工体系和国家利益的关系

这个问题主要涉及产品内分工的现实和理论。20世纪90年代特别是新世纪以来,随着冷战结束,经济全球化和经济体制转型的速度加快,技术进步、制度变革与市场都迈出新步伐,导致国际生产和贸易格局发生新变化:南北贸易占比上升,过去贸易的主流是北北贸易,而当今南北贸易成为国际贸易最重要的组成部分,其动力主要源于新兴经济体特别是中国;几乎所有的产品生产周期都呈缩短之势,部分生产环节转移至别国或别的地区;许多种类的产品,除了农业和原材料等第一产业之外,其他产业(第二产业,制造业和服务业等第三产业)产品的生产甚至销售过程都被拆分成若干环节,在全球范围内组织零部件的生产和装配,充分利用各国要素禀赋优势,在跨国公司的主持下,实现生产资源在全球范围的优化配置,这被称为"产品内分工"。

产品内分工是由跨国公司按照全球利润最大化原则组织并付诸实施的,伴随直接投资和技术、生产标准和体系的转让一起发生的。但这只是表面现象,因为不管什么样的技术进步、新的分工形式,都与特定的、符合利益要求的制度安排相关。这种利益有两个方面:第一是跨国公司是产品内分工最大利益获取者,不管其将生产或是零件制造的某个环节放在哪一国家哪一地区,总是要利用该地的比较要素禀赋优势。比如劳动力价格低廉和上下游企业的配套能力强,从而达到在其能够有效控制下降低成本收益最多的原则。第二是借助这个新的分工形式,南方和北方国家实现经济上的共赢并组成不可分割的统一体。克鲁格曼(Krugman,1994)认为在全球范围的产品内分工体系里,南方国家可以凭此获得就业和增长机会,北方国家不会失去利益,产品内分工对于两者而言是一个"双赢win-win"结局;萨缪尔森建立了一个"李嘉图模型"(2个国家、2种产品、1种要素),假定各国要素禀赋相同,分析得出的结论是,美国等发达国家将一些产品生产工序外包给中、印等劳动力便宜的发展中国家会导致自己的国内失业状况恶化,降低发达国家的贸易利益。然而,巴格瓦蒂等人却认为由于发达国家的这种生产环节转移到发展中国家,节约了产品的生产成本,从而发达国家能够提高来自贸易上的利益,同时,低技能工作机会的流失却相应提高高技能工作的创造,虽然这个过程比较漫长,但是长期外包不会使发达国家整体福利趋向恶化,仍然持"双赢"观点。

比较优势理论对产品内分工仍然具有解释力,因为两国还是能够通过交换而获利。如图1-1、图1-2所示。

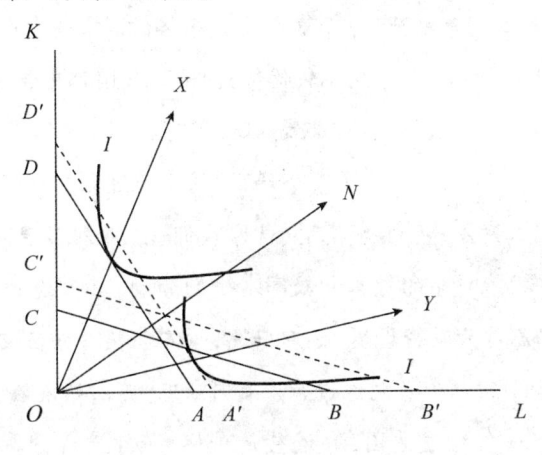

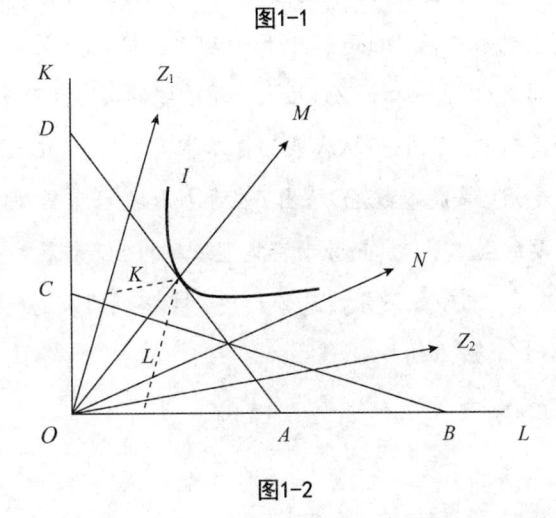

图1-1

图1-2

解释图1-1：OX和OY分别为X、Y两个产品的生产扩展线，其中X产品为劳动密集型，Y为资本密集型。AD和BC分别表示甲乙两国的两条价值相等的等成本线。甲国资本相对价格较低，这是其资本要素丰裕的体现，而乙国劳动相对价格较低，是劳动要素充裕的体现。按照比较优势的国际分工和贸易理论，劳动和资本密集型产品都应集中在要素丰裕的国家进行（生产扩展线和I曲线——无差异曲线的交点）。而虚线则表明如果违背比较优势原则，那么两国都需要付出较高的生产成本才能生产出相同价值的产品。显然生产扩展线的外移，如果并非按照比较要素禀赋的原则进行，劳动要素充裕的国家生产资本密集型产品，而资本要素充裕的国家却生产劳动密集型产品，便成为不可持续的。在传统比较优势条件下，各国都应专门从事自身具有比较优势的产品生产。通过交换，双方都从中获益。

解释图1-2：如果我们观察某个产品Z的生产过程，如果说它必须经历两道工序，假定工序Z_1是资本密集型（就像我们说当今很多产品的价值链中，R&D环节需要投入更多的资本和较高水平的劳动，其创造的价值高于生产和销售环节）、Z_2是劳动密集型。总起来看，资本密集部分在该产品生产结构中所占比例较大，所以如果允许进行产品内分工，产品研发在资本和技术要素丰裕的国家（一般指发达国家）进行是最优。而生产部分（生产体现为对研发产品的复制过程，利用的是规模和劳动力价格低廉的优势）则放在劳动要素丰裕的国家进行。所以，Z产品生产扩展线的实际生产点，可以用两道工序的矢量加总确定，即通过OK代表的资本密集型工序和OL代表的劳动密集型工序组合完成，等成本线AD给出了在资本和技术密集型国家完成这两工序生产所需要的成本量。然而劳动密集型工序的生产扩展线（Z_2）位于ON线的下方，说明这个工序如果分配到劳动要素丰裕的国家进行，对跨国公司来说，就可能带来总成本的节省。

第二节　研究方法和基本思路

一、研究方法

我们依据的研究方法，可以具体化为三个组成部分，即研究视角、参照系选取和符合本题目要求的方法。

强调背景因素。国家经济利益和全球公共物品，作为一个国家制定本国发展和对外关系政策倚重的因素，不断以新内容和新的表述吸引世人眼球，原因就在于当今全球化与转型的大背景。在主权国家内，转型使利益关系呈现多元特征，撕裂了过去由国家一统天下、利益从上到下一包到底的做法，其推动力就是市场的渗透作用。从而，国家与市场各自的职能开始明晰，平行前进，形成相互支撑不可分割的两个轨道。转型要求国家提供公共物品，但必须建立在市场经济制度的基础上，也就是说，这个制度的先决条件是以私人产品为主，否则市场机制的调节不能有效，公共物品为辅——只有在市场失灵，为了规范宏观经济秩序，以及为了发展市场经济，开始时要动用公共资源解决国民经济必需的基础设施条件下，才是必要的。而全球化则说明在国家利益的外延性扩展过程中，形成与他国的利益交集与利益博弈，同时又反作用于转型进程。以往的研究大多从后者出发，认为国家利益是从国与国、一国与全球关系中体现的，忽略了转型对国家利益的影响[①]。

概括本书的研究方法。规范为先，实证补充。但是案例不能距离推理太远，必须在理论阐释的时候就伴之案例证明。也就是说，不能局限于概念论证——静态的文字游戏，而应该从事实、案例和数据中对之进行佐证，不然就会让读者感到索然无味，如同鸡肋。在方法论上，应该抽丝剥茧、逐步深入。结合本书来说，如同人们所知，国家利益和公共物品都不能脱离个人和微观利益而存在，所以，个人利益仍然是研究的出发点。但是从发展角度论，由于近代商品经济发展市场的扩展，人们从中得到更多好处，西方文艺复兴后人的意识崛起，为自主决策、参与和交往提

---

① 王缉思：《答案不在国际关系中》，共识网21ccom.net，2014年7月23日。

供了前提，也反映了作为主体的自我选择能力提升，从各种环境约束下走出变为"自为""理性"的、可以掌握自己命运的人，他们的利益观也在不断变化。本书所述的利益集团，同样也是建立在个人利益基础之上的，倘若后入的"新人"没有预测从集体行动中会得到好处，或者他在以前的集体行动中总是吃亏，他一定不会选择加入"新的集体"；国家利益同样要建立在微观利益基础上，代表国家利益的政府必须使民众享有知情权和逐渐扩大的参与权，否则国家利益就会沦为少数人任意解释和"代表"、无根无据的玩偶。在这方面，笔者赞同奥尔森的观点，即便是集体行动，也取决于集团中的个人做什么，而个人做什么又取决于他们采取其他行为的相对好处[①]。但这并不完全排斥方法论集体主义，执意认为利益集团采取的集体行动的最终结果都是实现集团中的个人利益，进而否定其上的集体和国家利益，忘记了集团和国家利益不只是个人利益的简单相加，忽视从个人利益向集体利益和国家利益过渡的中间环节，由此得出的结论必定站不住脚。

研究主题的参照系。 为了阐述已经定下的主题——国家经济利益与全球公共物品，就要明确国家利益和国家经济利益的关系，国家经济利益在国家利益体系中的作用，国际经济领域中的利益获取与其他领域中利益获取方式之异同。换句话说，只有将被阐述的问题置于一个变动的外在环境下，该问题才能具有动态特征，表现出它与周围环境的互动。因此，环境的变迁，对于本书阐述的主题来说，是不可或缺的参照物；另外，就是借鉴学者对有关问题探究取得的成果——可以称之为理论参照，和其他国家已经取得的经验或教训——可以称之为现实参照。

举例来说，查尔斯·比尔德研究了美国国家经济利益的发展史，追溯了美国不同区域经济利益的形成和发展，以及他们对不同时期美国外交政策的影响。认为，国家利益是相对于州和区域的利益而言的；不同政党代表不同的经济利益集团，其制定的外交政策反映的是区域经济利益集团的愿望和要求。而政治家却喜欢使用国家利益这个概念，但是他们所代表

---

① 曼瑟尔·奥尔森：《集体行动的逻辑》，陈郁等译，上海人民出版社1995年版。

的实际上是特殊的区域经济利益①。他的观点给予我们的启示有：第一，经济利益决定政治态度。即便研究政治行为，也要寻找它的经济基础。第二，国家利益实际上是不同利益集团利益博弈的结果，而不是任意的强力集团能够代表的，或者说只能代表一时。尽管他还没有从更深层次即产业和阶级的层面划分利益集团，但代表区域经济利益的集团诉求已经成为国家利益的形成因素，却是相当明确的思路。

二、基本思路

基本思路反映了研究者对命题的整体思考和分析的逻辑理路，不管何种研究都应该有自己的特色。

利益格局变化和公共物品供求之间的关系。毫无疑问，由于转型和全球化是利益关系变化两个最重要的推动力，而一国经济体制转型和参与全球化尤其经济全球化的动机，基于一个国家之内的公民与国家利益，所以，利益格局就与这两个问题构成了相互促进的关系，这个关系必然对既有的公共物品供需格局提出要求和挑战，后者如何适应前者的变化，怎样才能促进共同利益的实现，一个国家的公共物品怎样和全球公共物品对接等，都是一些必须回答的问题。总之，利益格局与公共物品供求这个线索贯穿于整体论述之中。一般而言，经济学研究拒绝用非此即彼的方法，而更多注重边际成本和边际收益的比较，这也在论述中得到充分的体现。

相互依赖、外部性和公共物品的关系。无论经济全球化、区域乃至全球经济一体化，其基础之一就是相互依赖（不管是强还是弱、对称还是不对称）和相互需求，一个国家经济的外部性也可以看成是相互依赖的表现，"良性"或"劣质"公共物品都可以从正负两个方面对"依赖关系"施加影响，或有助于世界性问题的解决，或传播风险和危机因素，引发全球经济动荡。我们也可以将经济全球化、区域经济一体化乃至全球经济一体化，看成全球范围内许多国家集体行动的结果，其间必定包含复杂多层次的利益合作与纷争。正因为当今不存在权威性的全球政府，所以协商和利益博弈就成为相互依赖的主线。

---

① 查尔斯·比尔德：《美国宪法的经济观》，商务印书馆2010年版。

参考材料7：相互依存理论

理查德·库珀是最早从理论上研究相互依存的经济学家，第一个提出此概念。他认为，相互依存是一国与国际经济发展之间的敏感反应关系。约瑟夫·奈认为，相互依存既包括竞争性的零和内容，也包括合作性的正和内容。自由派经济学家只从双赢或者正和角度认识相互依存，每个国家都获益，都比过去过得好，合作也将取代竞争。但从成本上看，相互依存的成本包括短期敏感性（依赖效应的强度与速度，也就是说，体系中一个部分变化在多长时间里引起另一部分变化）和脆弱性（改变一个相互依存体系结构的相对成本），对称性的暂时性和不平衡依赖相对应的是相对平衡和不平衡，依赖性小可以是一国国家权力的一个源泉。国与国之间的不对称性是相互依存的核心。

罗伯特·基欧汉和约瑟夫·奈都认为，在经济相互依存基础上发展起来的国际制度能够提供信息，减少交易成本，使得承诺更富有可兑现性，并且能够担负关键性的利益协调，从而一般有助于互惠合作，而国际机制往往是国际稳定的基础和先导。

在自由竞争的国际环境下，国家要能代表全民利益在国际生活中发挥作用，有两个前提：国家是民主国家民意的总代表；国家是计算外交收益成本的。一国参与经济全球化要能获得收益，取决于国家内的利益分配公平。

国际政治经济学和制度经济学中的制度演变。经济学中的均衡思想，对解释多种利益主体的利益诉求和利益共识、当前利益和长远利益、现实利益和潜在利益、国家利益和全球利益的一致与矛盾都有帮助。但笔者希望在研究中拓展均衡研究的思路——在充满不确定性的世界中寻找利益变动的规律性与多种利益对称性的关系；国际政治经济学中关于国家和市场之间存在复杂结构的思想，引导我们从市场经济条件下寻求实现国家利益最大化的方式；制度经济学中关于规则是维护公共秩序并引入时间分析的思想，对公共利益的研究有益，等等，都能为我们提供借鉴。

利益相容与动态利益的关系。在转型和全球化进程中，利益相容思想，可以解释为什么利益集团容易捆绑在一起，从而增进动态利益的现象。可以从两个角度理解利益相容，一是在经济和社会发展过程中都获得收益并且离不开对方的支持,以促进社会利益为目的。还有一种利益相容,即从寻租活动中相互依赖,以违反社会和国家利益为目的。这两方面的博弈是解释改革和伴其而来的一些问题的思路,比如权贵利益集团与通过竞争上位的利益集团之间的关系,每个集团内部更大的得利者获得利益的依据,怎样在集团内部交换利益等。也可以这样理解全球化中的利益相容,好的一面是既利于集团内所有成员,对全球利益也是个补充[①];坏的一面是损害了全球利益但有利于本利益集团成员[②]。同时应该注意到,一国国家经济利益之获得,必然要建立在本国公民受益的基础上,也要符合不能损害别国利益的原则,非零和博弈乃是经济利益区别于政治和军事等传统安全的主要特征。

[①] 按照世界银行行长金镛的说法,亚投行是对世界银行和国际货币基金组织的补充,共同担负起对发展融资的责任,并非互相掣肘——作者注。
[②] 欧洲区域经济一体化进程中的贸易转移效应,就是对此的理论描述——作者注。

第二章 利益与国家利益

第一节 利益的辨析

利益这个概念，虽然包含着丰富的内涵，在外延上也可以做广泛的引申，但究其本身，毕竟属于一个理论上的抽象，纯粹的空洞的概念辨析会让人不得要领。只有沿着微观到宏观、简单到复杂、表面到内里、能够确定到不容易确定的论述角度，方能达到深入浅出，自己相信的同时又使别人相信，这样一个论述理论的目的。

一、利益外化和组成因素的变动

利益本来是一个空洞的概念（通俗地说，它指人在社会生活中获得的"好处"，包括物质和精神层面的好处），只有加上一系列将其外化，也就是说让人可以感知到的东西，才能使人得到一个抓手，知道利益是通过什么形式表现出来，怎样从"潜在"向"显在"转变。实际上，过去计划体制下的个人和集体利益几乎都被包裹在国家利益中，自身没有伸张和扩展的机会，不但社会和官方舆论没有给予它们"合法的"地位，它们自己也不可能成为激励人们从事经济活动和其他社会活动的动力。而在市场经济条件下，追求个人和微观利益合理合法，市场信号调节人的行为之所以能够及时有效，也有赖于市场主体的"利己心"。两相对比，我们就可知道，为什么不同体制下，对微观利益的看法大相径庭，又为何采取不同的限制和激励措施。回答这样的问题，可以先从一些涉及利益的表现出发——遵循从简单到复杂的原则；另外，相比集体和国家利益，个人利益更是看得见摸得着的，是我们能够把握得住的东西，所以从此分析较好。这也就是上面所说外化的涵义：利益是一个中性词汇，奢谈让人不知所云；要将利益关系变动的历史背景因素和现实因素纳入考虑范围，否则也脱离不开"假大空"八股文的窠臼。

诚如上面所论，层次不同的利益均有具体的表现。人所追求的目标是什么，比如对物品和资产的所有权、在生产和交易中的收益大于投入、安全、繁荣和意识形态——民主自由平等，等等，更能体现到利益。就国家利益而言，显然是一种共同利益，全球利益也是一种共同利益。如果国家目标确定，并且得到该国上上下下的普遍认可——虽然在执行手段上存在分歧，但它还是成立的。而且，它不同于局部或国家中某些集团的利益。只有符合这样的条件，国家利益概念才是可取的。全球利益的结构虽然更加复杂，但也应符合国家利益的条件。总之，不管什么利益，都应该能够被说明、能定量、被他人他国理解和认可。

利益的基点在于其经济方面——经济活动是人们最基本的社会活动，利益的得失在经济活动中体现得也最为具体。

首先取决于法律规定的物品所有权。这是所谓的利益载体，没有所有权，利益的得失便如水上浮萍——脱离基础的利益不能存在。所有权又是建立在人所有稀缺物品基础上的，假如所有的都是不必付出代价、任人随意取用的充足物品，也就谈不上利益得失，个人利益和公众利益也就没有纠结。比如发展市场经济，一定强调创新产品的知识产权和物品所有权，概因其首要特征便是排他性，即个人利益的保护，别人不经所有者允许，不得擅用这些物品，否则不能保证产权对所有者利益的最大激励；又比如清洁空气，无论何人都不能拥有排他性的所有权，在这里，公众利益和个人利益就是高度一致的。因此，所有权是一切经济关系的基础，物品归谁、剩余如何分配、谁指挥谁干活这一切利益关系，都逃脱不了产权的约束，而且一旦发生纠纷，明晰的、建立在所有权基础上的契约关系（很清楚的是，凭借契约才能打官司），有助于纠纷的解决，使秩序恢复常态。我们说，产权是个人的利益边界，必须由制度加以界定；个人可以判断自己的利益得失，出于人的"本能"；产权明晰和不断用契约申明、产权之变动对利益得失具有决定性作用。

其次取决于价值观选择。这涉及对利益的看法，比如说，对于特定物品——房产，不同国家人们的评价是有区别的，中国人富裕生活的标志是房产数量，而其他国家的人们便不见得那么热衷，因此对于从中能否获得的利益、利益量大小的评价也大不相同；又比如说，在物质利益和精神利益之间也有一个关系问题——当物质需求被满足之后，再一味追加供给，需求就会呈现边际收益递减现象，相比之下，人们对精神利益的追求开始递增。如果罔顾这些，不回应人们日益增长的精神需求（比如知情权、参与权、话语权、批评权等），那么公众就会质疑政府，政府再不表态，就必然引发社会不满。

再次要考虑到社会环境。不管物质利益或精神利益，都是社会生活中的人的本性和环境因素相结合的产物，是个客观存在，本身就应该得到自由表达和伸张，所以要看人有无这样的社会权利，社会对人的权利是否承认，以及能否从这样的权利中得到好处。取得好处一定要大于成本，这是利益获得的条件。这些条件涉及体制、观念和一定时期的社会舆论等"国情"方面。物质利益和精神利益的获得，不可能一蹴而就、立即符合人的现代化要求，必然有个较长期的演化过程。所以说，这个与环境变化相联系的利益，不同于微观经济学中讲的收益，也不是销售产品所得的货币额。它更多体现为收益减去成本之差，即"纯"或"净"的利益，否则，人们便会丧失生产和交换的动力，经济和社会生活便不会走向繁荣。

如果对微观利益是一切利益关系基础进行再探讨，还需说明三个问题：

第一，为什么要从微观的个人的利益出发谈及公共和国家利益？前面已做过论述，即人们容易理解，有抓手，否则会陷入假大空的境地。另外也遵从斯密和霍布斯的研究思路——从人的利己本性和社会性着眼：没有社会性也就没有个人利益的比较和得失，没有私有制也就不可能有个人利益产生的沃土[①]。其他学者的思路也值得借鉴，比如，哈耶克从个人对自身利益的追求出发，并由此探讨社会经济和政治秩序，在《个人主义与经济秩序》一书中，他提出"唯有通过理解那些指向其他人并受其预期行为所指导的个人行为，方能达到对社会现象的理解"；米塞斯更具体指出，任何行为都是由一些个人做出的，人虽然生就是生活动物，但其行为却是发生在人与人之间的。以上这些说法，虽未有更多地考虑到个人行为的外在环

---

① 休谟和斯密都认为，交换由人的利己主义本性决定，在私人物品生产和交易的领域，个人利益比较容易界定。市场定价和竞争机制能够较好发挥作用，这些都被称为"市场协调"。伊斯雷尔·柯兹纳：《市场过程的含义》，冯兴元等译，中国社会科学出版社2012年版。

境，也不像制度学派强调环境对人的行为的决定性影响，更不可能得出社会行为大于个人行为之和那样的结论，但是，他们的确申明了个人行为基于个人利益，否则个人行为和基于其上的集体行为，便成为无源之水，无本之木，个体之间的相互关联才构成社会行为总体的重要观点。支持这种观点的还有弗兰克·奈特，他也在其经典著作《风险、不确定性与利润》中指出我们所了解的人的本性的重要性。对社会科学家来说，要理解人的行为，主要问题在于懂得他们怎样思考，他们在打什么主意；马克斯·韦伯在讲述其理性经济人的经济分析方法时说到，人的行为基本上是理性的。但在现实中，人们总是喜欢吃免费的午餐，并非由于他们不站在理性立场上，理性的涵义正在于让别人给自己付出午餐费，自己既满足了果腹和美食之需又不支出半点成本，省下的钱用于他途，以此实现自己最多元化和最大限度的利益，除非制度规则使其无法这样做。

第二，个人或微观利益必须在市场交易场合或与人交往中实现。在封闭条件下不存在交易，人们也不会计较盈亏。而交易则说明，人们不但要将自己视为社会中的一员，还要利己利他。斯密认为顺利成交的条件是，必须告诉对方，与我交换，你也可以从中得到好处。这就涉及三个问题：一是双方共赢，动物是单方面的索取，而人类的交易却是参与交易方都得到好处，否则交易便不可持续，也就是说，基于个人所有权基础上的物品交换是利己利他的；二是必须给予对方足够的信息，否则对方便不能做出合乎自己利益的购买决策，己方的物品也卖不出去；三是交易要建立在双方订立契约或合同的基础上，一方毁约，另一方便可诉之于法律来解决利益的损失问题。虽然对于后两个问题，斯密没有过多强调，但可以认为他的论述隐含了上述涵义。

第三，利益和产权关系最为密切。当下流行的一个说法，叫有恒产者才有恒心。这是就所有权激励人的长期经营行为而言的。在市场经济中，能够起到激励作用的包括产权、利润、价格、市场份额和税种税率以及信誉等因素。其中，最重要的是财产权利激励（包含剩余索取权和剩余处置权，这两项权利也依托于所有权）。它不仅是基本人权，对市场也相当重要，否则市场信号和市场机制就不灵验；相对其他激励手段——价格和利润，所有权并非激励的唯一来源，但它是最强大的因素，因为它是利益的基本根源，而且，财产权和财产预期使人理智看问题，自觉摈弃导致剧烈冲突的举动；私人财产的一个重要特征就是个人无须经过他人批准便能反复使用，达到满足自己的目的。

当然，利益和其他也有密切的关系。如利润，利润激励作用也十分明显，利润最大化始终是生产者行为的主题。当今的问题在于，在利润最大化的驱使下，企业家既有可能充分调动员工的积极性，多为他们的利益着想，给他们一定的权利，又有可能压低其成本，从员工的牙缝里抠出利润；利润的概念要考虑到机会成本（在计算厂商的利润时，经济学家认为必须从收益中减去机会成本）和经济租金①。

价格是另一个激励因素。价格提供关于不同商品相对稀缺性的信息，同时，价格系统确保商品会被那些最愿意支付并且支付得起的个人和厂商所获得；价格还沟通生产者和消费者，向厂商传递个人对不同商品的评价的信息，促使生产者按照社会需求提供供给。

名誉和尊严也是对人的行为起激励作用的因素。它是否是商品存在争议，不赞成其是商品的人认为它不应当是赚钱和盈利的工具，滥用或者不珍惜自己的名誉，必然造成名誉失效或收益递减。但从另一方面看，名誉又确实能给人带来收益，拥有好的声誉便容易成交商品，交易成本也会较少。另外，的确有经营名誉、将遵规和违规作为商品经营的公司存在，而且这也是维护市场秩序的重要方面；尊严——跟温饱和富裕有关，俗话说仓廪足才知荣辱，但在发展和走向现代化进程中，人的尊严与人的长期利益联系紧密，短期的小恩小惠未必能够将其收买。

总之，产权是利益中头等重要的因素。产权制度的改革，能将利益与个人联系起来，从根本上对人进行激励。

第四，这里讲的利益，实际上是与市场经济所对应的现代社会——公民社会中行为人的出发点。中国现在是否为公民社会，虽然见仁见智，未必众口一词，但没有人否认未来必然是。公民社会对人有很多要求，比如理性、参与、权利责任和义务的对称等，但这些都源于对自身与集体、国家

---

① 租金是实际支付的价格与为了生产这种商品或服务而必须支付的价格之间的差额，因为这些租金与努力无关。报酬是完全由需求决定的。约瑟夫·斯蒂格利茨：《经济学（上册）》，中国人民大学出版社2000年版。

利益的关系认知。同样，这里含有利益的积极表达之意。特别应当注意的是，在国家交往、意识形态分歧淡化的今天，只有遵从普世价值观——平等、自由、公正等，才能带来利益增进①。

参考材料8：公共选择理论对个人利益的基本观点

即便是在政治过程中，也要以个人利益为出发点。公共选择理论区分两种市场：一种是提供私人物品的经济市场，另一种是提供公共物品的政治市场。对于后者的分析，该学派也提倡使用方法论个人主义。布坎南等人认为，政治家和官僚本质上也是经济人，"现代公共选择理论始终强调，作为'统治者'以代理人身份采取行动的个人，与普通公民并无根本不同，方法论上的一致性也提醒我们，个人在公共选择和私人选择中具有相同的动机"②。归根到底都是追求个人利益的最大化，只不过是约束条件不同而已。比如在经济市场上个人必须遵循价值规律，交换也必定是等价的；而在政治市场上，政治家就得承认向上的等级制阶梯和名声对其行为的约束，比如为了留名，在任期的最后也失去了竞选之前的豪气——奥巴马执政后期，他在打击恐怖主义问题上的种种犹豫，跟以前形成鲜明对比。由此，个人趋利避害的行为也就可以得到恰当的解释。用这种观点来说明我国某些政府公务员不负责任，与人民的要求总是有些差距，我们因此会有些"悲观失望"。但这总比不看实际地高唱大家都为了崇高目的而奋斗的赞歌，要来得更为实际一些。

关于"理性人"与"经济人"的关系。实际上，理性人和经济人还是有

---

① 关于我国利益扩张的国际化比较问题，有两个问题特别值得注意：第一，改革开放以来这一时期与新中国经济发展的各个阶段相比是最快的，但不能与英国和日本在产业革命以及明治维新后几十年的发展相比，他们那种发展是全方位的。我们还有缺项，主要表现在价值观上，并没有与经济发展的步伐同步。第二，与社会主义计划经济向市场经济转型的国家相比，与当今的发展中国家相比，我国比较好也比较成功。主要经验是依照国情落实微观利益的发展战略，是经济发展的一大法宝。也可以参见林毅夫：《发展战略与经济发展》，北京大学出版社2004年版。

② 詹姆斯·布坎南：《经济学家应该做什么》，西南财经大学出版社1988年版。

所区别的。理性人假设中要考虑到人性中的利他主义因素，不像经济人那样永远从自己出发并带着"一个计算器似的大脑"[1]，理性人也会更多考虑到信息不确定性给自己的投资经营活动带来的影响。当然二者相同的地方在于，他们都用成本—收益来衡量得失，都更多地依靠自己，不管他是在进行投资还是消费决策。从理性角度看，因为对别人的动机无法把握，所以跟别人的合作未必能取得如自己意的效果，理性就意味着对合作的行为和规模怀有较多的警觉。诚如奥尔森所说，理性的、自利的个人不会采取行动实现他们的共同利益或集团利益[2]。但是为什么又有协作或集体行动呢？主要是对获得集体物品的收益产生共同兴趣，然而却不愿意承担集体物品的供给成本，这就是所谓"搭便车"。那么，个人从自身利益出发，参加集体行动时，就有一个参与和退出的临界点：即边际收益等于边际成本的那一点，从集体行动中所获得的边际收益大于个人的边际付出，便是其参与的动机；反之，边际支出大于边际收益，便是其退出的依据。理性还含有这样的意思，对于重复出现的重要问题，人们会进行理性计算，而对那些偶尔出现的问题，则会采取"理性无知"的态度，没有多少对其搜集信息加以研究的激励，这就涉及理性决策时的信息搜集成本以及信息的真实可靠。值得注意的是，奥尔森关于集体行动和利益之间有一个关系的思想，即利益集团人数规模小到能够发挥作用，大到利益能够看得见。否则很难构成集体行动。这也是对理性人在利益考量基础上，对集体行动规模的推论。从上面论述可以看出，"理性人"的内涵要比经济人更为丰富，用来判断实际中的问题也会更加有效。例如，当一些人希望政府控制价格的时候，他们的真实意图是自己在获得同样的物品时能少支付一些费用，而不是为了真正的公共利益。当一些人主张政府应当限制某些行业的市场准入的时候，其真实意图是保护自己的垄断地位，并非为了维护市场秩序。这些都是出于他们对自身利益的精确计算，公共利益不过是为自己的行为加上的一项桂冠而已。

---

[1] 安东尼·唐斯：《民主的经济理论》，姚洋等译，上海世纪出版集团2005年版。
[2] 曼瑟尔·奥尔森：《集体行动的逻辑》，陈郁等译，上海人民出版社1995年版。

二、利益的主体性、客观性与变动性

我国在经济体制转型和参与全球化进程中,过去那种大一统、集权式的以下级对上级服从为标志、以国家利益代替部门和微观利益的格局,逐步被以市场经济的多元化利益主体、从下而上的竞争结构所代替。只有对不同利益主体的身份、角色和作用进行分析,才能贯彻前面所说的研究思路——从微观利益开始,判明他们怎样思考,在打什么主意。

要由利益主体来定义自身利益。为什么不能由代理人或者其他人来定义利益主体自身的利益呢?这出于利益本来是主体自身的追求和切肤之痛,代理人或者他人毕竟是间接的,谁能真切感受到别人的利益得失?而且在代理时也不能避免夹带私货之嫌。企业经理人是董事会的代理人,在代理过程中还会有所谓"逆向选择"和"道德风险",利用信息不对称来达到个人目的,这样的事情比比皆是;个人利益本来就是多元的且因人而异,不存在一个统一的行为模式,代理必然抹杀了个人行为的差别,也忽视了体现在个人身上的利益变化。由于个人理性行为的假设,源于现实考虑因此极为丰富多彩:同一个当事人在经商时从个人利益最大化出发,后来他变身为政府工作人员便将公共利益最大化视为自己的追求,他自己的利益追求随环境和信念的变化而变化。更重要的是,不经当事人同意就代表其利益,必定产生偏差,留下冲突的祸根。

参考奥地利学派对这个问题的论述,倒可以给我们一些启发:第一,研究方法上从个人出发,认为社会现象是个体行为互动的结果。由此引出两个问题:个体利益如何转化为集体利益,个体行为如何转化为集体行为,但是必须说明动力的转化,也就是说,个人对自己利益获取途径有了新的认知,单打独斗难以实现个人利益。第二,不能像过去对其批判时所认定的,奥地利学派纯粹脱离现实的主观主义认识论都是错误的。其实其中有一些可取的成分,比如个人决策时要有必备的知识、信息、感知和预期,否则必然失误,除自己外的他人不可能承担其代价。第三,效用是衡量"自己"(别人也不能代替)从消费物品中得到满足从而获益的标尺,更重要的是"边际效用价值论"从增量角度论述了利益的变动趋势——其他条件不变情况下,某种物品供给过剩带来收益递减,这也是评价利益关系的原则,也属于自己的事情。第四,引入时间框架分析人的经济行为——不论生产者还是消费者行为都是如此,"人不可能永远跨过同一条河流"。自己的行为要随时间和地点等环境变化而变化。第五,竞争是一个过程,市场是竞争的场所。关键在于竞争能够使人走向知识完备,能够发现很多事实的"程序",计划经济并不能给人这样的激励。第六,人的行为具有目的性,虽然具有隐性特征,并常不欲让公众知晓。但从观察他的行为中可知一些端倪,再加上理性的推论,便可能了解"他到底想做什么"。

参考材料9:利益的特征

所谓主体,他对自己的利益有明确的认识、计算和做出符合自身利益行动的决策。在计划经济年代,我们用的是前苏联政治经济学的理论,似乎一搞全民所有制经济,大家就会按照统一的全民利益去学习和工作,并不在乎个人和小集团的利益,这实际上已经丧失了利益的主体性——国家变成唯一的利益主体,而真正的利益主体则被掩盖起来。只有到了后来改革开放,政治修明年代,过去长期受到压抑的个体利益,才得以焕发出来。所以说制度变迁是利益分散化发展的前提。不承认个人和集团利益,便无法实现国家的、全球的利益,从认识史上也可以看出有这样的顺序;利益只有在主体同意并经过合法契约关系下才能被代表,而且要看得见摸得着——得有载体,也就是说,利益对其载体的依附——布坎南的思想,否则便形同虚设或效果递减——哈耶克曾经指出强调集体利益的危险,在于它要求权力高度集中,而权力行使者有使民众走向"通往奴役之路"的危险。个中原因在于,政府官员这些声称代表公众或社会利益的人也是凡人,但他们也是陷在体制中的"权力人"。"经验表明,虽然有时政府执行的是看来与公共利益一致的政策,但有时执行的政策哪怕是再经过丰富、合理的想象,也难与公共利益协调。相反,处于管理地位的人常常牺牲公共利益而追求私人利益。而且,甚至有良好愿望的领导人也常常把国家引入歧途。斯密认为,做好事不一定要依赖政府或任何道德情操。他认为在个人谋私利时,公共利益就能实现。与行善相比,私利是人性中更具有持续性的特征,因此为组织社会提供了更可靠的基础。而且,与让人们决定什么是公共利益相比,人们更可能准确确定自己的利益"①。对于存在主体而言，物质利益与精神利益在不同发展阶段具有不同的组合和侧重，温饱时强调物质利益，小康时精神利益就上升为主流。不管哪个主体的利益，都可以分为两个层面的问题：自利与共享的。因为利益是在社会关系中实现的。

利益具有客观性和变动性特点。客观性是指追求利益的路径，是现实存在且被人所熟知：利益存量的优化往往取决于增量变化，增量的变动是一个信号，因为只有增量，才能使人看到前途，从而有改进存量的愿望。但是增量变动也应该具有创新即打破旧秩序的特征，否则增量利益只能被固化或产生路径依赖——这里指既得利益的获得者排斥增量利益的获得者。现实生活中不乏例证：比如，价格双轨制实际上是体制双轨制，每一条"轨"后都涉及一大批人的利益关系，一方面是计划体制下计划价格的制定者不愿放弃凭借权力得到的利益，另一方面是从双轨价格中得到好处的"改革者"也希望保留双轨，以便从中获得差价利益。因此，由市场价格取代计划价格绝不可能一蹴而就；又如，欲让人口自由流动，拔除户口关系，农民工拍手称赞，但城里人无法接受；取消公务员的福利分房也不可能一步到位。所以说，想在一夜之间就用市场经济方法替代计划经济，恐怕是空谈误国。有鉴于此，改革只能是不断培育新的因素，逐渐取代旧的东西：让户口为城里人带来的好处逐渐递减，同时为进城务工的农民工享受原城里人凭借户口获得的待遇；为福利房的补助限定最后的时间表，取消之后还要给低收入者以各种形式的补贴，比如利用两限房和经济适用房等政策措施。总之，涉及利益关系的体制变动不可能一蹴而就。价格双轨制最大的意义就是，一种既体现改革又体现"有序"的原则。当然其中的问题在于，从价格双轨制中得利的群体的"利益固化"问题，也必须通过不断改革措施加以解决。

总结一下，可以得出结论：利益的客观性只有通过分散化主体的追求才能反映出来，这应该是"利益主体"的本质含义。换句话说，从对利益的认知到主动追求体现了微观（个体）"自我意识"的复苏和行动。否则不可

---

① 约瑟夫·斯蒂格利茨：《公共部门经济学》(《Economics of the Public Sector》)，中国人民大学出版社2005年版。

能繁荣市场经济,使人们踏上物质和精神富裕之路。单纯强调国家利益并以集权体制巩固,仇视个人和微观利益的计划经济,其结果必然是国民双穷。

参考材料10:市场经济取代计划经济的必然性

为什么在20世纪40、50年代,很多人甚至天才——如奥斯卡·兰格,甚至包括爱因斯坦等人都支持计划经济,这个在今天看来是彻底错误的观点呢?我认为有如下原因:

第一,不清楚它将失败的必然性——产权的高度国有化和政府的中央集权体制必然导致激励机制的无效和资源配置的失当。

第二,认为社会主义制度下人们可以做到完全理性,计划部门可以对整个宏观经济实行无所不包的计算,必定能够达到预期收益大于预期成本、实现盈余的结果。

第三,看到市场经济已经展现出来的部分缺点,就把它上升为全局。认为计划经济是可以避免这些缺点的。

总结计划经济的失败和向市场经济转型过程,可以说,市场经济活力来自其分权的本质,这个分权指的是所有权的分散、经济决策权的分散以及经营活动的自主性,正是这种分散的体制,给个体和微观带来前所未有的活力,将付出与报酬结合起来,理性看待成本与收益的关系,在实现了个体利益的同时也带来社会经济的繁荣。看起来,政府所有和管理财产与私人所有和管理财产的区别是(有人称计划体制为命令经济,政府拥有所有资源,也是其无限权力的体现):前者无效,后者有效;前者强调计划配置,后者强调机遇和升值,微观决策比较自主自由;前者流动速度慢,后者可以灵活和快速。

有人从改革必定打破利益关系格局,国家经济发展前景取决于政府和市场参与者的利益博弈,现在就对此前景做出判定,还充满着不确定性[①]。认为改革要啃的几块硬骨头(以前啃的都是软骨头,今后则是硬骨头——习近平总书记语)是:损害部分人利益的政府体制改革;落实民权限制公权的

---

① 李佐军:《中国改革进入深水区》,凤凰网,2009年6月15日。

宪政改革；实现耕者有其田的土地制度改革；垄断企业改革；资源产权和价格改革。显然，这些是否是硬骨头的全部，是否还有更多，还不好说。但是这些硬骨头式的改革显然已经相当困难：相比过去以分配和经营制度为主的改革来说，新的改革聚焦产权和政府在市场中的作用，涉及的利益更加突出，不可预测的结果也更凸显，社会争议越发激烈，阻碍改革的力量也会组织力量反对改革。如果不能解决这些改革难题，经济发展无异于空想。

参考材料11：利益集团和地方政府、民众之间的利益冲突案例①

起初的改革开放，是以持续放权激发地方发展积极性为特征，这是国家经济腾飞的重要因素——因为发展权力由地方自己掌握，自己说了算数，也就奠定了地方腾飞的制度保障，张五常教授就支持这样的观点。但是最近10余年来，改革似有倒退停滞现象，最明显的是地方发展权日益萎缩（该发展权主要包括财权和事权）。之所以得出这样的结论，还要追溯到朱镕基开始推行的分税制改革——该项改革的初衷是在国家各级政府之间合理划分事权的基础上，结合税种的特性，划分中央与地方的税收管理权限和税收收入，并辅之以转移支付的预算管理体制，如吴敬琏所说，实质上就是市场经济国家通常采用的分权型预算制度——财政联邦主义。然而，这个按照央地两级各自的事权和财权相平衡原则建立起来的制度，最后却演化为地方财权被变相剥夺。实行分税制后，中央财政占国家财政收入的比重，从1993年的22%上升到2013年的46.6%，事实上，当初实行分税制的目的，多数没有达到。由于地方发展经济的基础被抽，造成两方面的消极影响：其一是，分税制前，地方依靠自己的财政收入发展动力强劲，可以发挥比较优势开展与他地的竞争；而分税制后，财政收入的大头归了中央，地方发展的动力相对萎缩，尤其对培育本地的优势品牌失去耐心和信心，于是都想傍大款，抱央企粗腿，短期内将经济搞上去。而一个央企投资项目，动辄数以百亿计，对地方而言，加入其中，不但使当地经济总量增加，财政收入也立竿见影。其二是，本地由于财政收入瓶颈，发展特色受阻，盲目遵从央企又被百

---

① 罗天昊：《过度中央集权害苦地方经济》，共识网21ccom.net，2015年2月28日；吴敬琏：《当代中国经济改革教程》，上海远东出版社2011年版。

姓不容,政治生态受外力影响太大。这就有了这样的事实——平江市委书记田自力因当地火电项目被民众以危害环境为名起诉,上级只好叫停,为平息投资方华电集团的投资意愿和民众矛盾,田不得已选择辞职这样的办法。

辞职是地方政府官员面临不可克服的难题、不能缓解的矛盾而不得不采取的办法。而关键是这些矛盾是怎么产生的,本来挺好的初衷为什么演变为冲突的肇源点?关键是地方财政无法接济本地发展重任,由此产生两个结果:第一个即上面所说的地方政府发展本地经济的积极性不足,缺少培育本地品牌和发挥优势的政策激励,只好傍大款——央企。第二个是土地财政,由于中央拿走太多,而地方办事又需要钱,不得已就得搞土地财政和摊派。如征收高速公路费,本已经还清贷款,但眼下依然征收,原因在于这是地方政府开支的依赖;靠卖地补充支出,地方政府必须完成GDP指标,很多城市土地收入已经占财政收入的一半甚至更高,而滥行征地又造成官民纠纷狼烟四起,政府经常一筹莫展。

财富集中于中央,还造成几个有碍市场机制配置资源的后果,与改革目标格格不入:第一,财政支出分配不公,国家平衡区域发展的战略目标不可能落实,反而滋长"跑部钱进"的歪风。而中央有了钱也未必用在刀刃上,近年机构改革步伐缓慢,人员充斥不减,财政支出增加,地方省下的钱中央没有用好。第二,央企国企重新做大。本来央企国企应该在竞争性领域退出,专门从事非竞争性领域的公共物品生产。但由于它们得到强大的财政补贴,其低效和垄断的本性便死灰复燃,凭借种种被国家给予的优厚待遇上演了国进民退的荒诞剧。钢铁工业最为典型。第三,央企做大,使地方发展的自主性受到沉重打击。地方不断引进央企,以此为荣,必然打击本地民营企业,甚至将民营企业视为落后。第四,中央对地方的干预加强,上面对下面的命令和瞎指挥等有增无减。

所以要避免平江事件,办法就是给地方放权,削弱中央部委的权力,给市场放权,让市场机制能够充分发挥资源配置的基础作用。

利益的决定性基础。人们对于自身利益的认识虽然各有不同,但不可否认,是资本主义的发展开启了人对这种利益的认识和实现路径的大门。首先取决于利益赖以存在的制度基础,资本主义在其各个发展阶段中一直保留下来的特点是它的思想或心理基础。韦伯称这是资本主义"对世界活动所采取的基本态度或基本方针"。其实质是，确认实业家个人是经济生活中的基本因素。实业家个人的积极性是资本主义经济活动的主要动力。对国家的经济制度进行指导，必须依靠这种积极性。

熊彼特认为资本主义制度有三个要素：第一，在资本主义中，财产主要归私人所有，当然这也有例外，但主要是这样。财产所有权的分散是针对集中而言的，国家虽然拥有"公共物品"的所有权，但它是保障私有权的有效运转才存在的，它不应该拥有"自己"的目的。第二，为积累私人收益或利润而使用私有财产。换句话说，这是权利保证，也是使收益与财产对称的基本条件。第三，财产的占有者和利润的追逐者必须是同一个人或团体。他们对国民经济的方向和水平负有主要责任。这三个要素要解决的是"激励"问题，也就是微观利益实现的动力问题[①]。

资本主义国家也有计划，但是这个计划只是指导性的，从服务于微观利益着眼的。"是因为它虽然规定了国家的经济和社会目标，但它是经过企业人员和工人在自愿的基础上的合作实施的。"而不是像在计划体制国家中，计划是由中央计划当局强制实施的，强制的基础在于，这种统一的计划与统一的排斥微观利益的国家利益紧密相连。在市场经济国家中，正式制定经济活动的计划必须具备三个先决条件：国家必须设有政府计划机构；必须编制年度和长期的国家经济预算；必须有保证完成预算所规定的指标的经济管理制度。因为有计划的资本主义是民主的制度，所以制定和执行计划需要考虑各个经济与社会利益集团参与国家优先事项的选择，且通过有各个利益集团的代表参加的国家经济与社会委员会实现。该委员会向政府传达公众的意愿和有关执行计划的建议；在指导性国家计划中，政府不是被动地反映问题，而是尽力地预见问题[②]。

[①] 约瑟夫·熊彼特：《经济发展理论》，何畏等译，商务印书馆1990年版。
[②] 这里指出计划只是资源配置的手段，不同社会经济制度都可以用，但是计划经济就不仅仅是个工具，而是指一种特定的经济制度。在不同的经济制度条件下，计划也必然有其内涵和决定基础。

三、对利益的定量

经济学中,强调对所述问题的定量分析。对利益的定量分析,恐怕不可能做到像自然科学那般精准,但提出思路总是必要的。这里主要说明利益与下述四个概念的关系。

利益与效用。在经济学意义上,利益的衡量基础是效用——即得到的"好处",这是"理性人"和"理性政府"行为的出发点。理性还包括根据市场趋势做出评价,来改变要素配置和生产结构的情况,所以,要想得到利益,其初始条件是对获得效用条件的调查和对效用的计算。萨伊认为效用是价值的源泉,他虽然没有从生产关系的角度理解价值,但他强调在市场中价值实现对于所有者才有利可图。站在使用价值的角度,他所理解的效用即物品的有用性,分析后也得出结论:获得有用的物品便是对自身利益的增进[1];边际效用学派的经济学家,不管杰文斯、门格尔,还是瓦尔拉斯都认为,效用取决于消费物品给自己带来的满足,而消费多导致边际满足量呈递减趋势,个人所得利益也随之趋少。尽管对效用有从实物和心理上的区别,但是用效用来衡量利益却是不言而喻的。当然,不论萨伊还是边际效用学派,都是从"得到效用"和"得到利益"二者的相关性角度阐述的,未及"失去效用"和"失去利益"的关系。所以,马歇尔发展了这一思想,在其经济学中,论述了"好品"与"坏品"之分。如果用相同的钱买到的是好品,不说实现了利益,起码是自身利益未受损害,而如果买到坏品,则利益一定受损。

归结上述观点,站在消费者立场上看,其购买行为的出发点在于追求性能价格比。在信息获取不存在障碍的情况下,购买商品得到的好处大于其市场价格,从而获得消费者剩余[2]。虽然这是主观感受,但也是建立在商品价廉物美基础上的,如果他能够付出的价格低于其可以接受的价格,那么他从中得到的好处便是不言而喻的。站在生产者立场上看,成本与收益之间的空间也是越大越好。这就涉及用什么办法进行生产的问题。如果

---

[1] 萨伊·让·巴蒂斯特:《政治经济学概论》,商务印书馆1982年版。
[2] 马歇尔首先谈到并用图形说明消费者剩余概念,即消费者对一种商品愿意支付的最高价格超过他实际付出价格的差额。

采用分工方法扩大生产规模,降低生产成本,实现有效率的生产,那么就能够在平均成本等于平均收益这个合理的生产规模之前,获得更多的纯收益,即经济剩余。因此这个生产者剩余也必定可以估算。即便从政府(在市场经济中,政府并不是与生产者和消费者地位等同的主体,但是它作为市场参与者却是不可或缺的)宏观调控角度上,其政策作用的有效性,也要作用于生产者和消费者等市场主体利益的得失,通过调控使之行为更加合理。随着物品消费增多和生产过剩,效用递减从而导致利益递减,政府有责任激励市场主体开创新的生产或消费领域,这样才能增进市场主体的利益。

效用与利益的另一个关系是,如果消费某种产品获得效用,则随着消费数量增加,效用是递减的——它与物品的丰裕程度有关,也与人的评价有关,总之边际理论是有效的。在物品总量为一定的前提下,你消费的越多别人消费的就越少,后者对该物品的效用评价反而上升。所以,为使自己得到更多利益,也要照顾到别人的利益——让别人消费一些之后,你自己的效用评价曲线才能上升,这才是帕累托最优原则说明的问题——当一个人的消费组合变好时,另一个人也没有变坏,而是向好的方向发展的情况。因此,可以构造一个埃奇沃斯方盒:先画出两个不同的无差异曲线,它们从不同的坐标点出发,说明实现均衡的状态;然后再加上生产可能性曲线,进一步说明生产和消费的均衡[1]。我们注意到,这个均衡,也可以说是对公众利益增加的定量分析[2]。

效用和利益关系也可以通过利益的效用和成本分析反映出来。个人或组织要实现生产经营目标都必须付出代价,这个代价就是成本,而得到的利益必定是效用减去成本的数量,遵循的规律是,平均成本从开始时逐渐减少,到达拐点之后逐渐增加,此时若不采取改进技术、提高组织效率、创新的方法,他面对竞争加剧局面时必然落败。因此,生产者如果预见到这一问题,以创新削减平均成本来迎接拐点到来,必可在竞争中取胜。这

---

[1] 约瑟夫·斯蒂格利茨:《公共部门经济学》,中国人民大学出版社2005年版。
[2] 林德尔·G.霍尔库姆:《公共经济学——政府在国家经济中的作用》,中国人民大学出版社2012年版。

里所说的创新,已经不是H-O(赫克歇尔—俄林)理论中所论的依靠资源禀赋的比较优势,而是依靠创新而来的竞争优势。当今科技革命条件下,打造竞争优势才能使生产者在激烈竞争中获益。

利益与价值观。利益不仅受效用,还受其他因素影响,而这些因素和效用相比,是间接的但不容忽视的。其中最重要的就是"价值观"①。与效用和利益的关系不同,世上价值观千奇百怪,衡量标准不能统一,但都属于"意识形态资本"——比如拥有不同宗教的人,都认为笃信本种宗教能使人得到长久的好处。但是,价值观中的核心部分,同物质利益不同,是不能通过交易而改变的:第一,取得效率是微观和宏观经济学的基石。效率意味着在获得同样产出的情况下,节约成本,有效利用资源。比如,一样都能完成工作,开车、乘公交车与骑自行车上班的成本肯定是不同的。问题是,对于其中一种交通工具的选择,你遵循的什么价值观,是绿色环保还是铺张浪费,是精细计算还是炫耀自己,是选择新生活方式还是因循守旧,这就是从价值观出发的选择。第二,在微观效率与宏观可持续发展效率上的矛盾。一个不求进取、能偷懒就偷懒的人为自己工作,肯定是无效率的,对此我们也不必过分谴责,因为他是向自己负责的,其无效率带来的损失,并在竞争中落败,纯系他自己的事。然而当他为了自己的利益却采用违背公众利益的方法,比如用浪费资源、污染环境的方法使得自身利益最大化,却向社会输出了"负外部性"时,就应该受到谴责并被处以罚款。也有许多人并非如此,在决策时会在两者之间找到一种能够兼顾和协调的方法——这取决于产权是否清晰。第三,关注效用的安全观和关注自由的价值观之区别。我们说,特有的价值观是不能交换的,否则国家和民族就失去灵魂和支撑,但是也不能脱离共有的普世价值,一旦失去必然会付出高昂代价。按照布坎南的说法,人类政治行为无非是人们的利益冲突的集体选择过程,那么为什么会有利益冲突呢?一是价值观上的分歧——观念的变更导致对物质利益的理解不同,富裕的人更加追求新的价值,弱化对物

---

① 价值观,按照Geert.Hofstede的简单扼要的定义,指人们"喜好某种事态而不喜欢另一种事态的大致倾向"。具有稳定性、持久性、历史性和可选择性的特征,而且对人的行为具有潜在的决定性的影响。也就是说,如果你不喜欢某种事物,便视其为无效用,也就不会有利可图——作者注。

质利益的评价,二是在物品所有和占有上的分歧,这是比较低端的关注效用的价值观。第四,平等、公正、协作、互利是参与社会生活的价值观,法国历史学家布罗代尔认为,在资本主义发展中,一个重要因素乃是愿意冒险和投机。实际上,冒险和投机都扩展了个人安全的边界,已有的安全局面通过获得更大的安全得到保证。这被说成是在发展中孕育的"资本主义精神",也可以说是一种逐渐被人认可的普适价值观。当然有赖于社会制度的建立——鼓励机制、谁有优先权、怎样建立风险和代价的平衡。第五,体制差异造成价值观不同。即便都是市场体制,也有很大差异。比如欧洲很多国家奉行的"从摇篮到坟墓"的社会保障体制,有助于人心安定,但缺少竞争又使懒人泛滥,政府负担居高不下。

在市场经济中,强调两个基本点:即主体的利益必须坚持和实现,所持价值观必须被世人接受,否则不论何种市场主体都不能在经济中立足,或者可能得计于一时,最终不能被社会和世界所容纳。从更深入的角度看,理想层面的普世价值和现实层面的利益主义,怎样才能统一起来?中国在精神和价值观领域怎么才能够提出让世界信服的东西,以配合经济力量增大和扩展利益的需要?回答问题时应该从两个角度出发:第一是能不能,第二是能提出什么。笔者以为,"中国梦"是说给中国人自己的,而社会主义核心价值观又与国际社会的要求太过遥远——没有具体的让国际认为是可以操作的东西;在理念层面上,任谁都不可撼动全球遵从的人类理想——自由、平等、公正、秩序等,提出的观点和口号,应该是在上述理念指导下的具体一点的东西,否则必然流于空谈。

参考材料12:"一带一路"的共赢思路和实现机制

"一带一路"(丝绸之路经济带和21世纪海上丝绸之路)的初衷是参与国家在经济上的共赢。这体现了现实主义的价值观,它与中国古代与周边甚至和较远国家形成的"朝贡体系",不能等同看待,也不能类比,关键就在于过去的朝贡体系,宣扬的是中国对番邦的影响力,而今天我国提出的"一带一路",依据的是经济上各国的相互依赖和成员国的共赢原则。虽然"一带一路"是现今我国外交大战略,但对不少中国人而言十分亲切和贴心,就是因为这令他们联想到古代的大国梦。古代陆上丝路,先由西汉张骞从长安出使西域而开发，到了东汉班超由洛阳出发把丝路再次打通。古代海上丝路则起源于秦汉，大盛于宋明，是已知世上最古老的航线，联合国教科文组织也认定我国福建泉州为其起点。

习近平总书记在哈萨克与印尼宣布"一带一路"计划时，分别以张骞通西域与郑和下西洋为引子，带出过去丝路对中国对外贸易的重要性，也强调古时丝路促进中国人民跟哈萨克、印尼一带民族的友好关系，可见他的当代中国梦，确实有意让国民想到中国古代辉煌历史。当时中国向西方输出丝绸、茶叶及瓷器等，并由西方进口香料、宝石与乳香等物，互通有无，各得其所。但值得注意的是，古丝绸之路不仅是当时中原跟西域交易的管道，也属于番邦对天朝的朝贡制度。难怪《经济学人》杂志以中国梦为题的一期，便是以习近平总书记与乾隆皇帝的"穿越"——CROSS OVER为题展开的论述。

中国今天开发"一带一路"，自然强调平等合作及互联互通。新加坡国立大学东亚研究所所长郑永年就曾专门为此解释，尝试为朝贡制度平反，认为朝贡制度在近代被西方价值妖魔化，因为当时朝贡制度是基于双方你情我愿之下开始的，虽然这个制度强调以中国为中心，但小国也从中国得到礼品，而且经常要比其进贡的"价值"更大；现今的中国与沿路沿带国家的关系，是通过互动而自然形成的，既不存在强迫，也没有高下之分，是以交易为纽带，促进合理分工和资源优化配置，各得其所，形成利益共赢局面，这是今天"一带一路"的目标。它首先是一条经济纽带，弱化地缘政治的因素。显然，以中国为龙头的"一带一路"，由于其本身具有强大的包容性，比我国还落后的国家都在争相加入，西方国家也唯恐丧失经济上的良机，纷纷以加入为幸。就成立的阶段看，相当理想。有人甚至用它跟世界银行和国际货币基金组织相比，认为不但与其形成互补，也填补了其功能缺失。但笔者认为还要看今后的发展以及各方的责任权利和义务是否平衡，不解决这样的机制问题，恐怕不能使其长寿。

利益与激励。激励能够使人对自身利益的追求添加"能量"。当然，从来源上看，激励既可能源于自己也可能源于社会。从手段上看，通过一定的激励手段获得利益，这种激励才是根本的、有效的。在奔小康阶段，物质激励的作用大于精神激励，小康以后精神激励的作用必然上升。为什么利益应该被置于一种"被激发"的状态？因为如果它得不到激发，就会被人所遗忘，而追求个人利益是经济繁荣和公民社会的基本前提。激励首先体现为自我激励——制度的变化使利益主体焕发了获得利益的打算。而自我激励的强度又和利益获得有相当强的内部联系。自改革开放以来，个人发展空间逐步扩大——从开始获得的承包经营权和对剩余物的控制权，再到对生产资料和其他生产要素的所有权，激励强度不断加大利益的实现也就更加明显，呈现出一种强对应的态势。可以这样说，以各种手段进行激励，推动人们冒风险和竞争，从而得到回报，虽然多少具有赌博性——面对众多的不确定性，但总相信回报大于投入。也就是说，人们心中已经承认激励具有的类似资本的功能。

所以，社会发展能够提供什么类型的激励机制，实际上是要解决发展的动力问题，它不是像斯密等人所说，是固定下来没有变动的，而是要不断提供"新的"激励，因为旧的激励机制持续使用，其动力也会递减。所以，应当搞清楚的是，在发展过程中，人们到底还要什么？他们的新追求是什么？正因为需求不断更新，要求激励机制也不断变动并与其相适应。这就牵涉到诱导性激励机制的设计，"应当强调，出现在西方世界的制度，如产权和司法体系，是不能够被原封不动地复制到发展中国家的。关键在于创造激励结构，而不是对西方制度的盲目模仿。从家庭（联产）责任制（household responsibility system）开始，中国发展出一种信念结构，这种信念结构无须借助任何西方的标准处方就实现了经济的快速发展。然而，如果中国想继续保持经济的快速发展，那么它必须在政治、经济结构中构建激励体系，这可能需要建立那些更具西方社会的适应性效率特征的制度"[1]。

不同激励手段与利益的联系程度也大有不同。激励中最有效的手段——财产权利（包含剩余索取权和剩余处置权）不仅是基本人权，对市场也相当重要，否则市场信号和市场机制就不灵验；相对其他激励手段，比如价格和利润，所有权并非激励的唯一来源，但它是最强大的因

---

[1] 道格拉斯·诺斯：《理解经济变迁过程》，中国人民大学出版社2008年版。

素；财产权和财产预期使人理智地看问题，自觉地摈弃导致剧烈冲突的举动；私人财产的一个特征是个人无须经别人批准便能反复使用以达到满足的目的。当然，财产的来源是个问题。如系自己勤奋获得，激励才有作用。如系腐败而来，激励作用递减。当财产权利落实以后，还靠什么激励？显然，参与经济与政治改革的权利、名誉和影响力等，就会被人们推向前台。

经济上的激励机制包括市场激励——价格和利润、市场份额、声誉激励、诚信激励等，这些都是诱导而非强迫性的。由于经济人追求个人私利，那么在信息不对称情况下（信息对称意味着个人按照自己的意愿做出选择实现利益最大），就必须制定诱导性激励机制。使其主观上为个人，客观上为社会而工作。这就是市场制度和企业行为的合理性，政府也要为企业增进全民利益创造条件。

参考材料13：建立新的激励机制

我国的经济增长从改革之前人均收入最低的国家之一，到从2010年始，GDP在世界排行第二，这的确是件了不起的事情，但是简单以劳动成本低廉而获得的竞争优势，远远不能解释增长如此之快的原因，很多国家的人工成本比我们低，却没有取得像我们这样的增长，为什么？制度的变更，使人们获得争取个人利益的激励，恐怕更为重要。但是问题也在这里，当今劳动成本低廉的优势开始消失，而新的激励又未建立，同过去相比，可能问题更大。

举例来说，在萨缪尔森看来，污染权的买卖是一种重要的利益激励手段。一个很好的例子是，1990年制定的清洁空气法案（Clean Air Act），建立了在市场上买卖污染排放指标的制度，使企业在追求自身利益最大化的同时，又必须兼顾社会利益[1]。

存量利益与增量利益。实现经济发展必须存在四个要素，即制度资本（或称制度积累，包括法制、民主、管理等）、自然资源（矿产、石油等）、

---

[1] 萨缪尔森：《经济学》（双语教学第18版），人民邮电出版社2011年版。

劳动力资本（人口红利等）、土地辽阔（国土面积广大）等。任何一个因素强，都能促进经济发展。但是，有些国家后三者都比较弱，但有制度资本，也实现了现代化。

问题是制度资本是怎样发展起来的，靠引进还是靠自己——市场经济的某些要素既有自发的也有引进的。仅依靠后三者，肯定出现问题，因为它们在经济发展中都处于逐渐稀缺或收益递减或成本太大状态。相比之下，唯有制度改进可以做到收益递增，从历史上看，制度是发展最重要的源泉，没有是不可能的；从经济上看，大国由于有区域优势和差异可以进行要素流动，可以利用落差发展并有空间，而小国在经济上就没有这些有利条件；但从文化上说，由于小国民众的同质性强，信息更容易上下左右流动，反而比大国容易治理；不过，经济和文化角度只能部分解释发展原因，而制度却是深层次的发展动力。

可以用改革进程中的经验说明这个问题。不可回避的是，要让既得利益者获取增量利益，否则他们就会反对改革；而得到增量利益的人越多，才是改革追求的平等。人们获得利益的途径与增量利益有密切关系——比如就我国当今情况看，腐败窝案集中在某些公共产品基础设施行业，或者由于某些稀缺要素供给领域，或者把持着人才资源的晋升机会等①。如果某个学校个别招生人员从录取工作中得到贿赂，这种用不合法的手段获取个人利益的行为还不至于对公共秩序造成什么危害，但如果所有的招生者都如此，或者都使达不到入学标准的学生通过"后门"迈进学校门槛，公众和国家利益就要受到损害。公平公正秩序是公众与国家利益的基石，是毋庸置疑的，但是却很难对之进行精准的定量分析，比如走多少后门、控制多少紧缺的要素（比如某些有"办法"的人对紧缺物资囤积居奇，等待时机高价卖出——价格双轨制使一些手中有权力的人借此而致富）就使原本的公众和国家利益转移到私人和小集团手中，公众利益在多大程度上就失去存在的物质基础。这里不仅有数据的缺失和不透明等问题，更重要的是难以做出一个量化的标准。还比如说，基尼系数为0.5时，就是收入差距的"红线"，高于这个红线，便会引发社会动荡，事实证明未必如此，

---

① 魏德安：《双重悖论：腐败如何影响中国的经济增长》，中信出版社2013年版。

并被很多学者诟病。但是，它起码还是一个衡量指标，因为现在还没有更好的指标代替它。

第二节 从个人、微观利益到国家利益

一、国家利益的基础

主权国家的出现，是国家利益变成现代国际关系最重要的因素。这也就是主权的含义，即从经济学的语言上看的排他性——意味着一国的政策法律仅对本国疆土内的人的利益负责，而不是侧重于对他国公民的权利保护。这是因为，本国政府保护自己的公民利益必定要付出成本，而这些成本又是来源于本国公民的税收收入，他国公民并未提供这些税收，而且，政府的合法性又来自本国公民对其提供广义服务的评判。

参考材料14：关于国家起源的"匪帮模型"[①]

美国学者薛立敦所著《冯玉祥一生》，提到冯玉祥通过击败流窜匪帮，占据地盘而声名显赫。曼瑟尔·奥尔森看后认为，国家起源于匪帮，虽然这对于解释国家的起源似有不妥，但它反映了西方学者思考问题的思路——找到事物的相关点，然后通过动态的实证描述，最后总结出规律。

可以设定一个场景：在国家存在之前的政治环境中，不存在维护安全和秩序的政府，大大小小的流窜马匪不定期地对某地实行劫掠，显然这是侵占并伤及私有财产，同时弱化居民生产激励，马匪受益，居民受损，地方经济发展受阻。但是在流窜马匪之间也存在竞争关系——每一个马帮都想抢劫全部居民财产，而且也想一次性地抢完，否则也就没有下次。所以，这些马匪考虑问题都是短期的，而且他们之间也不会对"分肥"达成协议，签订契约关系。同时马匪与居民之间的关系也不是一种长期的统治并通过征税的办

[①] 高春芽：《理性的人与非理性的社会——奥尔森集体行动理论研究》，中国社会科学出版社2009年版。

法实现的"国家"关系。

　　设想在这种情况下，如果有一个马匪力量强于其他马匪，当他击败其他马匪，并对该地享有控制权时，他就成为非流窜的常住匪帮，享有独一的、垄断性的、对本地居民的"盗窃权"。更为关键的是，在这种情况下，他与当地居民形成了利益共同体，常住马匪为居民提供保护，而居民则为他提供给养和给养之上的种种物品。为了双方共同生存于一地，马匪成为常住的统治者——为居民提供安全等公共物品，用抽税方法建立这种长期的利益共享机制。这就是国家的雏形。

　　一旦有了共同利益，马帮也就从过去的掠夺者变成现在的建设者，当其首领成为头戴皇冠的君主时，原先没有国家时的无政府状态也就变为现在的保护、税收并存的关系，也为社会繁荣创造了条件。这种出自匪帮，但又凌驾于匪帮之上的政府，其自身的利益诉求和获取渠道也发生变化。这个模型告诉我们，利益关系因竞争而变化，短期利益靠不住，长期的相互需要才能保持利益格局的稳定并造福于利益双方。

　　关注本国公民发展需要的国家利益。一方面，国家利益绝不能囿于一国自身的利益，必定要着眼于普世性的、被全球公认的利益，否则，这个"自己的"国家利益就难以在国际上实现。另一方面，必须重视本国公民——"人"在发展中的利益，否则这个利益就丧失生机。考察国家利益和公共利益的发展史和二者之间的关系，可以得到，公共利益先于国家利益产生，因为公共利益才可能容纳不同集团的利益，而国家利益必须经过利益集团的博弈并授权国家代表后才能产生国家利益。公众利益，最早的说法是从政府政策角度而言，要谋求"最多数人的最大利益"。但是这个说法没有考虑到不同的政策，会使有些人获得利益而有些人失去利益，只有在客观上，使得到利益的人拿出一部分补偿失去利益的人，否则这个说法就没有任何意义。按照后来穆勒也就是效用主义的说法[1]，社会中所有个人利益的增进实际上就是公众利益的增进，所以也可以用总效用来衡量公众利益。其隐含的前提是，获得者的效用可以补偿损失者的损失——政府

---

[1] 约翰·斯·穆勒：《政治经济学原理》，华夏出版社2009年版。

是这里的裁判。比如，富人从收入中减少自己的货币便减少了效用，而穷人则增加了收入从而增加了效用①，税制则是政府运用调节收入分配增进公众利益的重要手段。但问题是，以效用主义为基础，造成很多难以解释的困难：比如个人对效用的评价不同——是用事物的有用性还是主观心理评价、不同的收入阶层面对的需求不同——照顾普遍公平实际上并不可能等。但不管怎么说，这些理论都出自国家产生之后，从政府政策能否符合公众利益的角度，来加以说明②。

公共利益也不等于个人利益的简单相加。"公共利益可以意味着一些不同的事情。它可以是合在一块儿的个体利益，即每一个人都想要的东西，如高水准的生活。它也可以是个体要共同体实现的目标。通常，人们想要从共同体得到的东西与他们自己想要得到的东西是相互冲突的。人们想要质量良好的学校，想要清洁的空气，也许还想要较低的税收和燃烧自己垃圾的权利"。可以将此描述为：社会成本与私人收益，这两个问题通常是背道而驰的。也就是说，公民具有两个不同侧面：一个侧面是私人的，毋宁说自身利益的方面；另一个是更具有公共精神的侧面，也就是说，社会中的公民还必须为整体利益承担一定的责任和义务，否则这个社会便不可能正常运行，这就是我们所说，体现到个人利益和社会利益的一致。我们也许可以将公共利益看作是具有公共精神的公民所渴求的事情。此外，还有另外一种关于公共利益的解释，即公共利益体现了具有一致性背景的目标。比方说，为大多数公民所赞成的计划和政策就构成了公共利益。按照这种解释，公共利益不一定是恒久的。公共利益是大多数人在某个时候想要的东西，因而它是随时间地点的变化而变化的。当然，这样的公共利益概念会带来一个问题，就是如何解释上面所说的一致性，以及我们如何知道的确存在着一致性。最后，公共利益可以指共同体之为共同体所能带来好处的东西。即便是组织最不严密的共同体也有理由维持其自身意义上的秩序和公平，不管它们采取的是何种形式。所有共同体都在某种治理过程中具有某种一般的利

---

① 阿尔弗雷德·马歇尔还认为穷人对货币的边际效用高于富人。
② 林德尔·G.霍尔库姆：《公共经济学——政府在国家经济中的作用》，中国人民大学出版社2012年版。

益,都具有一些不通过暴力来解决争端的手段——共同利益排斥暴力。[1]

二、从国家主体角度认识国家利益

获得权力和财富是国家利益的集中体现。国家利益形成的一个重要的客观条件在于,国家作为"实体"出现并行使权能[2]。换句话说,没有主权国家也就没有国家利益,而国家利益是在国际关系中体现出来的,并非首先表现为本国国内利益集团的利益一致。在最早的民族国家基础上,欧洲就有了国家主权——该主权专属于一些具体国家。所以,国家主权是国家利益之源——就像前面所述,私人财产权是他获取利益的基础性条件一样。同样,国家利益也成为国家行为的出发点和归宿点,这也是国际关系理论研究中,互动和博弈模型的立足点。"国家间"是为了说明国家利益的互动模式。按照基欧汉所说,叫作"不对称的相互依赖"——因为国家实力大小不同,发展的阶段不同,但又无法脱离对方而存在,可称为互为存在的条件。在这个意义上,国家利益是国家主权的函数。问题在于主权不能超越边界,而国家利益尤其经济利益无边界——当今世界,很少有国家将利益局限于国土之内,因为在国土之外,利益获取的成本相比国土之内可能更为低廉。这也就是当今学界热议的利益边疆与主权边疆的关系——经济利益无界而主权有界,经济利益经常属于非国家行为,是跨国公司目标。相反,主权利益必定是政治利益且是排他的。作为国家利益的基本组成部分,跨越国界的经济利益怎样得到本国政府的支持和保护?这就涉及获取利益和让渡主权的关系。所以,这个问题的要害,在于分清什么主权(政治、军事、经济、文化等主权)能在一定程度上让渡与交换,什么不可以。摩根索认为,国家利益包括领土完整、国家主权和文化完整,强调这三个方面是因为,摩氏将国家利益落实到国家的生存上面——没有主权当然也就没有本国的生存权或成为别国附庸,没有文化传统则没有灵魂,这些都不能用作交易。而生存的基本要素是国家对本国资源的所有及控制权、固有生活方式的自决权等。现实主义的代表人物华尔兹认为,生存是

---

[1] 德博拉·斯通:《政策悖论》,顾建光译,中国人民大学出版社2006年版。
[2] 李少军:《论国家利益》,《世界经济与政治》2003年第1期。

国家唯一利益所在，而新自由主义学派的代表人物基欧汉则认为，生存、独立和经济财富是国家利益的三个不可分割的组成部分，建构主义学派的代表人物温特在此之上又加上"集体自尊"。这些都只能扩大不能缩小。

综合上述，可以将国家利益概括为四个方面：主权利益、生存利益、发展利益和战略利益①。

国家利益的形成条件。 进一步看，在国家利益中，可区分为可交易的与不可交易的两种，如基本制度和国家的价值观属于刚性的，国家主权是独有的，给多大的价钱都不能让渡。学者丁学良认为，在一个国家的发展中，技术和经济结构属于容易变动的因素，是因为可以用交易的方法从外国获取本国所需，并用它们提升本国的要素水平；与此相反，宗教信仰和文化传统则最难发生变化，属于稳定性强的因素。在这两者中间则有社会关系和政治（管理国家的方式等），它们的变化需要比技术和经济结构更多的条件，虽然具有一定的弹性但比技术和经济结构要小。这个观点，给从动态角度看待国家利益，提出了一个较好的思路：国家利益变动，总是从经济方面开始，继而引发社会与政治体制的变化（变化可以是渐进的，即引入新元素改造旧有体制），而国家的价值、一国公民的信仰则是刚性存在，总是表现出惰性，很难说随着发展而变化。即便如此，从国家利益总体出发，不能因为惰性因素的存在，进而排斥外来技术和政府调整经济结构的政策等促进发展的行动。

还可以借鉴奥尔森的"管辖权统一"的概念，来说明国家利益在国家和国家关系基础上形成和扩展。此概念的内容是，建立实行相对自由贸易的广阔领域，并允许生产要素在其中相对自由流动，至少有一些重要的经济决策权转移到在新地点建立的新机构手中②。管辖权统一有三个重要特征，即地理空间的扩大、市场自由度增加和公共决策上移。在分裂的封建社会基础上建立民族国家，在独立主权国家基础上形成集聚共同体，这些都是管辖权统一的具体表现。其突出例证是，欧共体形成后，利用"贸易创造效应"作用于成员国的整体分工，经济便获得较快发展，同时管辖

---

① 雷家骕：《国家经济安全导论》，清华大学出版社2000年版。
② Mancur Olson: "The Rcse and Decline of Nations", Yale University Press, 1984, p.121.

权也就有了更多内容。当然，还可以从决策层级角度来理解国家在国家利益形成中的重要作用：由于国家超越了利益集团的眼界和其从自己利益为出发点的行事特征，以国界内的公共利益和长远观点来对经济和社会发展进行规划和调节，更不局限于特殊的集团、地区以及行业的利益。正如学者Andrew Moravcsik指出的那样，欧盟的本质其实是各主权国的一种策略，希望借跨欧洲平台获得利益，但只要涉及核心的主权利益便绝不退让：法国戴高乐将军（Charles de Gaulle）对建立欧洲共同防卫体制的不满、英国撒切尔夫人（Margaret Thatcher）支持加入欧洲共同市场却一直抗拒加入欧洲汇率机制（Exchange Rate Mechanism）、德国总理默克尔（Angela Merkel）对不以发行欧洲债券解决欧元问题的坚持，真正突显欧洲国家如何看待欧盟这个战后体制建设。除非上缴主权可以维护自身权力及换取更多资源，否则欧洲国家绝不可能妥协，这亦是战前主导欧洲国家体制的威斯特伐利亚体系（Westphalian System）的重要思想。

参考材料15：大国崛起令原有的国际关系——利益格局发生变化

  北京大学国际关系学院院长贾庆国教授在该学院一个论坛上说，中国近年因快速崛起而出现双重甚至矛盾的身份和利益，造成在外交领域面临日益增多的困惑，不但增加了中国判断自己利益的难度，也加剧了其他国家权衡中国利益的难度。他呼吁中国政府更加关注其在外交领域面临的许多困惑。贾庆国认为，崛起中的中国在当下多个方面拥有双重身份：既是发展中国家，又是发达国家；用GDP衡量，自2010年始，中国的经济总量已位居世界第二位，是日本的两倍，也是美国的一半以上，因此在许多人眼里，中国已是超级大国，但她其实也是一个普通国家。

  他说：中国强大的速度很快，全世界都想知道中国未来想干什么。但恰恰在这个时候，中国自己却不知道，或者在这个问题上没有共识。因此，外界对中国的战略非常困惑，其他国家也只能采取两面下注的政策，以防范中国采取对其不利的措施。中国看其他国家搞两面下注，自己也搞两面下注。于是，双方的关系特别容易出现恶化的现象。中国之前快速崛起，令部分国人头脑发热，以为中国快要主导世界了。事实上，外交最讲究策略，树敌过多亦非好事，到目前为止，中国尚无需要亦无足够实力与美国直接抗衡。中国领导层认识到，必须重新厘定自己在国际的位置，未来中国外交战略上亦会做出适当调整。

三、转型改变了传统的国家利益关系

由传统的计划体制向市场经济体制的转变，将国家利益、行业利益（集团）和个人利益区分开来，起主要作用的因素是政府在宏观经济中作用的转变。转型包括两个方面：第一是经济体制或者说资源配置方式由集权式的中央计划体制向分权型的市场经济体制转型，第二是经济增长方式由粗放的过多占用资源的向集约的合理节约使用资源的方式转型。两种转型互相联系互有影响，都是在除旧布新的过程中分别释放出"改革红利"和"发展红利"，为国家利益的扩展提供了动力。从体制转型角度看，过去计划体制下，生产资料的所有权并不归个体所有，也不能交易，而是属于全民所有，交易也局限在体制内。这种全民所有的情况，若在理论上还说得过去的话，却在实践上无法实现——不能由全体公民来运作属于自己的资产，所以必须由政府代理全民资产和主持其所有权和交易事项。只有这样，全民利益才能得到承认，而其条件是，中观（行业）乃至微观（企业和个人）利益必须服从所谓国家即政府代表的全民利益。然而现实生活却与理论上的说法判若两样：企业和个人（微观）虽然是全民的一个组成部分，但实际上他们只关心自身财产的得失，而对公家的财产却无切齿之痛，全民财产名义上是人人有份，但是人人又对这些理论上属于自己的财产得失，如同"异己之物"。计划经济之所以破产，其本质原因，就是不能提供一个将个人利益和社会以及国家利益联系起来的桥梁。

从转型的目标——**市场经济体现的利益关系上看，市场经济是建立在个人利益基础上的。**市场经济中的行为主体首先是生产者和消费者，买卖关系通常赤裸裸地反映出利益追求和得失，"市场通常被刻画为私人部门"[①]。只有个人和微观通过市场竞争优胜劣汰，才能获取其物质和精神利益。从国家主体在市场经济中的地位上看，国家利益存在的基础，一定是建立在产权清晰、保护交易秩序、让微观焕发活力、先微观后宏观上，

---

① 保罗·海恩：《经济学的思维方式》，世界图书出版公司2012年版。

否则很可能造成"国富民穷"、小河无水大河干的后果。如此说来,欲从国际关系的角度谈国家利益,也必须聚焦到保障和实现本国公民的利益,使他们获得生存、独立、财富增加和尊严,打造这样的条件才能建立自己的国际地位。从转型中暴露的问题看,也不能认为那些居于公共部门的政府机构和官员,他们所做的决策就一定代表"公共利益","实际上引导他决策的,是他对公共利益的个人解读。这种解读经过了各种私人利益的过滤,包括竞选连任、同事间的影响、与媒体的关系、大众形象、在历史书中的地位等"①。所以,必须在承认微观利益、中观利益,还权于民(改革初期,人们就认识到全民所有制在计划体制下运行失败,计划体制已经走到尽头,而任何一个能解放生产力的体制都比它要好,尽管还不太清楚向哪里走、未来的发展模式是什么)基础上,使剩余索取权和剩余配置权得到落实,这样才能让国家利益奠定在坚实的微观基础上②。

政府不干预或少干预市场参与者的行为,让经济按照其本来的规律前行,只应该在保障制度上下功夫,方能增进社会利益。可以从斯密和康芒斯的论述中得到一些有益的启示:斯密在《国富论》第二章中说,引出上述许多利益的分工,原不是人类智慧的结果,尽管人类智慧预见到分工会产生普遍富裕并想利用它来实现普遍富裕。这就告诉我们,分工的发展是缓慢渐进的,没有人设计这个历史演进过程,因为独立的个体希望从专业化中获得好处,所以他们用各自的方式进行专业化的活动。同时,人们逐渐完善着社会制度,让交换变得更加容易,交易成本降低,自然人们也就从中获得利益。当然,如他们破坏正常的市场秩序,政府便要出手加以纠正,主要是通过监管的方式进行。康芒斯则认为,协调是集体活动的本质,政府并非要否定单个个体的动机和行为,只是要在合法合理的基础上

---

① 保罗·海恩:《经济学的思维方式》,世界图书出版公司2012年版。
② 广义的所有权还有两层意思:剩余索取权和剩余处置权。剩余索取权——某项财产,如一部机器或一块土地的所有者可以拥有"剩余索取权"。剩余指财产所有者在支付雇员工资和债权人利息后,从收入中多得的部分。由于所有者可以从财产收益中得到额外的收入,因此他会更加有效地利用它们。如果最终的收益比原先预料的多,那将全部归财产所有者占有。剩余处置权——他拥有决定财产该如何使用的最终权力,就是说,怎样配置才能扩大生产、增值财富的权力。

进行协调,方能产生效率和秩序①。

诺斯进一步发展了康芒斯的思想,他认为,任何政府都有两个目标:规定竞争与合作的基本规则,为统治者所得租金最大化提供所有权结构;减少交易费用,促进社会产出最大化。强调政府具有双重激励,意在突出统治者利益与社会利益之间的冲突。认为,"国家的存在对于经济增长是必不可少的,但国家又是人为的经济衰退的根源"②。当政府在这两方面做得不好时,或者政府被利益集团绑架或拥有自己特殊利益时,必定造成经济衰退、人们无法被激励、不能发挥正能量的情况。

参考材料16:关于利益博弈和政府调节

央视栏目主持人柴静主拍的时政新闻作品"穹顶之下",引起广泛的社会反响。这是因为该作品提出重大现实问题——环境保护,防治大气污染,回应了当今深受其害的民众之深深关切。但也因为触动了该问题背后隐藏的利益关系,挑起人们热议纷纷。

30多年前,我国的经济体制开始转型,以打破过去横行的计划体制同时培育市场体制的元素为特征,这就鼓励不同地区、不同行业乃至不同企业和个人,在脱离上级指令和保护情况下,自己谋求发展空间,自己寻找致富之路,根据本地本行业的实际情况因地制宜。因此,在那些原本就有一定的发展基础,商品生产和交易意识浓烈但被压制,同时又有"能人"的地方,相对容易率先走上奔小康之路。在温饱无虞,基本的生活需要都得到满足的条件下,物质追求欲望便开始递减,精神和对社会参与的追求逐渐递增,此时提出对美丽生活、美好环境的生活需求,便势所必然,这在发达地区的大中城市及其周边地区表现得特别明显,也印证了马斯洛的需求层次与地理和发展阶段的联系;而与之相反,欠发达地区由于受很多条件限制,不仅缺少发展机遇,甚至难于脱贫,他们首先要解决的是温饱和发展的条件问题,美好环境和美丽生活对他们来说,不啻于遥不可及的天方夜谭。在这种情况下,欠发达地区常常为了脱贫,不惜动用一切手段,为了短期目标,即便威胁

---

① 约翰·康芒斯:《制度经济学》,于树生译,商务印书馆2006年版。
② 道格拉斯·诺斯:《经济史上的结构和变革》,厉以平译,商务印书馆1992年版。

长远、威胁他人的污染环境的做法也在所不辞。

面对这样的矛盾,政府的价值取向是什么,应当采取什么做法来缓解矛盾?如果认为高质量的生活和清洁空气是人的正当选择的话,必然要采取措施,减少来自欠发达地区的污染源,也就是说,必须对欠发达地区的发展受阻进行补偿。使其即便是经济发展缓慢也能取得接近发达地区的生活水平,否则便是剥夺了他们的发展权利。

看起来,追求改善环境和谋求接近发展都是人的利益诉求,一个负责任的政府不能对此视而不见,更不能厚此薄彼。如果按照帕累托最优的观点,当一部分人的利益增加时另一部分人的利益也没有减少,就知道社会总利益最大化实际上是这两部分人(或利益集团或处于不同发展阶段的地区)的利益协调的结果。科斯认为在产权清晰时,依靠市场就可以做到资源的有效配置,用污染者的获益去补偿因污染而受到损失的群体;或者,限制污染者继续污染,由反对污染者向污染者提供补偿。在产权不清晰的时候,政府的作用就是帮助市场确定产权,为市场机制发挥作用提供保障。

因此,利益分配机制才能最终解决围绕在环保问题上,人们因不同利益引起的争议。协调不同利益集团之间的关系更是大问题。获得蓝天白云和清洁空气的人群必须明白,这种人人喜爱的宜居环境是需要付出成本的,它就是靠吸收不发达地区的发展而换来的,因此这个成本就等同于给人家提供的补偿。正如北京的发展和国际化需要从周边地区调入清洁水,那么周边地区就不得不限制短期致富型的开发项目。但遗憾的是,"穹顶之下"这个节目,对这个隐藏在雾霾背后的利益问题,还缺少足够的探讨。不管是鞭笞雾霾给人们健康造成的弊端,唤醒人们珍惜环境的良心,还是敦促政府有所作为,其实都必须正视和解决利益均衡问题。

转型过程中利益格局变动,改写了过去计划体制下国家利益打头,其他利益必须无条件服从的情况。传统政治经济学教科书认为单一公有制和由此而来的按劳分配,不但决定而且保证了国家利益至上,超越一切集团和微观利益,而要素配置和企业按照中央计划生产又能保证国家整体利益的实现,这个整体利益似乎又是源自社会主义生产目的。说到底,这是一种以领导和服从为特征、单线式的排斥其他参与者的上下关系——如同科尔奈所说,个人利益和国家利益中的桥梁存在于企业当中,但是企业又以"父子关系"和"软预算约束"表明自己是政府控制下的经济的组成部分——尽管他们可以进行经常性的讨价还价①。

现今西方经济学教科书在分析利益格局的时候,采取的是"市场—政府"的两分法结构,区分在经济运行过程中市场和政府分别担负的职能。按照萨缪尔森所说,经济学的基本课题就是确定政府同市场的合理界限②。在这种结构中,那些在发展中大量产生的介于市场和政府中间的各种社团、行业组织和俱乐部团体等在经济发展和上下联系的桥梁作用,便无法得到解释。他们在一个组织化社会中的功能、维护市场秩序方面的角色,亦被这种结构排斥在外。因此,奥尔森和他的追随者提出市场(主要是指生产者与消费者)—行业组织(或称集团组织,包括行业协会、维护生产者和消费者利益的维权组织等)—政府(宏观调控主体、规则制定主体和监管主体),并将其作为一种结构性的分析框架。

如果考虑到转型过程中政府职能的转变——从统治到管理的过渡,就更清楚微观利益的重要性,政府必须为此保驾护航。"旨在保护公民和财产、实施合约和界定产权的政府活动,可以视为所有市场经济存在的前提。"③这是最根本的活动,还有就是应市场失灵做出的补救,也是政府在市场经济中存在的理由。按照斯氏的提法,在下面几种基本的市场失灵情况下,都需要政府出面补救:第一,不完全竞争——政府必须保护竞争,因为帕累托效率的前提是完全竞争市场,但是政府活动也会导致一些不完全竞争,如授予创新者专利权;第二,公共物品——因为市场不提供公共产品或者提供不足;第三,外部性——政府要对外部性进行适当干预,让经济回归到按照价格和成本配置资源的轨道上来,这也是一种"常态";第四,不完全市场——只要私人市场不能提供产品或服务,即使提供的成本低于个人意愿支付,市场就存在失灵,此为不完全市场。市场为什么提供不出完全市场?由于市场信号滞后和"人的理性偏差"。比如,资本市

---

① 亚诺什·科尔奈:《短缺经济学》,经济科学出版社1986年版。
② 保罗·萨缪尔森、威廉·诺德豪斯:《经济学》(第16版),华夏出版社1999年版,第20页。
③ 约瑟夫·斯蒂格利茨:《公共部门经济学》,中国人民大学出版社2007年版。

场和保险市场不完全的三个理由：一是创新不足，市场只关心近期利益无人投资，二是交易成本高，三是信息不对称导致偿还问题严重、不完全信息——信息失灵，虽然人们都有获得足够准确信息的激励以及失业和其他宏观经济扰动——失业通胀与国际收支失衡。这些失灵之间又存在联系，环环相扣。所以，单靠市场不易实现一般均衡，起码市场不能分析和判断宏观经济的走势和优先利益所在。因此，政府作用是必不可少的。但是也不能据此就得出政府干预纯粹为了得到自身利益的结论——"好"政府在市场经济中应该没有自己特殊的利益，它也不是市场经济的主要参与者，是裁判员，但不能是运动员，它只在制定游戏规则，在生产者之间、消费者之间和两者之间发生争端的时候起作用。所以它的角色和生产者或消费者不同，但又不可或缺。

参考材料17：解释转型和发展的一些观点

我国经济体制转型之所以取得伟大成果，乃是因为遵循了具有普适意义的发展道理，换句话说，在于给世界提供的经验（包括转型的步骤和起点、克服转型过程中的矛盾和方法等），证明了普适价值观的正确性。

下面列举两个包含普世价值"意味"的思想。比如，科斯利用产权变迁和交易费用升降的关系来说明经济社会变化的动力及其阶段，广义的交易费用决定了制度存在及其变迁。在笔者看来，这个观点在解释生产率增长和制度变动到底存在怎样的相辅相成关系时具有"普适"的意义。

生产费用和交易费用的比较，说明从自给自足向商品经济的过渡[①]。主要有这几层含义：

——首先把分工和专业化的水平与自给自足对立起来（自给自足、局部分工和完全分工三个模式）。

——在消费者和生产者合一的自给自足模式中，显然不存在市场。那么，这个经济中的市场化程度、一体化程度和生产集中度（专业化水平）都很低下——因为专业化可以加速熟能生巧的进程，或者可以通过避免重复学习和训练以提高社会对这些成本的利用效率而降低总学习成本。但是没有交易发生，这种模

[①] 杨小凯：《经济学：新兴古典与新古典框架》，社会科学文献出版社2003年版。

式也就没有交易成本——生产成本高而交易费用极少或没有的模式。

——在局部分工模式中，由于交易双方各自生产的商品种类已经相对减少，但是需求又决定了必须通过交换来满足，而且分工导致各自的专业化和生产力水平提高，因此，市场就在分工中出现，而交易次数和交易成本也提高——生产成本和交易成本基本平衡的模式。

——在完全分工模式中，由于每个人（生产者和消费者身份上完全分离）专业生产单一产品，因此，市场一体化程度、市场数目、经济结构多样化程度、交易次数、生产集中程度、交易成本都高——生产成本低，交易成本高。

不考虑交易成本的中央计划经济与考虑交易成本的市场经济，在可行性上的比较：

——如果市场上的交易成本等于0，则中央的计划成本——组织经济的成本就无限大，因为中央计划要包揽一切，原本属于市场机制"看不见的手"来解决的资源配置，使社会生产等于社会需求、物质补偿和价值实现问题，都由计划承担，导致其成本无限大。所以计划经济不仅是按照理论构想、理想蓝图打造，因而是一个臆造出的体制，何曾有基础支撑？它在理论上讲的是追求全民利益的体制，但是实际上却是以国家代表了全民利益并赋予政府在组织配置资源上的执行权和支配权。在这种情况下，维护政府统治一切，便是一种超级的"既得利益"，如果这种利益关系不是维持不下去，不是到了破产的边缘，很难从根本上撼动。

——打破这种关系的是我国农村改革。总结改革的路径，可以提炼出具有阶段性的特点：先从分配制度改革开始，解决生产积极性以便解决温饱，然后提高生活水平；从经营权、承包权和土地流转权上做文章，要解决的问题是让农民有恒产才能有恒心，才能自主地使用自己的财产进行交易；最后才是参与治理，这在很多地方已经有实践，也有一定成功经验。如果我们说分配制度的改革怎么就过渡到经营权和土地流转权上的改革，二者到底存在什么相关关系，这种变革的脉络在哪里的话，就可以看到，只有适度提高粮食和其他农作物种植和经营规模，而不是小规模的精耕细作，才能提高农民人均生产率，提高收入，土地连片集中经营向有经验的种田大户转移,这也是一个提高收入的自发趋势;所以必然要厘清土地承包权,发展土地转让权,现有土地制度也必须改革。但是这个改革存在很大的困难,最大的困难来自于土地所有权所代表的利益关系——国家和集体还能不能所有和控制土地(土地的承包交易和流转同样也是所有权的重要内容)?

——使"不正规"的东西正规化、合法化,并且上升为国家制度,这正是中国特色——是路径上的不同,反而印证了产权是激励人们行为的普适原则。开始时,因为类似"大包干""家庭联产承包责任制"这一类"自发"的合约,虽然反映了农民的共识,规定了相应的责任权利和报酬方式,但如果得不到法律承认,必然会增加履约成本。如果能够促进这些农民的创造和促进生产力发展效率提高,逐渐将这些自发的东西合法化并由国家认定的明确契约给定下来,就能形成有效的交易市场并使产权得到流转,所以产权明晰是个前提。这也证明,产权理论揭示了"普适"性原则,我国不过是在运用它的时候,有自己的"特色"而已。

四、国家利益不等于强势集团利益

从历史和现实角度看,一个国家凭借经济发展从而提升并超越其他国家已有的国际地位,已经被经验事实证明,毋庸置疑。但是国家对本国人民所担负的责任,却不能简化和省略,得一步一步来,按照公众的需要不断充实其内容。

保护和扩展本国人民利益是国家担负的首要责任:第一,虽然在多数情况下,国家利益的代表者可以是统治者、政府或是强势的利益集团——尽管这些集团利益与国家利益的基础即公众利益存在冲突,但不可否认,它仍然具有合法性和有效性的特点——其能够上位和决策也体现了利益冲突的集体选择原则和程序[1]。但不能反过来说,国家利益就是强势集团利益的体现。第二,虽然国家利益应该囊括个人与集体、当前与长远、实体与虚拟、物质和精神等众多方面,但是,没有个人和微观利益,国家利益很难说是一个现实存在。这是因为,个人利益和微观利益是显性存在,而

---

[1] 按照詹姆斯·布坎南的解释,人们的利益冲突也是在集体行为中体现出来的,只要通过合法的竞争,仍然可以得到公众的认可——作者注。

国家利益却不好把握。从统治和被统治的角度看,也很难说明国家利益究竟主要反映统治者的利益还是要照顾到被统治阶级的意愿——利益主次关系很难说清楚。但要从治理的角度来解释利益关系[①],这个逻辑便容易搞清楚。第三,测度利益的指标应该有哪些?现实利益与充满了不确定性的潜在利益不同,应该可以测度。按照图洛克[②]的说法,如果投票者不将政治追求作为一种爱好,一般来说他就很少知情。因为知情毕竟要付出机会成本。所以,要使公众关注国家利益和参与治理,必须有两个前提:一是要求信息透明和真实——透明度和真实性才能减少机会成本增进参与者的利益。相比政治信息经常虚假和滞后而言,经济信息则真实和及时得多。所以信息在什么领域多大程度上真实和及时,公众能够在什么领域和多大程度上得到信息,就成为公众利益获得的一个重要指标;二是通过什么渠道及时告知公众,也涉及公众利益。这个测度指标,聚焦于人们感兴趣的问题,也就是要聚焦于对切身利益的关系上,它基于从斯密以来到新自由主义经济学的分析。第四,国家利益也可以分为理想和现实中的,当前国家利益得失——比如从贸易摩擦中国家利益得失,和未来实现的"中国梦"究竟存在什么关联?第五,实现利益的搭便车行为是否合理,不能一概而论。比如,当很多人碰到损害公共利益,破坏市场秩序的行为时,一般选择躲避而不发声,但心里却盼望别人纠正。这种行为显然算不上好品德,如果人人如此,坏人坏事势必猖獗。如果我们不能挺身而出,不行"仗义"之事,政府就以此为由来向我们征税,显然不可行。而可行的办法是鼓励那些仗义执言的人,希望更多的人做此"义举",否则公共利益便得不到有效申张和维护。从这个角度看,那些以经营信息从事打击违规的第三方公司,特别有存在的必要,只要其收入不高于违规而带来的收入就行,因为这正是市场经济中发展出促进公共利益的内生动力。

在国家利益屡遭利益集团绑架的情况下,它自身呈现模糊和弱化趋势。虽然很难说它已经沦为部分利益集团的利益,完全不以公众的总体利

---

① 治理强调互动和妥协,相互承认和交易,而非传统单一的自上而下的集权观点——作者注。

② 戈登·图洛克:《特权和寻租的经济学》,王永钦等译,上海人民出版社 2008年版。

益为基础。问题在于，政府政策如果不考虑受损集团利益，恐怕其执政地位都无法保全。比如美国，在危机情况下出于振兴国内制造业的需要，对来自很多国家的进口产品使用关税和非关税的贸易保护措施，但是这并非是出于国内全体公民的利益需要，而是使在国际贸易中吃亏的那部分人，也能获得来自国家的补偿[①]。

参考材料18：轮胎特保案中体现的利益关系

2009年，美国国际贸易委员会以中国轮胎扰乱美国市场为由，建议美国在现行进口关税（3.4%~4.0%）基础上，对中国输美乘用车与轻型卡车轮胎连续3年分别加征55%、45%、35%的从价特别关税，后美国总统终裁认定这个结果。然后，中国将此诉至世界贸易组织WTO，结果，WTO于2011年判定，美国对美资企业生产的中国输美轮胎征收惩罚性关税符合世贸规则，中国败诉。

其中涉及的一些利益交织和冲突，已经很难说明在一国之内，仍然存在统一的、为全体公民国家一致拥护的国家利益。可以从以下角度说明：

受到金融危机影响，大量消费者为节省开支而放弃或推迟更换汽车轮胎，在不得不换时，则希望用中低档轮胎替代（在美国轮胎消费市场中，中国输美轮胎占轮胎市场17%的份额，主要集中在中低端市场，价格相对低廉）。中国生产的替代用轮胎，物美价廉，受到消费者欢迎。美国提高关税后，虽然能将中国货挡在国门之外，却也增加了消费者的负担，所以，代表消费者利益的协会和消费者维权组织对此持坚决反对态度。而美国轮胎生产厂商的表态却令人寻味。按道理说，他们受到来自中国商品的直接威胁，应该群起而攻之，轮胎协会应敦促美贸易委员会乃至总统对中国输美轮胎进行制裁，但实际上他们却三缄其口，不肯发声。为什么？原因有二：第一，中国输美轮胎和美国轮胎生产商并不构成直接竞争，后者生产的是相对高端产品，而中国产轮胎则面对的是中低端市场，且为替代性产品，非但不是竞争，而且是互补，因此双方厂商的利益具有一致性；第二，中国输美轮胎产品总量的2/3是由美国轮胎企业在中国直接投资企业生产的，如果要起诉的话，岂不是自己

---

① 保罗·克鲁格曼等：《国际经济学：理论与政策》，中国人民大学出版社 2011年版。

起诉自己？所以，凡是有海外投资收益的企业，一般并不加入本国贸易保护势力对政府的游说。正是由于这两个原因，起诉方并非是轮胎行业协会，而由美钢铁工人协会代其出面，称轮胎输美造成该行业工人失业，某些轮胎工厂被迫倒闭云云。

可以看出，在特定的时间、特定的场合，相当大的程度上，"国家利益"服从国内利益集团博弈的需要。如果说国家之间，不考虑国家利益的国内分配，那么增量的国家利益将有利于一国全国人民。但是，在考虑后者的情况下，国家利益则主要表现为平衡因为贸易引发的国内利益集团的纷争，换句话说，贸易中必然有损益情况不同的群体，国家如果不能有效地调节纠纷，并给予受损的群体以补偿，国家利益也必然落个名存实亡的下场。在这个例子中，奥巴马总统之所以拍板认可制裁中国，也是为了安抚钢铁工人协会对其选举上位的支持。美国国际贸易委员会的惩罚理由是，中国轮胎扰乱了美国市场，损害了美生产者利益。另外，根据WTO规则，只要奥氏批准此制裁法案，相关国家可以直接援引美法案用于本国——一个连锁效应，表明国内的利益集团矛盾扩展到全球。此事对我国轮胎产业也产生了负面影响，不但意味着必须削减输美轮胎数量，也将出现12%以上的剩余轮胎产能。

国家利益包含但不能等同于强势集团利益。其含义是，国家利益是在国家对各个利益集团利益的调节中实现的。但是如果一个国家的各方势力（政府、官员、民众、集团和企业等）都不择手段争抢物质利益并将之归在自己名下，国家利益也就失去根基，没有物质基础的国家如何实现自身的利益？更现实的问题是，国家怎能阻拦各级政府通过权力去获取实利，这涉及体制的设计和对既有体制的改造。另外，如果每个集团都把自身的利益当成国家利益，其结果必然是国家利益泛化或沦为集团利益。

在当今现实主义的国际关系学者看来，"国家利益"有别于"意识形态分歧"。赞赏国家利益的人可以不去过多考虑意识形态或多元文化分歧，凡对国家有利的就做，并以此划分敌人和朋友，而意识形态分歧却弱化了。后者在什么时候才变得尖锐起来并起决定作用，回答这样的问题，恐怕要看国家间产生的利益纷争，那时，意识形态分歧就被提上决策者的案头（比如当贸易摩擦发生时，经济体制是否自由就常被攻击者祭起）。不管什么国家，基本职能都是尽可能多的国家利益——相对于其他国家而言的需求和欲求，当然各国的国家利益是不同的。

我认为国家利益是客观的，是国家存在的合法性证明。类似个人利益那样，通过对产权的所有、剩余索取、剩余配置权利以及利润（不管以什么方式获得利润——比如企业家是凭借自己的人力资本，而资本家是通过对要素的所有）等体现出来。国家利益是国家主体获得的好处。从某种意义上说，"爱国"即是获得和维护国家利益的行动[1]。另外，必须由国家主体来定义和代表国家利益，但又要考虑到本国利益格局变化的情况。

参考材料19[2]：发达地区利益格局变化

我国沿海发达地区社会阶层分化中的利益格局变化，有几个重要特点：第一，民营资本成为中国社会阶层的重要组成部分，发挥越来越大的政治影响。企业家通过政治和金融纽带与国家形成密切联系，又塑造了他们对民主的态度。第二，新中产阶级形成。该阶级中主要包括两个层次，一个为商人、个体经营者和小企业主等小资产阶层，这部分人容易分化，上升为精英和落入下层的可能性都存在。第二个是专业技术阶层。他们具有强大的经济文化与参与社会生活的力量，是改革开放的受益者，也是沿海地区社会稳定的基石。但是他们普遍对地方政府的满意程度评价较低，对社会公平现况也啧有烦言。厦门反PX[3]、北京广州等地反垃圾焚烧、上海反磁悬浮等群体性事件中，这些阶层都为参与主力。第三，新底层的不满情绪与日俱增。新底层主要由市场化改革中利益相对受损的本地群体和寻求利益上升的外来群体构成。包括下岗再就业群体、市场竞争的失败者、农民工和小生意人等。就外来务工人员来看，他们的第一代人一般对社会发展和自身地位没有多少怨

---

[1] 胥志义：《市场化全球化下的国家利益》，共识网，2014年11月20日。
[2] 根据熊易寒《沿海城市新阶层的兴起与分化》，共识网2015年03月15日改写。
[3] 对二甲苯化工项目，PX是英文P-Xylene的缩写，生产化工中的重要原料。由于害怕生产引起环境问题，多地群众集会要求政府撤销该项目。

言,因为他们经常和自己的纵向利益对比因此感到满意,持有较积极的社会生活态度。问题是第二代移民,自出生后就逐渐感觉到自己与城市居民的不平等,从此出发,容易对社会、对政府采取激烈的对抗行为。

上面的总结说明,沿海发达地区的社会阶层正处在急剧变化的过程中。在很多城市里,外来常住人口占总常住人口的比例大幅上升,但地方政府对本地区公共物品的提供却以户籍人口为依据;人口自改革开放以来大量涌入造成公共资源供不应求,上学难、看病难、服务设施少、交通难等均不可避免,也加重了本地人口与外来人口的矛盾。

同时,劳工尤其是农民工关于权利诉求、上访、罢工等群体事件层出不穷。地方政府常常难以招架,又不能不管而失信于民。因此,某些城市政府在不改变户籍制度的前提下,对外来人口的管理模式进行了渐进式的调整,许诺给其一定的权利,尽量在事实上不歧视他们。但是,这终究是一种"消极"式的给予的权利,同公民社会公民的"积极"式的权利诉求(政治参与、结社和集体谈判)仍有很大差别。

在沿海发达地区,不断增长的、多元化的、积极的利益诉求,不但已见端倪且是未来之必然趋势,如何认识并且回应这些新的利益要求,显然比采取强制性的处理和解决冲突的手段,更具有根本性意义。由于社会现存的阶层、利益、价值取向和待遇资源占有上的种种不同,政府运用同一政策的效果可能会大打折扣。从表面上看,我国社会的组织化程度很高,工会、职代会、妇联、行业协会等都在发挥作用,但这些组织均是按照国家法团主义进行社会管理模式的组成部分,从事自上而下的动员有效(但现在其作用也在递减),然未必如NGO、同乡会甚至宗教组织在表达下层民众诉求和下情上传方面的能动作用。关键问题在于,一直以来的治理主体单一和治理客体分散的矛盾已经充分暴露出来。将不同的利益团体组织起来,工会等群众组织也不能成为政府的附庸,必须实打实地代表不同利益群体的利益,并切实让他们有表达利益的渠道,政府主要从事冲突的处理及协调,同时也不能阻塞利益诉求言路,这些思路都应当被决策者借鉴。

利益与权力的关系。 强调公民利益,并不意味着政府在一切场合中都放弃权力。众所周知,在公开市场中,利益如果能够和权力结合起来,一定破坏市场秩序,比如垄断就是这样。但是在有组织的"内部市场"中,利益与权力的关系就与前者大不相同:市场分配是非权力分配,价格是在市场中自发形成的;而在组织中,权力是由董事会赋予的,利益则依权力大小而定。在生产过程中上级指挥与下级服从,也体现出利益与权力的相互关系——也有信息对称的缘故。不管是哪一种"市场"里①,与利益靠得太近又不受监督的权力——如果来自竞争者的监督和内部人监督都不健全或者逐渐弱化,就会构成对多数人利益的损害。当然我们说,不能用市场经济中的原则去衡量计划体制下的权力关系。因为,传统计划体制下,政府拥有的是在所有场合中配置资源的权力。所以,从事这两个职能的人和亲属都能借此获得好处。而这种好处主要体现在位置上和对权力的掌握上。而在转型的今天,除了这些之外,还可以加上金钱等方面的好处。

任何突破权利性基础的权力都不具备合法性。政府和社会组织、生产者和需求者之间虽然在经济中的职能不同,但是在身份上都是平等的,社会组织也不是政府的辅助、附属,否则不能实现"社会共治"。权力本身也是公共物品——因为权力并不具备排他性,而是用来为公众利益服务的。然而相反的是,权利却要落实到个人头上,是个体的、独占的,也是排他的——公民社会对个人权利的要求。美国政治学者弗朗西斯·福山认为,国家、法治和民主责任制是现代自由民主国家的三个基本要素,国家产生并行使权力,而法治和民主责任制则确保权力用于公共利益,没有约束体系的国家是独裁国家,一个处处充满约束而无权力的政体是无政府主义②。

有关权力的一个值得注意的问题是寻租和设租。所谓寻租,是经济主体尤其利益集团通过各种合法与非法努力,如游说与行贿等促使政府帮助建立自己的垄断地位,获取高额垄断利润的活动;而设租则与此相反——是某些政府部门,冠冕堂皇地以维护社会公共利益的名义,通过手中掌握的配置资源的权力,以行政手段获取的、来自个人或企业的经济利益活动

---

① 按照制度经济学创始人康芒斯的说法,存在三类交易场合:第一是公开市场,即陌生人的市场,第二是有组织的市场,即能够被顶层控制的市场,第三是内部重新划分股权的交易——作者注。
② 弗朗西斯·福山:《为何民主表现得如此差劲》,共识网,2015年03月24日。

（比如回扣、股份等）。寻租和设租都是权贵资本主义的表现形式。问题关键在于，为什么这种权力常常处在不受控制和监督的状态？"常在河边走，就是不湿鞋"的行为普遍吗？解决问题要靠制度——制度对人的行为具有决定性作用。我们说，市场经济从本质上是公平的，其含义就是让权力和资源配置分离，由市场根据劳动生产率、创新等因素决定资源配置，排斥"关系"等人为因素的干扰。然而在转型过程中，却时常出现特权集团利益和政府的"合谋"，对这种应该有的秩序进行篡改的情况。这是因为，国家机构自身也是一个利益集团，不能忽视政府和利益集团的相互关系[①]。所以，就经济学而言，如果把权力放在外面，就不能解释很多问题，包括在某些时间和特定场合出现的经济现象。如果再深一步，还可以问，权力是从哪里来的？是用竞争还是垄断、民主还是专制、选举还是任命？制度及其变迁的历史跟权力的形成和运作特点究竟存在什么关系？等等。

权力与利益有着相辅相成的关系。美国是一个为自己国家利益张目，并不遗余力宣传的国家。在由"威斯特伐利亚"条约界定的现代世界体系中，民族国家是国际政治的行为主体，而国际政治秩序是由各个主权国家之间进行讨价还价而决定的。美国作为其中之一，在追求国家利益的时候当然也难逃这个框架约束。问题在于，能够捍卫、拓展自己国家利益必须有两个条件，第一是经济上的超强实力，第二是在价值观上被人拥戴。可以说，现实世界中，没有一个国家包括我国，在这两个方面具有美国的实力。当然这并不能说明我们没有自己的国家利益，问题在于我们应该在这两个方面付出巨大的努力，否则很难获得国家利益。

[①] 道格拉斯·诺斯认为，国家决定了社会的经济绩效；戈登·图洛克认为，社会中重要的压力集团或有组织利益集团是国家机构自身——作者注。

第三节 国家利益内涵的再思考

一、国家利益结构

将国家利益看作一个"结构"对于研究的重要性。物理学上关于"结构"的特征有三条：客观性、稳定性和组成要素的互动方式。同样，国家利益也拥有这些特征，因此，它也有个结构。首先，国家利益是客观的。就像个人利益一样，具有利益主体或者有利益的承载者那样，国家是国家利益的代表者。当然我们还可以继续问出如下问题：谁是国家的主人，是统治者吗？利益能被代表吗？这些问题暂且存下，容稍后再表。其次，可以认定的是，国家利益并非一国所有微观利益的简单相加，但是又有一个怎样"合成"的问题。理论上讲，国家利益是能够满足国家效用或需要的能力，效用或需要都是从需求角度来讲的，那么是谁的需求？自然是一国公民的总体需求。再次，从具体内容上看，它表现为安全利益、经济利益、文化利益和政治利益等多方面，所以它是一个合成的概念。问题在于，用什么理念和方法进行合成，才能使人们在解释时既符合学理，又说明实际[①]？就一国政府本身而言，它并无独立的利益，而且它在代表国家利益时，必须得到授权和接受监督，信息透明。最后，关于国家利益的分析框架。着重说明它在不同领域中的得失，如经济利益、社会利益、文化利益和政治利益以及对外交往，互相之间的基础和哪一种利益具有优先性等。

基于以上，可以阐明国家利益的实质——是对现在和未来稀缺资源的获取，增进本国在国际社会交往中的收获。在国家存在的条件下，国家利益必须反映一国公民生存和发展的愿望和要求，否则就失去合法性和公民的支持。但在突出这一点时，却要防止有人用民粹主义绑架公民诉求；国家利益结构实际上包含三个层面的关系：个人利益、特定组织（群体）利益、国家利益。这三个层面的利益本来是有所区别的，常常表现为矛盾状态。但也不能否认，在某些场合，比如在外敌入侵情况下，三个层面的利益

[①] 张宇燕、李增刚：《国际关系的新政治经济学》，中国社会科学出版社2010年版。

便高度融合起来，表现为对入侵者的同仇敌忾。当然在非传统安全情况下，这种事情会越来越少。

也可以借鉴别国关于国家利益的提法。《2000年美国国家利益报告》将国家利益划分为核心、非重大、一般、特定、永久和可变六个方面。跟自己国家所获得好处联系最密切的，就视为最重要的，使用的是核心、特定和永久等字眼，反之是非重大、一般和可变的；而俄罗斯关于国家利益的提法也有特点，它将国家利益与公民利益做出划分，说明国家利益是为公民利益的确定、保证和发展服务的，国家利益的主要体现是主权和领土，是国家在国际上的利益，而公民利益则是国家利益的内核[①]，这个提法别出新意。

从历史角度理解国家利益。国家利益具有相对性和历史性，判断当今的国家利益，指国家在开放和改革进程中得到的好处。但是，这个好处应该是具有共识的事物，或者是多数人所坚持所认可的东西。在冷战时期，传统安全占统治地位条件下，尽管不同国家因国情、体制和战略目的不同，对国家利益的理解有很大差别，但还是可以找到共同点：第一，都把对自己的威胁置于首位。来自他国为重，来自本国不受重视，对盟友不重视。第二，把现实主义考虑放在首位——出于对传统国家安全的认识，以及对国内权力之争，巩固执政党地位的考量，而把对制度的威胁放在其次——指本国不适于国际法和国际机制的制度。第三，将高政治问题放在首位，而将经济等低政治问题置于其次。

但是在非传统安全占统治地位的情况下，问题必然有所变化。能够抽象出来的国家利益，由四方面组成：主权利益、生存利益、发展利益和战略利益。强调的是以下原则：

第一，物质基础。不论何种国家利益，都是建立在物质基础之上。是以互相依存共同将蛋糕做大——新自由主义的办法，还是当今现实主义的政治经济学说所鼓吹（关于相对获益和绝对获益——自由主义与现实主义之争；利益的生产和利益分配的关系）的办法，不管哪一种，都体现物质基础是国家利益的基石。

第二，价值观基础——普世的但包含民族传统和国情两者均不能少。

[①] 俄罗斯《国家安全战略报告》（2011版）。

按照某些学者的说法,现在是"一元多极共治"——所谓一元,就是普世价值观,多极指霸权国家相对式微的情况下,而由多极化取代,共治指不论全球和国家内治理,都有很多参与者在起作用,形成互相补充之势,因此便产生了新问题:现实的国家利益与普世价值观的冲突。如果从国家利益出发,往往采用侵略扩张或者是保护主义措施,但这与和平、平等、公正和秩序等普世价值相悖[①]。

第三,落实国家利益。在主权和生存利益有保障的条件下,通过发展而带来的战略利益——怎样构建对世界格局的主导权,这个问题特别突出;也从决策的角度理解利益关系——不管何种利益都要经过判断,才能做出符合利益的决策[②]。

寻找国家利益各要素之间相互联系的桥梁。不论从组成要素,还是从历史角度来考察国家利益,关键问题有二,其一是动态观点,它的组成要素必然随着时代发展更加充实;其二是集体行动观点,国际利益必定是依赖集体行动才能实现。历史上的许多学者都强调集体行动与利益之间的关系,最突出的是奥尔森[③]。他认为,集体行动是"集团成员中共同或共享的利益,集体行动是指任何供给集体物品的行动"。实现共同利益是采取集体行动的现实原因。因为共同利益源自通过合作过程能够预见的潜在收益,远比单枪匹马更为有效。另外,个人也要根据面临的外部威胁和负外部性或者有效消除发展中的外部成本,需要联合他人共同应对。当然这些合

---

① 阎学通:《道义现实主义与国际关系理论》,《国际问题研究》2014年第4期。
② 比如大的涉及国际关系的决策——在国际经济中各国如何应对气候变化、我国是否加入TPP谈判;小一些的只涉及本国公众的利益决策——高速公路节日是否收费、水利建设中的拆迁问题等。决策中必须考虑到:不同的人或人群利益不同,不同国家利益不同。尽管某些决策者经常以"公允"面貌出现,宣称代表多数人利益,但人们很难想象他们没有自己的利益。所以,"行胜于言"是观察利益问题的出发点,而且能确定谁是利益相关方;在决策中还存在"始料不及"的情况。这样,对于利益关系的发展和落实具有"不确定性"。因为对于某项威胁因素没有清醒的科学认知,所以无法根据利益博弈定下正确决策;还应该考虑的一个原则是,落实利益关系,必须考虑建立利益避让机制或者引入第三方机制进行监督。比如我国内地的一些情况就很说明问题:行政部门既掌握着钱,又能决定把钱给谁,在无人监督的时候,就创造出巨大的寻租激励——作者注。
③ 曼瑟尔·奥尔森:《集体行动的逻辑》,陈郁等译,上海人民出版社1995年版。

作或联合,未必能与顶层的国家利益或者全球利益吻合。因此有必要像前述的那样,从纵向角度理解利益关系的层次。

认清集体行动的目的、特征和参与者的交织互动,是一个看起来能够解释国家利益的方法。虽然能够组织的集体行动,不能与集体行为划等号——集体行动是个体自愿参与的理性行为,而集体行为却可能分为理性的和非理性的两种,不排斥有被裹挟的或者少数人操纵多数人而达到自己目的的情况。根据组织者的不同,可以分为政府组织的和行业组织的或社会团体等组织的,根据自愿程度也可分为自愿或非自愿的。可以看出,越是高层组织的,下层自愿参与程度可能越低,但是组织性程度可能较高,因为有正式的上命下达程序,和正式的组织形态。因为总体的或高层的利益不能和自身需要挂钩,来自上方或高层的决策与自身的参与决策未必相符,很多人从自身角度看也就觉得未必理性,担心跟进会落入彀中,被某些人利用。反之,越是低层组织,自愿程度倒越高,自下而上的组织通常也容易见效。这是个人的参与和利益联系紧密的缘故。国际经济学中关于贸易政策中的政治经济学,对此也有很明确的论述:在贸易中失去利益的群体最容易团结起来游说国会,争取得到更多的政策选票。所谓利益集团游说、竞选贡献说、中位选民理论等,都是通过结成利益共同体的方式,采取集体行动影响政策的证据。当然,能够构成有效的集体行动,还必须考虑到其组织成本和收益之间的关系,比如在同种收入阶层、相同的技术水平上,就容易组成集体行动——这种集体行动强调规模而不是多元化的利益诉求。

二、国家利益在国际生活中的表现

对国家利益的认识,应该回归主流。如果脱离全球化和转型的大背景,很难说明国家利益的实质——财富和权力的相辅相成关系。当今世界是一个由民族国家组成因而也是被各自的国家利益分割的世界。一个国家政府的合法性首先体现在她必须从本国利益出发来制定对外的政治经济政策,先去追求全球利益而置本国利益为次,不但不符合现实,理论上也等同于"雷锋式的国家关系"一样荒谬。因为我们过去曾经有饿着自己肚子援助其他国家的先例,而后果却与我们的初衷相反,受援国家非但不买账，甚至恩将仇报。我们说，将自己利益置于对外关系首位，还有一个依据，即不管什么样的国家和国际组织，都不可能像对自己国家一样设身处地为他国着想，切实维护他国的国家利益。这是因为，现代世界仍然是一个"无政府"的世界，国际组织虽然也是"全球治理"的重要组成部分，但是其权威即对全球秩序的影响力有限，且更多地表现在道义上面，与国家可以对本国发号施令、制定政策的权威相比，具有本质的不同。

参考材料20：中国对外关系中可以依赖的筹码

过去几十年来，中国依靠庞大且相对廉价的劳动力和资源，换取了外部的技术、资金，并建立起了相对完整的工业制造业体系；制造业在帮助中国完成国际原始积累的同时，也实现了山寨化与产业升级。中国通过改革开放提升了自身的经济实力、原始资本和国际地位，这是中国未来发展和对外利益交换的筹码和根基。

具体说来，包括以下四个方面：

第一个筹码在于中国目前拥有全球规模最大的官方外汇储备。这艘金融航母将为人民币国际化保驾护航。中国大量的外汇储备以中心货币国家的主权债务方式持有，特别是美国国债。中国3.3万亿美元外汇储备中，近37%是美国国债；如果大部分外储退出美国国债的话，可能引发美元的大幅贬值，这就是中美金融的核均衡；美国是中国贸易最大的输出端，中国是美国最大的海外债权人，就如DNA的双螺旋结构。

我们认为，一方面，全球贸易再平衡的大背景下，中国外汇管理制度会逐步实现从"藏汇于国"到"藏汇于民"的转变，未来官方外汇储备的加速度会显著放慢，而民间对外汇资源的配置权将重新提高。另一方面，中国外汇资产管理的重心会从"积累"转向"利用"，具体利用渠道包括主权财富基金、区域货币合作、跨国战略投资等。人民币国际化的最终目标之一是成为重要的储备货币，与美元、欧元形成三足鼎立之势。

第二个筹码是中国已经建立起了庞大且较健全的工业制造业体系，中国出口在全球有着11.4%的最高占比。随着入世红利施放完毕，中国进出口规模已从过去的追赶型增长阶段转变为跟随型增长阶段。中国当然会继续稳定和拓展外需空间，培育技术、品牌、质量、服务方面的核心竞争优势，向着价值链上的高附加值领域进发。更重要的是,未来中国获取外部利益的高增长领域将从产品输出切换到资本输出,并有可能进一步切换至服务输出。

第三个筹码是人民币在亚洲工厂其他成员中的货币锚地位①。可以预期后危机时代,全球贸易冲突和货币竞争在所难免。除了保持人民币在周边化过程中的强势地位外,中国未来会带动东亚和主要经济体的货币去美元化。

第四个筹码是中国有规模庞大且受过良好教育和训练的劳动力,以及相对比较健康的资产负债表;另外,随着居民收入提高和中产阶层规模的扩大,以及老龄化的发展,中国的内需将越来越大。一方面,这意味着前述的技术和资源获取策略很重要;另一方面,中国还需要通过人民币国际化来多样化全社会资产负债表的币种结构,即通过提高对外负债杠杆水平获得更大消费和发展空间,缓解长期的老龄化压力。

用好这些筹码,中国则能在新一轮国际贸易金融规则制定过程中给出"中国议程""中国主题",实现对外利益交换的最大化,成为规则制定参与者和引导者。

当今国家权威面临众多挑战。在经济全球化飞速发展的今天,各国经济都成为全球经济的有机组成部分,相互依存互有所求,一方面是发挥自身的比较优势,另一方面必须按照通行的国际经济规则办事,否则就无法收获全球化的"红利"。在当今国际经济最密切的联系,已经从国与国之间的贸易转向跨国公司直接投资的背景下,外国投资本国FDI(Foreign Direct Investment)要求与本国企业同样的国民待遇,与本国向外投资ODI(Overseas Direct Investment)要求外国对本国公民的国民待遇,这些由于海外直接投资活动引发的对本国公民的权利保护便成为国际问题,必须用已有的国际规则加以规范,原来国家对属于在领土之内的事务说了算的情况,已经存在某种程度的失效,尤其在遵守和执行规则方面,更不得不采用国际标准,扬弃本身与之相悖的条款。在GATT(世界贸易组织的前身,关税和贸易总协定)和WTO(世界贸易组织)中早就特别强调保护公民的海外投资利益、与东道国企业相同的国民待遇。仅就这一点来说,它的确

---

① 指人民币在亚洲各国经济一体化中发挥的基础货币作用,类似于固定船舶之锚。

打破了主权和国家利益的排他性做法，保护本国公民利益也必须和保护"全球公民利益"接轨。所以，国家主权、国家利益、国家权威等这些过去具有"绝对刚性"的概念，在今天也不是不可变动的铁板一块。什么可以突破，什么暂时不能突破，怎样进行让渡以便获得更大的好处，都值得深入研究。

国家利益与全球利益的一致性。毫无疑问，自冷战结束后，经济全球化的步伐大大加速，不论贸易投资和金融甚至国际经济组织的活动都摆脱了过去的束缚，借助体制、社会转型和网络革命，呈现出与以往不同的特点。正是在这种社会变革进程中，自利型国家利益与共享型的国家利益，也构成相辅相成不可分割的矛盾统一体。欲获得自利型的国家利益，就要给予别人好处，才能利己利他。传统的冷战思维（国际关系中只能由具有统治地位的大国决定一切，国家之间的关系只能是非输即赢的零和博弈）已经越来越没有市场。但是新的问题又来了：在全球化的今天获得国家利益，便要研究付出成本（帮助别国获得全球化的收益）与获取自身利益的关系、短期（当下获益）与长期（先付出的类似风险投资）的关系、后发与先发（从现存的国际经济秩序中得到的和我们应当做出的贡献）的关系。

对我国而言，国家利益有时与发达国家的利益重合，有时又与发展中国家利益重合，并不能一概而论。这是因为我们的大国身份和利益的相关性，都不同于"小国"和"中等国家"。

可以借鉴美国关于如何运用"硬实力""软实力"和"巧实力"促进国家利益实现的做法，建立主权、生存、发展、战略利益和三种实力运用的对应关系。奥巴马上台后，强调在外交上采取巧实力的做法，美国任由油价大跌而没有主动干预，对俄罗斯经济构成沉重打击，就是一个证明，我们从中亦可见美国对敌手段设计之精巧。

第三章　国家经济利益在国家利益体系中的地位

　　上面已说，国家利益不是一个空洞的概念，它包含了政治、经济、文化和社会等方面的利益，在这些利益当中，以国家主体获得的体现在国内外经济领域中的利益，可以称之为国家经济利益，它在国家利益体系中具有突出的重要地位，也是国家利益的基石。

第一节　国家经济利益存在的条件

一、经济发展对国家实力和国际地位的保障作用

　　经济在国际关系和国内发展与现代化进程中具有举足轻重的作用。这不仅在于全球化是靠经济全球化带动，资源在全球范围内的有效配置，也引起各国社会文化以及政治关系的变化，就国内发展而言，经济发展是一切发展的基础，倘若没有财富增加，没有硬实力作为后盾，不但国内民众不认可改革和制度重构，在国际上也不可能发挥影响力；经济发展的重要衡量因素是以物质为基础的效用——经济发展的正负效用都很清楚，尤其对于崛起的大国而言，通过全球化的渠道，这种正负作用都得到放大，被更多国家利用。当然，经济上的成长与价值观的改进是否同步，也是被世人衡量发展的一个重要方面。比如说，人是否随着经济发展变得更加开放包容，是否喜欢在法治前提下去冒更多的风险，是否在自己获利的同时也让别人获利，而不是损人利己等。总之，经济的作用在于它能带动发展的其他方面，是发展和现代化之源。

　　当今现实主义的国际关系学者更注重国家利益的经济效用方面。没有物质实力，其在国际社会中的影响力和号召力都免谈。"国家利益"有别于

意识形态分歧，后者承认多元化的意识形态分歧。相反，赞赏国家利益的人可以不去考虑更多的意识形态或多元文化分歧，认为凡对国家有利的事情就做，只要获得好处就行——就像重商主义那样，以国家获得财富多少划线，并以此划分敌人和朋友。但是国家经济利益毕竟与企业和个人利益不同，不能以利润最大化和效用最大化作为唯一的衡量标准。

分析此问题的线索。从经济研究角度看，可以利用一些经济学工具，对从个人利益到社会利益再到国家利益的途径进行分析，将三个层次中的效用可能性曲线（预算约束线和效用曲线的交点）上升到社会无差异曲线和效用可能性曲线——生产可能性曲线的另一种表现交点，再和国家的作用（税收调节和对市场调节的干预——帕累托改进和社会福利函数、补偿性需求曲线和消费者剩余）结合起来，这可能是比较可行的一种数量分析方法。[①]

二、国家经济利益是一个科学命题

国家经济利益是个现实存在，是国家利益在经济领域的体现。因为任何一个国家都会行使经济职能，比如制定经济政策和建立公共产品以为公众利益服务。所以，笔者认为可以有国家经济利益这个概念，虽然它是国家利益的组成部分，但它能够最好地体现"全球化"的含义，引领全球化其他方面。

关于经济利益在诸种利益中为先以及利益相关者的理论，可以启发我们思考。本来，利益相关者理论是经济学企业理论和契约理论研究中的重要理论。随着经济与政治关系越发紧密、跨国公司在世界经济政治格局中地位提升，它对世界经济政治一体化进程的影响加大，利益相关者理论也被逐渐引入到国际政治经济学中对跨国公司的研究，甚至国与国之间政治关系的研究之中。毫无疑问，全球化造就了利益相关者存在，而崛起的大国与他国的利益相关度也更密切。

在一个相互依存的世界经济中，各国面临的核心问题是，如何在获得国际经济合作带来的各种利益的同时，又能让各国追求自身合理的经济目

---

① 约瑟夫·斯蒂格利茨：《公共部门经济学》，中国人民大学出版社2005年版。

标。为此，各国应该建立各种层次的合作渠道，提高各国的经济信任，从而适应相互依存造成的这种国际经济关系新形态。新古典经济学理论告诉我们，国际贸易和国际投资使各国经济相互依存状态增强，世界各国逐渐形成利益共同体，也就共享"和平红利"。但是，微观经济学中的"阿罗不可能性定理"，说明无法找到一个社会福利函数来包含个体福利函数，因此，国家利益等宏观分析内含一个矛盾——缺乏微观经济学基础，应该加以克服。

中国既有主动参与全球化，也有"被全球化"的问题，这对于国家经济利益也具有不同的影响。主动参与的例子很多，比如加入WTO和现在率先发起成立的"亚投行"等，出于从扩展国家经济利益的考虑而做出的主动决策。但也有被动的情况，某种程度上，因为其他国家对中国有需要，比如产业转移，中国才加入全球化的行列。就后一种情况而言，从世界体系的观点看，中国正在从世界体系的边缘向中心国家转移，在这个过程中，仍然受世界体系中不平等的劳动分工和不平等交换体系的制约，不可能对美及西方世界构成威胁，也不能改变现存世界体系的性质、结构和运行规律。

冷战结束后，随着经济全球化的步伐加快，国家经济利益迅速上升为代表国家利益的主要方面。开始加入全球化的洪流，其初衷必然是现实和物质主义的。体现在：国家经济利益是界定竞争者和朋友的依据，却不能依此来判定是否为敌人；是可以交换的利益，而且交换后会更好；是其他利益的物质载体并能弥补其他利益纷争带来的损失；经济利益是渐进的，有时甚至不那么明显，而政治利益的获取却很快速，往往谈判即成，无须更多时日；经济利益跟主权、安全等政治利益还是有所区别：很多小国（比如新加坡、荷兰等），其领土有限，但其经济利益却扩展到全球，虽政治主权方面靠着某些大国的庇护，但在经济利益上却完全独立自主、独来独往，并且产生广泛的外部性。这来源于"经济权力"的高度不平衡——很多小国拥有的跨国公司数量往往高于大国。所以，可以将经济利益从国家利益中单独拿出，做细致的分析。

经济利益更多体现为"增量"：第一，增量的差别（GDP和人均收入的增长速度表明一国经济的"块头"和公民所得好处，是利益增长的源泉）

导致国家之间的国际影响力和"领导力"对比发生变化,也使一国从参与国际社会中获取的利益和担负的责任都不同以往——你自己可能没有意识,但是国际社会已经对你刮目相待。第二,存量因增量缘故也会得到改善。经济增量的逐渐积累,不仅构成改造国民经济结构的物质基础,也对制度的变革——生产、交易、分配中的利益关系产生积极影响。我们知道,无论是开放还是改革进程,首先都是在经济领域的突破并在这些方面体现出来:比如,进出口——比较优势的发挥和贸易保护就涉及国家利益;外资进入究竟有利还是有害国家利益,过去曾有广泛争议;中国在对外投资中所涉及的海外利益;我国投资美国国债遇到的美元贬值引起的缩水等,一系列有关国家利益扩展的问题,主要通过经济利益扩展来实现。

三、国家经济利益是国家利益的出发点和基本形式

利益边疆与主权边疆。经济全球化导致一国经济利益的扩展跨越了领土界限和政治主权,不论贸易和直接投资都是双向的,即便领土主权和政治制度也不能约束这种经济活动带来的利益流动。所以说,利益获取可以没有边界,愈超越边缘和空白地带愈成为各国争抢热点——比如太空和网络空间就是如此,谁能早抢入袋,就能对之投资,使其发挥资本创造效应,以此为平台给自己创造利益,尤其是更多经济利益。但是主权有界,领土之内、国家政策的制定和实施,容不得他国和国际组织染指。有人认为,全球化导致国家主权边界下沉,它不能像以前那样限制要素的自由流动和配置,这种理解是对的,但要说主权沉底,民族国家逐渐消失,却十分不符合现实。

国家经济利益在国家利益结构中占据基础地位,是不容置疑的:首先,衡量国家重大经济利益的三个重要指标,对国家利益的得失具有根本性的意义。目前这些指标都集中于一国的能力建设——没有能力或者能力太弱,不但无法得到增量国家利益,已经拥有的存量也未必能够保全:A.能否改善一国的经济竞争力;B.能否提高一国产业绩效;C.能否提高一国的人力资源素质。其次,国家经济利益不同于刚性的主权利益,在一定条件下是可以让渡与交换的。只要带来的增量收益大于成本支出,就被认为是可以接受的。比如,欧洲17国让渡自己的主权货币而采用欧元这一共有的

货币形式，中国加入WTO后获得的利益同加入成本比较，结论是利益比经济主权让渡带来的损失要大。再次，国家经济利益和民众经济利益存在着内在的联系，如同斯密所说，国富之基在于人均收入，GDP增长只能证明国家的"块头"，如果从事不生产的人数太多，国富也就失去意义。如果搞国富民穷，则说明财富的分配不平等，也不符合国家利益。

用顺差和逆差衡量国家经济利益得失是否可行？可以说，它是一个标准，但绝不是唯一的，不然就会重归重商主义。用贸易摩擦中的损失说明国家经济利益的流失，却是一个可采用的指标。按照伯格斯滕的说法，由于中国没有加入TPP，那么每年要减少1 000亿美元的收入——此系摩擦和争端带来①。换句话说，加入了TPP，在贸易和投资规则上同国际接轨，国家就可以避免该项经济利益损失。从性质上看，国家经济利益是各国都明确的"底线"，只能扩大不能缩小，另外是必须在"利益共赢"式的国际经济交往中实现，这也是共识。

需要重新界定经济领域中的"公共利益"。有这样几个问题：第一，一国中多数人的利益通常为公共利益，当多数人与少数人有利益冲突的时候，你很难说少数人代表的是公共利益。公共利益具有长久、稳定特征，体现公众共损共荣的特点。由于公共利益在认定、实现和监督过程中，政治和管理因素介入并发挥主导性作用，某些原本属于经济利益的事情就转化为非经济的政治利益，如城市发展规划本来是经济和社会领域的事，后变为政治力量之争，有人因决策失误而下台。第二，资产的保值增值，是任意一种主体经济利益的精髓，当然公共利益也包含商业目的在内。毋宁说，后者是前者的实现形式，前者是后者的扳机和启动器，二者水乳交融。但是，公共利益又不能单纯以赚钱为目标，它必定还有比赚钱更为崇高的愿景。第三，公共利益不能脱离公共选择程序而被界定出来，也不能脱离一定时期公众总体要求。否则就会产生水土不服或者超越发展阶段，我国在"大跃进"时的种种做法，就是对不依法依规盲目扩大公共利益行为的绝妙讽刺。实际上，政府对于公共利益增进的作用十分有限，公共利益的

---

① C.Fred Bergsten: "Bridging the Pacific: Toward Free Trade and Investment between China and United States".

真正源泉在于公众的创造力以及由此形成的"正外部性"。

公共利益在不同层面上的构成。按照斯密的说法，人在市场中的行为受看不见的手支配，"他追求自己的利益，往往使他能比在真正出于本意的情况下更有效地促进社会的利益"。他指的社会利益，系由这些方面的开支来实现，比如国防费用、司法经费、公共工程和公共机关的费用等。但是，以这些实现公共利益的费用，却是以划分公众的范围为前提的，互相不能挪用也不能侵犯，"凡利在一地一州的地方费用或州区费用，当由地方费用或州区费用开支，而不应由社会一般收入开支。为了社会局部的利益，而增进全社会的负担，那是不大正当的"[1]。对比之下，传统社会主义政治经济学有"三者利益一致说"。即整体利益（社会、国家）、局部利益（集体和企业）、个体利益（个人、职工）一致和三者利益兼顾，从根本上看不存在冲突。但实际生活却表明，局部利益必须服从整体利益，而个人利益要符合上面两层利益——越下层的服从的层次和数量就越多，完全抹杀个人利益的正当性。这也就产生了一个恶果：由于最上层的利益只是一种公有制下的理论推论，以抹杀下面利益为前提，就给上层解释和"自由裁量"整体利益（国家利益）留下空间——想怎么说就怎么说，想怎么做就怎么做。所以，这是一种颠倒利益顺序的制度安排，必然导致整体经济的破产，人民怨声载道。针对于此，可以借鉴公共选择理论对公共利益的解释，由于将个人偏好或者利益加总为集体甚至国家利益的困难，利益纷争的广泛存在，所以一个不经博弈的公共利益实际上并不存在，有的只是一个相对而言大家都可以接受的利益，其选择过程也必须通过各方博弈"缔约"才能得到结果[2]。

---

[1] 亚当·斯密：《国民财富的性质和原因的研究》，译林出版社2014年版。
[2] 保罗·克鲁格曼在《国际经济学》中的"贸易政策中的政治经济学"一节里，有这样的论述，由于在国际贸易和投资中的损益不同，政府应该组织不同的利益集团进行协商，各方在妥协的基础上达成一致，政策也要体现出对受损方补偿的意思——作者注。

第二节　国家经济利益的内涵和表现形式

就像可以从内外两个角度看待国家利益一样，国家经济利益也可以从内外两个渠道获得或者丧失。有人认为，在全球化条件下，没有什么必要区分内部外部，因为两种资源、两个市场都合一了，本国的经济与全球经济也实现了高度的互动，要素流动和全球市场障碍也越来越少。但是这种看法是片面的，内外部还是存在一些根本性的区别，比如，政府对国内的不同利益集团的利益，就能够运用很多的政策工具进行调节，对于外部，则完全不可能调节，因为本国政府不具有指挥国际事务和他国事务的权威，政策工具未必能符合他国需要。

一、从国内角度看三个层面的互动与博弈

生产者、消费者和政府三方的互动与博弈。毫无疑问，生产者、消费者是市场经济中最重要的主体，而政府作为产权的维护者和宏观秩序的调节者、纠纷的裁判者，同样必不可少。但如果就其对市场经济的功能而言，显然不如前面两者更为基本——没有生产者和消费者市场就不能成立。在现代市场体系中，政府要相信市场的功能和对于经济秩序的"自组织性"，除非市场失灵的时候，否则就不要干预。所以，三者能否组成合力，有什么纷争，关键问题就在于，政府究竟是否相信市场和运用什么手段调节市场。金融危机以后，我国政府投入巨资救市，挽救经济下滑态势，但是这种应急式的"干预"在见效以后必须尽快收手，否则就会出现"政府失灵"，它的危害甚至比市场失灵还大。另外，所谓市场经济中三方的互动与博弈，目的是实现各方收益共享、成本共担，责任权利和义务的平衡。不然的话，就不符合国家和公众利益的要求。这就要建立划分各自职能和责任权利与义务的体制——体制是利益获得的保证。体制也应该提供利益分配的公正方法——没有微观的利益也就没有国家利益。可以说，国家虽然是国家经济利益的代表者，但是其基础却在于微观利益。

国家经济利益、企业利益和个人经济利益的体现。后两者都比较好说，比如企业利益通过利润和市场份额等、个人利益通过财产增值和效用最大

而支出最小这样的方式，得到很好的体现，人们也容易认可。但国家经济利益却不容易体现出来，原因就是国家在合成这些微观利益的时候，经常遇到的情况就是充满纷争，不易协调①。考虑到这种观点的合理方面，实际上需要作为国家利益的代理人即政府，在扩展国家经济利益的时候，能够发挥的功能就是维护市场秩序、维护和明晰产权、从事必要的公共产品和信息基础设施建设。这是由国家经济利益的国家主体性决定的，作为经济秩序的调控主体，政府不能任意干预企业和微观的经济运行，不能越俎代庖。不可否认，政府干预了市场——在一定条件下可能也能够促进某个时段的国家利益，但终究是有问题的。企业和个人如果能够在比较好的外在环境条件下，以提高生产效率、合理配置资源和诚信为本，必能促进宏观经济发展和经济安全，关键在于制度是否能够为他们提供激励与约束。

而且，在面临内外部因素使蛋糕并未按照预想方式扩大时，也不能靠牺牲最下层的利益来满足上层即核心集团的利益。因为利益的基础即蛋糕是由下层创造出来的；国家经济利益实现有赖于市场体系的完善。就市场经济而言，并不是说要有多少个企业，而是企业形态的多样化（在产业上分、在所有制上分）以及企业之间的相互关联②。如金融、银行、信贷、股份公司和股份互持，形成复杂结构。如果企业是孤立的，不通过这些媒介互相来往，就不是市场经济。这并不简单是建立组织的事，而是要加强市场功能的培育，在宏观调控和市场运作之间搭起利益互动的桥梁。这恰恰是政府的责任所在。

二、国家经济利益和国际经济关系

不能脱离国际经济体系而获得国家经济利益。国际经济贸易中的摩擦与冲突、全球要素流动、能源和国际货币体系变动（俄罗斯由于石油价格下跌国家利益遭受重大损失，美国由于页岩气和页岩油的开采对国际能源格局控制程度加深，美国在20世纪70年代石油危机时遇到的情况，和

---

① 保罗·克鲁格曼就持这种观点。就像他不承认国家竞争力那样，他认为国家经济利益也是不存在的——作者注。
② 可见迈克尔·波特在《国家竞争优势》一书中关于行业的论述——作者注。

今天石油输出国和俄罗斯用石油作为武器的情况已不能相比,原因就在于它的技术和能源结构发生变化)、金砖国家崛起和守成大国的攻防态势变化、国际经济组织的席位与话语权增减(在IMF中,在WB中,在G20中)等,都说明国家经济利益和全球共同经济利益的对立和统一关系,利益追求的帕累托次优和合作性博弈,是极其复杂的问题。国家一方面要代表本国企业利益进行谈判,另一方面又要教育本国企业遵守国际规则——有人认为,大国加入全球治理付出的成本要更多,因为还需平衡国内的利益关系;在相互依赖加强的背景下,国家经济利益的获得并不需要通过武力和强迫的霸权方法——这是冷战思维,相反,可以从贸易自由化中获得国家利益。比如,按照伯格斯滕的说法,如果中美两国谈判并签订了双边自由贸易和投资协定,可以明显提高两国各自产业中的资源配置效率。对美国的服务业和农业,对中国的制造业都具有正效应,这些效应主要体现在就业上。虽然对两国不同部分具有一定负效应,但比较温和,与正效应并不在一个等级上,不会抵消正效应等。①

获得国家经济利益的现实途径。比如我国在进行对外投资时,由于经验不足,千万不能"吃独食",最好找合作伙伴结成利益共同体,否则一家很难承担全部风险。倡导以我为带头者包容他方的合作机构,这在当今是一个比较好的战略选择。

我国过去出口战略的目标是创汇,这个目标早已实现,当今的选项则是出口创造就业,利用贸易与投资的联动机制,解决国内的部分产能过剩以增加国内就业,同时也带动受资国的就业。对于今天的中国产业而言,当有很强的保障国际市场份额的实力时,就不必将那么多的外汇储备留在手头,应该将这些外汇储备用活。

当今我国产品出口面临竞争激烈的局面,根源在于我国和其他新兴经济体之间可替代性产品太多,如果不改变出口产品结构,不能提高附加值和科技含量,不能打造创新型产品,也就不能在激烈的国际竞争中制胜。

---

① C.Fred Bergsten:"Bridging the Pacific:Toward Free Trade and Investment between China and United States".

第四章　国家经济利益与全球公共物品

上文已论述，当今国家利益和经济利益，必须从主动参与全球化、扎实推进转型过程中得以实现。而一国公共物品和全球公共物品的供给（存量和增量）能否符合发展的需要，应该打造什么样的公共物品，才能使国家利益更有保证？本章开始对这方面的讨论，也算得上是对前面所论的推进和深入。

第一节　公共物品和国家利益的关系

一、公共物品基本特征溯源

公共物品基本特征溯源——非排他性。公共物品具有非排他性和非竞争性的特征，涉及这个概念的书籍和文章都有较详细的表述。但为什么公共物品一定具有这两个特征，背后的原因是什么，现有文献却鲜有说明。依我看，这两个特征源于下述理由：一是社会全体成员共同需要——出自于从个体和群体、利益集团甚至公民中提炼的共同需要。这与前述国家利益的组成部分存在着高度的相关性，这些需要是惠及全体公民的，他们之间不存在相互竞争、你有我无的关系。国家利益可以分为主权、生存、发展和战略利益。当然，每一个利益又可再细分，细分部分与相应的公共物品提供结合，以保证公共物品提供目的实现。比如在基本的生存需要中，人们需要吃饭、住房和医疗，为了保证公平地享受这些条件，就都需要一定的公共物品与之配套，以填补市场失灵造成的空缺。又比如国防、公共安全、重大疫情防治、社会养老保险等关系到社会成员共同利益，很清楚不能将具体的个人排除在外。拿疫情防治来说，假如某人不采取措施而染病，造成对社会安全的负外部性，那么就不仅仅是他本人的损失了。为了避免给他人、给社会造成的利益损失，必须要求对公众无有例外地强制使用公共物品。换句话说，在这样的情况下，排他性的动力也就不复存在。相比而言，私人物品的背后，是从自身利益着眼，对他人则具有强烈的排他性①。从技术上考虑，私人物品也是可以分割的。

公共物品基本特征溯源——非竞争性。纯公共物品可以让全体公民共同享用，具有非竞争性，也可以换一个角度看，存在排他性的技术难题，即便是准公共产品和俱乐部产品都如此。谁能保证某市道路不对外地人开放，对本地人免费的公园却又对外来者收费？相对于私人物品而言，两种物品的区别立马变得十分清晰：私人产品出自不同的具有个性的个别需要，落实的是自身的利益，而且不存在排他性的技术难题——是自己选择的结果。所以一定是有偿消费，自主选择要还是不要，并且在交易时发生所有权转移。当然，仅从技术角度研究排他性，有些问题便无法说清。因为公众非竞争地使用公共物品，并非都来源于排他的不可行性，在很多情况下是法律制度的不完善使得难以排他。科斯认为，如果允许排他的产权成立，许多公共物品的外部性问题会得到解决。以拥挤的房间为例，房间里的空气是公共物品：房间里所有人基本上呼吸同样的空气。任何人吸烟，都会给其他人带来外部性。没有产权，被动吸烟者就无法在决策中将他人吸烟因素考虑进来，没有产权，也不可能禁止屋内吸烟，你也不可能在公共场合专辟一吸烟室来隔开吸烟者。但是如果分配和落实产权的话，问题就会得到解决。假定给特定的人以新鲜空气的产权，也许他就会进行一场拍卖，他会问吸烟者愿意为吸烟付多少钱，同时问不吸烟者愿意为禁止吸烟付多少钱。之后，他会将空气销售给出价最高的人，这就会实现他自身产权的收益。但是不能否认的是，这个做法忽略了搭便车问题，因个别吸烟者不想表露有权吸烟的全部价值，同样，个别不吸烟者也不想表露清洁空气的全部价值②。因此，这里必须加入博弈，即通过谈判解决问题。

但是实际情况往往跟理论存在区别：很多公共物品在名义上，是让

---

① 排他意味着，在私有产权的情况下，才能独享经营成果利润和转让费用——作者注。

② 约瑟夫·斯蒂格利茨：《公共部门经济学》，中国人民大学出版社2008年版。

全体人民受益，而实际上只为少数人的利益服务，少数人绑架了公共物品的使用。比如基本的医疗服务竟也按照行政级别分配，越是级别高的人，享受的待遇越好而花销越少。相反，级别越低，只好对此望洋兴叹。教育也具有公共物品的属性，但有关系的人通常能够比其他人得到更好的机会——即使没达到分数线的要求，也会被某些学校录取。总之，这是个体制问题，它玷污了公共物品非排他和非竞争性，以及实现公平的声誉。

二、公共物品与国家利益的关系

公共物品是在市场经济基础上发展起来的。没有公共物品宏观经济能否运转？当然不行。在全球化、各种因素普遍联系的时代，没有公共物品作为外部条件，连微观经济都无法运转，比如说，在要素购买、规模化生产、产品销售等环节，企业不遵守规矩，不明确产权，就无法从事经营活动。另外就是人们都需要使用国家投资的基础设施，而这些都是公共物品的有机组成部分。历史地看，虽然它们根基于私人产品的生产和交换，人们既讲效率又图公平的共同利益追求呼唤着公共物品产生，政府不过就是适应了这个要求。但却不能以公共物品代替或排斥私人产品，不然社会经济将丧失活力。妄图用公共物品统治社会经济的传统公有制"一大二公"，被事实证明不但没有效率，且表面公平下掩盖的是机会不平等。而市场经济条件下的宏观经济和社会生活，是以私人产品为基础，但是也以公共产品为联系纽带。从这个意义上看，国家存在的象征就是为民提供"纯公共产品"，这也是一个国家是否合理化的证明。

开放（对国内外的开放）才能形成对公共物品的需求。这里所说的公共物品，不同于计划体制和封闭条件下的公共财产，因为那时的一切都属于公共财产范畴，是高度排斥私有财产的。在转型和全球化条件下，人们对公共物品的需求是和微观利益的获得紧密相连的——要获得微观利益，没有公共物品的支持不行。当然，微观主体也绝不应该把公共利益和全球共同利益与自己利益等同看待。

什么部门提供公共物品？ 理论上说，只有公共部门才愿意并有能力提供公共物品，愿意的含义在于公共部门以公共利益为其行为的出发点，能力是说它更能做其他组织做不到的事情。但事实上，个人、私人集团和组织也经常向社会提供公共物品，这是为什么？为解释这个矛盾，应把公共物品按照其"公共性"和提供者进行分类。不可否认,集体物品也是一类公共物品,不过其提供者并非政府而是社区或"集体"。这就提出一个需要解释的问题,什么是私人行为,什么是公共行为,其分野在于,究竟是何人获利;还要提出另一个问题,在公共物品的建构过程中,政府所起的作用是什么? 因为,转型之中市场体系的完善,需要与过去计划经济下性质完全不同的公共物品,如果将过去的公共物品照搬过来就会扼制市场的活力,盲目搬来外国市场经济中起作用的公共物品也会有水土不服问题。全球化进程中一国之内的公共物品如何与全球公共物品接轨,也是不可回避、必须解释的问题。

公共物品是为私人物品的生产和交易活动服务的。毋宁说,公共利益就体现在公共产品上面。从产品的分类、提供者的动机行为和后果、需求者的意愿和得到的条件等几方面综合起来看,公共产品的供给和需求也应符合供给=需求的交点——边际支付意愿=边际生产成本[①];在多元利益存在的今天,也需要有多层次的公共产品来调节利益关系,但又不能脱离私人产品这个基础,公共物品的功能应该是促进私人产品的生产和交易的,否则它为什么要存在呢?所以说,公共物品的另一个理论支柱就是福利经济学中的个体消费者的效用水平,它是建立在落实个人利益基础上的公共利益。即便全球公共物品,也是在此基础上,又加上国家和国际组织之间的博弈等因素,而展现在世人面前的。

公共产品的核心功能——规范和诱导人的经济行为。除非鲁滨孙那样远离社会的个体,没有人能够脱离与公共物品的联系,也就是说,他选择退出意味着脱离社会生活,恐怕难以生存下去。政府建立公共基础设施,也是让所有人群都获得发展机会,而不是单为少数人或国企服务——体现公平原则。而制度性的公共物品更不用说——好制度使人变好,坏的制度使人变坏甚至不可救药[②]。这里就提出公共产品的良性与劣性对比的突

---

① 在微观经济学理论中,供需曲线的交点符合供需双方的利益,当然也是双方一定妥协的结果;边际支付意愿是从消费者角度,而边际生产成本是从生产者角度,二者的共同作用反映二者增量利益平衡关系——作者注。
② 当今中国进行的打老虎、拍苍蝇惩治腐败的行动,许多高官落马,揭示出一个道理,不受监督、权力失控的体制最容易导致腐败——作者注。

出问题，良性压倒劣性或者说良性递增劣性递减，才能给予好制度建设足够的支持。

与公共产品的提供和运转相关的因素。理论上是市场失灵——但这里指的是以市场经济为主体的国家的情况。对于像我国这样的转型国家来说，政府提供和运行公共物品必然与主权（领土和主权完整）、生存（人均GDP和人均收入，但未必考虑到具有粗放倾向的公共政策可能导致的资源环境破坏）、发展（自主创业的内外部条件、微观积极性调动的信息基础以及社会保障等措施，但未必考虑到权贵资本在资源配置上的利用权力造成的利益不均等）和战略利益（国家利益随改革开放向外延伸没有疑问，但问题是实体利益与道义的外溢性和国际社会的接受程度，以及别国的实体利益与道义对我国的影响）这几个依次递进的方面发生强烈的相关性。萨缪尔森在20世纪50年代提出公共产品、公共开支等概念时，世界上多数经济学家都支持政府在经济中发挥积极作用，不但社会主义国家，即便是某些后发的资本主义国家，也都主张实施经济规划并让政府对经济采取一定的控制手段。于是，在某种程度上，政府自然就在公共物品的供应上发挥了重大作用。但是今天，政府的作用却备受争议。因为所有人都知道，政府人员并非都是一心为民、大公无私的公民，招投标过程中的"分肥"和互相勾结为自己得到好处屡见不鲜，理论上"先进性"与实际中的"龌龊性"和不透明常常出现矛盾，这些究竟应当怎样解释才好？

从对提供公共产品的能力和资金上看，大企业要比中小企业强得多。在我国，有很多事情值得深入钻研，凸显了规章制度和法律法规在社会治理问题上的无力。从市场经济的活力出发，发展中小企业可以促进全民创新，真正解决就业。但从环保的关系上看，中小企业利润微薄、竞争环境激烈、监管难度高，反而更容易破坏环境，而国有大企业，垄断了资源和市场，构成市场失序和不公平，但是在排放上比较容易监管，而且投入的环保经费也比中小企业大得多。有人认为，2005—2010年一轮国进民退，山西大量中小煤矿关停并转，促进了国有大企业对资源和经营权的垄断，但在事实上，也使当地的环境保护局面发生了逆转——显然从产量上看，大企业生产相同数量煤产品的排放量要低于众多中小企业的排放量。但是，问题是两个方面的，排放量降低促进了环境安全，对长远有利，却压抑了中小企业的发展，又破坏了市场安全——形成垄断并有助于形成权贵阶层。因此，对于大企业而言，怎样能够包容竞争，而对中小企业而言，则要减少对环境的破坏，能够平衡二者的恐怕只有在规章制度上对二者的行为加以规范，不偏袒任何一方，也不能事到临头再采取措施，开始就要综合考虑。

也要考虑到，地方政府对当地公共物品的提供，是以户籍为依据的。警力配备、公务员的数量、学校医院等公共设施、公共财政的投入，都是与户籍挂钩的。当人口流动向城市聚集的时候，公共产品的不足就体现出来，而且事实上造成了分配的不平等。比如歧视外来人口——既离不开他们，但又不给他们"市民待遇"。

公共物品是否"僵化"——种类和数量一成不变的问题。比如从提供者角度看，要考虑用私人产权的方法为公共产品的公平享用提供帮助。空气作为一种"公共物品"，与环境一样，是非竞争性和非排他性的，虽然现在还不致稀缺，但新鲜空气显然供应不足。拥有新鲜空气、生活方便的地方，令人向往从而吸引人群向该地流动。问题症结在于，空气是一种并不涉及产权关系，事实上并不稀缺的物品。但它与人类出于保护环境这一目标而创设的限制排放的指标——这种"新型"的公共产品混用并发生关系，事实上赋予某国家在一定时间排放污染物总量许可，相当于国际组织经过内部博弈赋予某国排放产权，并将其纳入原本的非排他性体系中（一定限度的污染排放体现为类似私有产权的排他性，但是赋权原则本身又是国际公共物品），并指出对任何国家没有例外。毫无疑问，这体现了人类的智慧。又比如，许多知识产权本身是排他性的，体现出私人性的特点。"但具体产品，如医药品所采用并体现出的科学知识，往往采取了逆向工程——reverse engineering和授权使用。从自然属性上看，这种知识很可能更接近于一种非竞争性、非排他性的产品。"[①]通过合法程序——逆向工程是将产品买断后对产品的解剖行为，授权使用更不必说，授权者从中得到利益——将私人产品加上公共产品的特性，这并非政府提供公共物品的行为，但体现了私人产品如能为公众利益服务，就应该鼓励的原则；再如，将

---

① 英吉·考尔等：《全球化之道——全球公共产品的提供与管理》，人民出版社2006年版。

尊重产权,变为一种完全非排他性的产品。这将使具有技术特征的规则与标准——重量与计算、通用货币及语言以及某种交通制度,更容易得到推广①。全球化条件下,很多私人产品的外部性突出地体现出来,多少具备了某些公共物品的特点,这就应当加以鼓励。

三、公共物品在缓解利益冲突上的作用

理论先贤的思想启示。不可否认,社会生活中,个人利益与公众和社会乃至国家利益存在广泛的冲突。在市场失灵的情况下,公共物品的存在,能够缓解或根本解决矛盾。虽然早期的思想家没有明确区分私人与公共物品,但是斯密在提出用"看不见的手"作为反对政府干预让价格等自动调节经济的同时,也没有忽略政府的作用——保护私有产权的功能,设立司法机关,保护公民免受他人侵害,政府将税收用于维持公共事业和公共设施。"这种事业与设施,在由大社会经营时,其利润常能补偿所费而有余,但若由个人或少数人经营,就绝不能补偿所费。"②否则就不能保证生产和交易行为的合理性。约翰·穆勒也认为,社会"需要人们提供某些重要的公益服务,却没有人特别愿意提供这种服务,或即使提供了,也不会自然而然地得到报酬"③。原因就在于市场机制的运转必然从个人和集团利益出发,不会将公共利益放在首位。但政府作为公共利益的推动者和维护者,其角色当然不能等同于从个体利益出发的市场参与者——供给者和消费者。在市场不能提供运转所需的最小数量和最低种类公共产品的情况下,政府责无旁贷,这也是他们所说的事业与设施或者公益服务即公共产品之意。看起来,两位经济学理论的先贤都不是完全排斥政府作用自由放任的绝对鼓吹者。他们都认为,维护公共利益是政府的职能——必须提供"软硬"两种公共物品。

市场经济条件下公共物品的性质。从一国国内来看,在市场经济框架里,传统的公共产品理论中所依据的"国家经济统治论"已经失效,公共

---

① 英吉·考尔等:《全球化之道——全球公共产品的提供与管理》,人民出版社2006年版。
② 亚当·斯密:《国民财富的性质和原因的研究》,译林出版社2014年版。
③ 约翰·穆勒:《政治经济学原理》(下卷),商务印书馆1991年版。

产品（除了软性公共物品，即以规则为代表的公共物品）应该是私人产品的补充，它只能在有限的空间和私人产品失灵的地方起作用——若无私人产品的存在便无公共产品的必要①。能够提供公共物品的主角，肯定只有国家和其代理人的政府。我们过去在理论和实践中存在的问题是，将一切都归之于国家利益，相当于建立起一个公式：国家利益只有通过公共产品实现。这和实际就产生了一个深刻的矛盾，并且在经济体制转型过程中体现出来：按照市场经济的逻辑，国有企业是一种公共物品，但是它不能成为对抗市场经济的力量，只能是私人产品的补充。然而实际情况是，任何国家的政府都对其情有独钟，且政府组成人员未必像公共物品要求的那样为公众利益服务，他们的行为也并非那样纯洁——他们经常在建立、运作国有企业时，尤其在制定支持国企公共政策这类软性公共产品时，频繁地将私人利益塞入其中，致使公共物品变性，造成某些公共政策的表里不一——告诉公众说，这些政策的制定均经过公共选择过程，经过博弈形成共识，而内里却以小部分的私人利益和集团利益绑架多数人的利益。在强调政府必须掌管所有重要部门——战略性新兴产业、国计民生产业和具有连接功能，牵一发而动全身的产业的背后，却是连续多年的国进民退——一些利益集团到处跑马圈地、触角伸向赚钱领域、贪腐案件频发、收入水平和对国民经济的贡献不相符合等。这说明公共物品的味道已经变化，很大程度上成为为权贵阶层服务的工具。

公共物品在缓解利益冲突中的作用。对公共物品与私人物品关系的研究，可以追溯到斯密时期。众所周知，虽然斯密极力宣扬市场经济的力量，教导政府应当尽量减少干预，让看不见的手来实现资源的最优配置，私人物品一定充当社会产品的主角，但是他也并没有否定政府和公共物品在经济中的作用，政府必须承担建立和运行公共物品的职责。他曾经指出，有一类产品"很可能会为广大社会带来最大程度的利益，但此类产品的性质却决定了其产出的利润永远无法回报某个人或由少数人为此所投入的开支，因此任何人或由少数人组成的群体都无法创建此类产品"②。

---

① 约翰·麦克米兰：《市场演进的故事》，中信出版社2006年版。
② 亚当·斯密：《国民财富的性质和原因的研究》，译林出版社2014年版。

后来，萨缪尔森根据边际效用的观点指出私人产品和公共产品在数量上的区别，私人产品的有效供应要求其边际生产转换率（marginal rate of transformation in production）等于其边际消费替代率（marginal rate of substitution in consumption），MTP=MSC。而公共产品的有效供应要求其边际生产转换率等于其边际消费替代率的总和，也就是说，在既定的价格水平下，私人产品的生产和消费的统一除了要看局部市场的总供给和总需求的平衡，还要看其边际成本和边际收益的关系，否则生产者很难增加有效供给，消费者也会由于其边际收益递减而减少消费——这是一般均衡理论的两个表现方面。而公共产品却不会考虑个别生产者和消费者的边际倾向，只会考虑总供给和总需求的平衡，因为这来自公共产品的两个特征：供给和消费的非竞争性和非排他性——并不能照顾到消费者的个性，你如果不要，可以由别人获得。由此又产生出一个结论是，搭便车的存在——不付出努力便得到好处，这就令那些既出力但又没有获得相应好处的参与者齿冷。所以，公共产品能否有效供给，事关市场经济的运转和参与者的利益；最后，必须明了并划清公共产品和私人产品的边界，否则国家和私人利益都不能得到满足，两者都是市场经济中不可或缺、不能替代的，但是在其边缘可能有中间性的形式——如准公共产品和俱乐部产品。而且，就提供公共物品而言，也不能由政府垄断，只要产品具有"正外部性"功能，即便由私人提供又有何不可？所以，可以得出的一个结论是，私人产品和私人利益，公共产品和公共利益的绝对性，已经随时代发展而发生变化；最后，公共产品跨越国界。"某一个国家负责提供的公共产品，其收益很可能会外溢至其他国家。因此，公共产品的供应就成了一个国际性问题，而对在收益上并无空间限制的产品而言，公共产品能够跨越国界。真正的全球公共产品处于一个链条的末端，该链条从地方街道的清扫延伸到国防体系的建设，从环境保护问题延伸到全球变暖问题。产品收益所覆盖的地区越具备全球性的特征，就越需要全球性政策手段的介入。"[①]进一步看，国际公共产品是"国际机制"的组成部分，然而其供给主角已经

---

① 英吉·考尔等：《全球化之道——全球公共产品的提供与管理》，人民出版社2006年版。

发生变化，多元化的供给主体不断加入其中，致使全球公共产品的目的得到更好的伸张：更有力促进或是纠正全球问题的外部性，实现总体（国家和全球）利益。

归纳起来，公共产品涉及利益的几个问题：第一，搭便车者和提供者从公共物品中获取的利益不同，前者并未为自己获利而提供成本。第二，单纯为了自身利益而提供公共物品者，并将其他国家纳入自己合意的体系。这涉及提供公共物品的目的。第三，先入者与后入者的关系——利益分配问题，主要牵扯到接受国际公共产品和国内利益集团的关系。第四，公共物品的"正外部性"和"负外部性"①的评价原则应该是：受益国家（是全球的还是地区的，是对相同性质国家还是具有更广包容性的）和受益群体的多少（是指特定的群体还是普世性的，谁愿意接受——比如穷人或富人），如果"少"，那么公共产品一定变为"准公共产品"或"俱乐部产品"；是否"代际受益公平"，只惠及当代，就不是"可持续"的含义，也说明这类公共产品的暂时性；还有一个问题是，国内公共产品和国际公共产品的同与不同——因为国内公共产品源自本国税收，所以享受其收益的首先是本国公民，国界以外的不予考虑，但这只是指公共基础设施和医疗社保等具有实体性质的硬公共产品，其他经济社会管理方面的公共产品如发展模式，就具有国际意味。比如怎样借鉴别国经验并坚持自身特色，并非完全是本国问题，其影响将跨越国界。但又不能像美国那样，将国内公共产品推向国外，以此划分阵营。或者像我国过去计划经济的做法，将外国经验原封不动引入国内，不管国内能否接受。

---

① 称为好或坏的公共产品（public goods, public bads）；或者说，好坏公共产品影响或者"溢出"（spill over）的程度。某些全球化的载体，比如，全球融资体系和全球运输或网络体系，既可能为需要资金的国家提供支持，又有可能传播投机风险。运输和网络体系有助于要素流动，又能传染病毒。网络应用这种特性尤为突出。所以重要的是区分该种外部性是否带来对国际利益的威胁——能够化解或消除威胁，便不会上升到危机，也就是国际安全层面。所以，如何引入正外部性，防御负外部性，这是一个国家自己的事——作者注。

第二节　集体行动和公共产品

除个人利益以外，其他不论企业利益、公众利益还是国家利益，都应该是集体行动的结果。集体行动一方面产生公共物品，也可能产生对公共利益的损害或者威胁。我们知道，今天空气污染比土壤、河流等污染更为严重，威胁公共利益的等次也更高，谁也不能说这是单个人的行为，而和人们的集体行动存在着更深层次的内在关系。

一、集体行动的基本理论

公共产品的集体决策。按照奥尔森的解释，集体行动的缺陷之一是搭便车问题，太大规模、太多人数的集团，不易组织集体行动实现共同利益，第二是参加的人太多的话，很多人的"微小贡献"不值一提，失去了对集体行动有效激励的价值。我们知道，凡制度经济学都研究集体行动问题，这是因为制度本身就是一种特殊的公共物品，集体行动的产物。比如，斯密看到的几乎是集体行动对国家利益的负面影响：他在批评国家采取重商主义政策时，说，商人看到机会聚会"往往不是阴谋对付公众便是筹划抬高物价"[1]。斯密为何有此议论？由于他的使命是为尽量少和不自然的政府干预下的市场经济辩护，因此他只是考虑在官方出台一些政策下，特殊的利益集团的行为——为了自己的利益聚合于一处，但是危害公众利益。可以称之为，公共劣品为利益集团共谋开辟道路。虽然斯密并没有明确论及个人与集体行动之间的关系，但是他却说明了通过集体行动实现集团内的组成人员的共同利益——该种共同利益和个人利益高度契合。

什么是利益集团？关于利益集团，在中外文献中多有涉及，这里只想从问题导入一些最有代表性的理论。首先，利益集团是具有共同利益的个人组成，还是其中也包含了一定的个人利益？也就是说，集团中的个人全都秉持共同利益而没有丝毫个人利益吗？共同利益是指共同的偏好吗——自由、安全、平等等普世价值观？诚如这样，那么全球的人都可以组织起一

---

[1] 亚当·斯密：《国民财富的性质和原因的研究》，译林出版社2014年版。

个利益集团,利益集团也就失去理论和现实意义。因此对利益要做一些必要的区分。其次,利益集团的关键概念是"互动",然而互动也要分"等级",怎样使人们都在关心自己利益的基础上关心集体与国家利益,是个互动层次很复杂、跨度很大的问题。也不能说市场经济中的生产者是一个大集团,消费者是另一个大集团,因为各自的内部都十分复杂,充满利益纷争。再次,集团也不同于"组织",组织具有上下层级的指挥与服从的关系和明确的组织原则,而集团是松散的,常常表现为暂时性的利益联合体,这三个问题都值得思考。

利益集团理论思考。传统政治经济学分析中,国家通常被看成代表全社会利益的唯一决策者,将个人利益和集体利益统一起来,致力于社会福利最大化。在这样的假定下,做出政治决策便相对简单和容易。但在阿罗的不可能定理中[①]却认为,个人偏好不具有可比性,从而就不能将个人利益集中起来,他尽量避免对个人的策略性行为进行分析。他认为不存在公共利益,只存在特殊的集团利益。要使个体利益变成公共利益,个体福利函数合成公共福利函数,避免投票过程出现的循环问题,就必须进行程序控制;但是可以对集团中成员的个体福利进行加总。利益集团必须具有如下特征:是在利益多元化社会中,具有相似观点或利益要求的人们组成的,他们试图参与政治进程,影响公共政策的实现和维护自身利益的社会团体。他们并非寻求获取政权,其目的是在参与政治决策过程中,使自身利益在公共政策中得以反映和落实。这反映了集团中个人和集团的相互促进关系。

而国家行为体和利益集团行为目的并不相同——前者目的是取得稳定和安全,后者则是取得自身的福利最大,但二者共同决定一国内外政策的制定。比如国家要求加强国防投入,而利益集团却选择自己优势的经济目标;国家经济安全要求市场秩序,减少非生产性牟利,消除生产与消费扭曲,但是利益集团却由于官商勾结创造出这种扭曲等。就我国现今的情况看,似乎还不存在像样的利益集团。可以将某些地方政府看作是一个特殊的利益集团——他们穿着官衣,却为小集团利益奔走,还有些是政府有

---

① 肯尼斯·阿罗:《社会选择与个人价值》,上海人民出版社2010年版。

意扶持并与政府保持一致的,与美国那种自发产生的不同。在我国,国企、私企及为其呼吁的媒体和思想者,非政府组织、行业协会等,都是一些利益集团的雏形。

利益集团未必有多少意识形态色彩,实用主义的物质利益和为此利益必需的政治地位才是他们需要的。可以借鉴奥尔森的观点对此做出解释,他在市场—政府二分法之外提出新的视角:真正影响经济增长的根源并非政府或市场本身,而是其外的利益集团。因为,市场经济领域中也会产生垄断性的组织,这些垄断集团即使没有政府支持也可能产生。但在我国,这个既得利益集团却是人为的;国家的政策可能被利益集团所绑架,生产性的资源被利益集团用很多形式收入囊中;在现实物质利益面前,利益集团中不同的个人,一定会忽略原先的冲突——比如在全球化中失去赚钱和就业机会的资本家和工人会联合起来向政府要求对外国产品进行贸易保护,等等。什么是利益集团?按照奥尔森的说法,指从促进经济增长的行动中只能获得很少的收益,却不得不和其他集团共享由自己的贡献行为创造的社会财富,所以他们缺乏促进增长的动力。但是,当他们造成的再分配形成巨大的经济损失时,他们却只承担很少的损失份额。"自保"是其鲜明的倾向。简言之,他们只为自己。

市场失灵是否为集体行动的结果? 由于个人利益的驱使,集体行动放大了个人行为中的非理性部分,造成了市场失灵。也就是说,个人利益经过看不见的手调节,并不见得总能达到公众的最大化利益。虽然不少思想家持相反的观点:亚里士多德认为雅典公民能够为城邦的利益参与政治活动,霍布斯认为自然人能够为安全和秩序签订契约,托克维尔认为美国公民可以为社区公益而相互联合,更不用说斯密看不见的手以及帕累托最优等论述。其实,事情并非这样泾渭分明、非此即彼。按照帕累托的说法,如果团体中的所有人都克制不做某事A,团体中的每一个人都将获得一定的收益。但如果现在团体成员中除一人之外继续克制不做某事A,团体的损失十分轻微,然而做了某事A的人将获得比他作为团体成员所造成的损失大得多的个人收益。因此,集体行动的结果也有可能是少数人得益,其他人受损,未必都在同等程度上受益。假如有人认为存在风险而向对方告密,就是这种情况;另外,就是存在搭便车者——当然也可能是自身的资源条件所限,所以很难说在这种情况下集体行动是成功的,因为集体行动并没有做到既分享收益也分担成本;集体行动还需要有规模限制,就如前面所说,大要大到组成利益集团的个体能够看得见利益,小要小到避免搭便车①。

集体行动理论主要关注"社会困境",即"奥尔森难题(Olson Problem)"②。根据集体行动的思路,共同利益并非激励所有成员采取集体行动的充分必要条件——因为集体行动中每个参与人毕竟还希望利用集体的规模来扩大个人利益和影响。所以,在个人对集体行动的选择和个人利益的实现之间就要存在一个联系桥梁——选择性激励(根据个人在生产集体物品时贡献的大小,集团有选择地提供为个人的激励。这些激励包括经济激励、社会激励、性爱激励、心理激励和道德激励等内容),换句话说,当每个参加者预期自己有可能在集体行动中获得个人利益时,他才愿意参与。但是,这些供激励用的产品必须符合如下标准:第一,必须是私人产品,才能避免搭便车,保证参与者独享。第二,激励是事后的,如果事前获得,他就不见得再参与集体行动。第三,激励物品价值要足够大,才能阻止他不搭便车。第四,该物品不能假大空,而必须实实在在,集体行动的设计者能够控制、能够提供而且在数量上也要能大体确定,起码是符合参与者预期所获得的大于其放弃此项行为的价值。这种"选择性激励"的功能是,将个人自利的动机转变为促进集体利益乃至公众权利落实的动力,而自利和集体利益取决于"建立在唯一可以稳定的基础——经济利益的基础上面"③。如此,选择性激励作为一种特殊的制度安排,一方面是建立在个人利益的稳定基础上,从理论上解释从斯密以来理论家的未解之谜;另一方面,也提供了在相当大范围内的应用空间——国家也可以看作是一种集体行动的特殊组织形态,国家利益也需要通过民众的集体行动来实现,只不过必须解决内部按照贡献大小的激励问题。当然,激励还

---

① 马述忠等:《对美国贸易政策嬗变的政治经济学分析——一个利益集团视角》,《国际贸易问题》2007年第4期。
② 曼库尔·奥尔森:《集体行动的逻辑》,陈郁等译,上海人民出版社1995年版。
③ 曼库尔·奥尔森:《集体行动的逻辑》,陈郁等译,上海人民出版社1995年版。

可以分为积极激励与消极激励①，这在一个确定的组织中比较容易观察和做到，而在一个大范围内比如国家、行业中应该怎样？积极激励和消极激励不同的效率意义到底还有哪些？后来的管理学家也提出，协作的有效性和协作效率等。比如给集体行动的参与者以物质奖励，而这必须在一个组织受益的情况下，否则难以达到预想效果。

不同规模集体行动的约束条件不同。我们知道，在市场经济中，存在自组织行为——比如行业组织来规范本行业中企业行为、某些商账追收企业因买卖欠账行为的频繁增加应运而生等。这也可以认为是一种集体选择行为，针对的是市场出现的不确定性。所以，在社会层面上的集体行动也常常是有效的，不能说规模越大越无效，要看共识而不能采取强迫手段逼人就范。就企业、市场和国家而言，都可以说是集体行动的表现形式——其中心内容都是确定一套兼顾参与者利益的分配方案。如果参与集体行动的人都有共同偏好，这就好说，如果偏好不同，其结果便不可预知。如果大家都对购买某物看好，但是每人的钱又不够，这种情况下，采取集体行动是可能的，反过来说，并不是所有人都看好某物，或者在购买之前因为情况发生变化改变部分人的偏好，那这个集体行动就要变样。当今集体腐败问题也可以说是集体行动的产品，比如山西的政治生态，很多领导班子集体倒塌，就是一个鲜明的例证。

二、公共产品和集体行动

与私人物品的资源配置决策决然不同，公共产品的供给和分配取决于公众。人们要投票选出代表，而代表对公共预算和公共产品的使用进行投票。花个人的钱和花"大家"的钱在区别上是本质的。代表的"有效代理"又取决于他必须知道自己代表的选民的利益和意见，也必须知道自己对各种意见的选择权重。问题是愿意搭便车的多，而愿意表露自己真实意愿的少，因此，当切身利益受到损害时，这样的人容易将意见告知其利益代理人——贸易政策中的政治经济学，就以论述这样的问题见长。

---

① 正向鼓励式的激励称为积极激励，而反向带有惩罚措施的称为消极激励——作者注。

公共产品的种类在促进增长和发展中的作用比较。比如索洛认为的全要素生产率问题和促进一国经济发展中和利益中的几种要素的关系——这些很多都是公共产品，以及诺斯的经济发展理论。而奥尔森认为，分利集团是束缚经济增长的主要原因，如果利益集团受到重创，经济增长的目标就会实现。所以，制度需要变革，而不能僵化。说制度是一类公共产品，是因为它也是公共生活的规则和约束性条件。比如说，公平市场交易、对外贸易和汇率制度、产权制度等，这都是交换之中必须遵循的东西，区别于生产管理、用工制度、薪酬标准等微观自己决定的事情。这些东西的改革，才是公共产品的变革，其目的在于为微观主体提供较优越的外部发展环境。

第五章 公共物品实践和理论演变
——转型角度

公共物品的供给与需求,是公共物品理论和实践的中心问题。由于转型和全球化进程的影响,必然给其提出深刻的挑战,促使其不断改变以适应新的变化。主要体现在,公共物品供需与政府职能转变、市场参与者活力发挥和责权利的平衡,一国国内与国际公共产品的接轨,以及大国怎样建设全球公共物品以提高它在国际经济中的地位,等等,都有割舍不断的关系。

第一节 市场经济条件下的公共物品

不论从实践还是理论沿革的意义上,公共物品的出现都体现为市场经济的产物,它主要涉及以下方面的问题。

一、公共产品的种类和数量是由什么决定的

市场经济条件下,为什么公共物品数量和种类不能太多?主要在于,纯公共产品的供给低效率——配置低效率和X无效率问题[①]。前者出自于

---

① X无效率指在计划体制下,由于市场价格机制失效,企业行为便不受其制约。公共产品提供无效率的证明:美国国防部用9美元的价格购买在市场上仅用3个美元就可以买到的标准螺丝钉;政府部门计算机的平均寿命为私人部门的50%;政府部门雇员比私人部门雇员多花去64%的病假时间;在英国,不论实际工作量是否变化——经常是不变的情况,而机关工作人员的年均增加量为5%~6%;开会时间长短与所讨论问题之重要性成反比,虽然效率低但又必须开会;政府楼堂馆所兴建与实际工作需要并无必然关系,经济发展越落后地区政府机构却越是高大上;机关到年底如果不突击花去当年的预算经费,下年上级的拨付必定按今年情况核减,等等。根本问题是,市场并不能对公共产品进行配置,它不能用于等价交换——作者注。

体制弊端——行政管理官僚过多征税却过少地供给公共产品,后者是缺乏追求成本最小化的动机造成的资源浪费。公共物品的供给并非有利于竞争,其原因在于,它们并非按照价格信号被生产出来,市场机制无法调节"纯公共物品"的种类和数量,而且,公众对种类繁多的公共产品的评价也不尽相同,所以供给起来便得不偿失,未必符合公众需要。就公共产品的供给效率而言,从理论上说,其效率必须符合供给量增加到公民对该产品最后一个单位的边际评价总和(边际效用总和)等于边际成本时停止,否则就会产生供给无效和消费厌恶的后果。但这个假设将公民个人对公共产品的需求看成没有区别的,所以这个说法存在以下问题:第一,处于不同发展水平下的国家所需要的公共产品的种类和数量都不同,贫困国家仍然需要提供国家型的公共产品,而发达国家处在"自组织社会"状态,国家提供的多是一些制度性"软性"和类似国防的公共物品,"准公共产品"和"俱乐部"产品这些衡量自组织程度的标志产品,经常由"社会"提供。第二,从历史和定义扩展的角度看,公共物品并不仅仅是市场失灵的产物,也不仅仅是政府制造的产品。不论公共领域与私人领域均是超越了政府与市场而独立存在的领域,甚至可以认为,政府与市场都是公共领域的一部分,两者都为公共产品。第三,公共产品的标准是什么?具有公共性特征的产品,但并不见得是人们可以免费和随心所欲地得到。互联网可以说是公共产品,但条件是必须拥有上网条件——电脑和网线,并且支付一定的费用,体现享用和贡献的统一。因此,这就需要比较从网上获得的收益和自己支付的必要费用的成本。而且也能够自由退出——这和遵守交通规则是有区别的,后者是一种硬性规定,只要上街就必须执行没有什么自愿非自愿的说辞。所以,使用公共物品,还有个条件之分。显然,"纯公共物品"和"私人物品"是两个极端情况,如果在它们中间没有过渡,就不符合现实。

参考材料21：总是亏损的"公共物品"——对高速公路亏损的分析[①]

2013年全国收费公路亏损661亿元。车辆通行费总收入3 652亿元,总支出4 313亿元,总体亏损661亿元。按照交通部《全国收费公路统计公报

[①] 梁行之:《总是亏损的高速路》,共识网,2014年12月31日。作者对此进行了编辑。

2014》的测算，2011—2013年，收费公路连续3年亏损。如果对这个情况做个理论分析，可知，从消费的非排他性和非竞争性——加入新的消费者的边际成本为零的角度，高速公路尤其是国家，也包括地方政府出资建设并经营的，是比较典型的纯公共产品。如果说，在国家财政不足以支出高速公路建设的初始费用，通过"国家投资、地方筹资、社会融资、利用外资"的方式，再经过规定年限征收"过路费"来偿还建造费用，是一种通用的修建方式。但在规定年限到期，换句话说，当该偿还的已经偿还，该公路就应当实现免费使用。当然在其运转中产生的诸如维修保养费用归国家财政支出——类似"路灯"一样的公共产品。然而，现在的问题是，第一，到期继续收费，越是高速大省就越要延期收费，完全背离2004年《收费公路管理条例》，明显不合法。第二，将原有的公路做调整变成"新"高速，换汤不换药继续收费。其原因就在于"亏损"即经营亏损。财报表明很多高速都是利润满满，积累下来早已覆盖投资几倍，但经营账面上却是亏损。原因在于其运营支出包括各种人浮于事、吃空饷、资金挪用和腐败支出等。严重超过国家规定的标准，所以亏空必定要从"延期征收"高速费中补偿。

交通部《关于全面深化交通运输改革的意见》已正式出台。在综合交通运输体制、交通运输现代市场体系、收费公路体制、现代运输服务等领域的改革将取得突破。其中有关收费公路的问题上提到，政府投资的收费公路实施收支两条线，专家称可加强对经营者成本控制，以及避免高速费被随意挪用的行为。所谓收支两条线，是指具有收费和罚款没收职能的部门和单位，收取的行政事业费收费（基金、附加）和罚没收入，按规定委托指定代收银行代收代缴，或由执收执罚单位直接收取，并全额上缴国库和非税收财政专户；部门和单位的人员经费、公用经费和办公所需的特殊经费等，由财政部门根据实际情况纳入财政预算统筹安排。意见还要求，改革收费公路通行费率形成机制，实行通行费率与营运服务水平等挂钩，完善收费公路信息公开制度等。也就是说，收支两条线就是高速费收上来后直接由第三方监管，经营公司花的每笔钱均由财政部门下拨，政府对公司的成本实行全程可监控。这就改变了以前的收支途径——以前是经营公司想花钱可以从收入中支出，现在要先申请，等政府拨款。这样的结果是，经营公司想将钱挪作他用更难，而且政府要监控其花钱，如果不合规，政府就不予拨款。成本控制上政府也可以通过资金或其他方式对经营公司监管,将监管从之前的后置变为现在的前置。

二、公共产品的供需平衡——外部性的衡量标准

公共物品和公共产品的分类。现在公共物品理论文献中,都将公共物品与公共产品混同,并没有对二者进行严格的区分。我认为,尽管二者不存在本质性区别,但还有必要区分一下。关键在于,什么叫产品、什么又是物品。物品包括人类产出和自然赋予(比如空气)两种,而产品只是人类产出的结果。公共物品虽然在外延上更广,但公共产品却占了公共物品的绝大部分——是人类千百年奋斗的结果。比如前面论述的利益和外部性,主要指的是公共产品。在公共产品序列中,除纯公共产品外,还包含准公共产品和俱乐部产品,它们的界限就不很清晰,存在重合的"灰色区域"。其后,就是私人产品。它是市场产品的主流。

一般来说,私人物品没有外部性或很少的外部性,因为消费该种产品对别人没有影响。从私人产品和公共产品的联系上看,公共产品和私人产品却都有帕累托最优问题,公共产品解决的是市场有效性,私人产品解决的是缺失管理的有效性问题。正是因为这样,我们说,私人产品的外部性要大大低于公共产品的外部性,但前者便比公共产品更容易分散风险;公共产品在消费上不排他,所以界定利益便十分困难,如果其定价成本过高,就会导致无法用市场方法通过市场参与者的竞争向社会提供,只能用政府税收对之进行支出来建设,但它又是必不可少的,仅靠私人无法向社会提供的产品。它和全民利益的关系是:增进全民利益的手段,没有不行,但不能搞得太多,因为公众都存在着搭便车的激励,突出表现为不愿为其建设和使用付费。比如路灯,行人可以说,你不建造我也不受影响,我眼睛习惯夜路,所以我不应该付费,但是谁都明白路灯的有用和不可缺少。面对这种态度,很难界定不同的个人从公共产品中得到多少好处。只有一个办法就是由国家征税并支出公共产品,如同社区中的泳池只对本社区开放或者收费标准内外有别;英吉·考尔在"如何改善全球公共产品的供应"[①]中

---

① 英吉·考尔等:《全球化之道——全球公共产品的提供与管理》,人民出版社2006年版。

提出对于不同提供者和不同层次的公共产品有如下对应关系：纯公共产品对应国家，准公共产品对应国家，社区甚至私人、俱乐部产品则对应社区和私人。不同公共产品公共性，可以解释为：所谓决策中的公共性讲的是决策中的民主程序，越是纯公共产品，民主程序就越强，否则很难避免"逆向选择"带来的公共利益流失；净收益分配中的公共性，指的是公共产品的两个基本属性与公共利益的本质存在着相通性：公共利益的本意是一种蕴含人的社会性和物品非排他、非竞争性的利益，与公共产品的两个根本性在本质上无异，提供公共产品都体现了公共利益，只不过公共利益的层次不同。

公共产品的提供者可能是独家也可能是多元的。比如国防是主权国家独家提供，而知识则是多家提供——维基百科就是例子。然而我们不用担心这种公共产品的动力——只要体制对头，其动力将永远充沛。福利国家总是由公共机构政府出面，向社会提供公共产品：居民清洁用水有政府补贴净化水质，社会保障养老不是追求利润等。但也未必都是免费——比如教育。

可以参考奥尔森提出的"财政对等原则"，它说明一种产品的收益范围与权限范围是对等的。它明确了受某种产品影响的人可以参与有关产品供应的决策过程，而该产品也反映了当地的偏好与条件。换句话说，地方公共产品应该由地方供应，国家公共产品应该属于中央政府级别，全球公共产品属于国际级别[1]。意为，公共产品服务具有一定范围，谁受益谁出钱——即便中央级别的公共产品的财政支出也来自纳税人，但解决不了受益与出钱的对等，很多人出的钱比较少，但享受的却比较多。

公共产品的提供种类和数量与享用者的满足程度之间的关系——林达尔均衡。林达尔均衡是公共产品理论最早的成果之一，其模型来自维克塞尔的研究基础，认为公共产品的价格并非取决于某些政治选择机制和强制性税收。恰恰相反，每个人都面临着根据自己意愿确定的价格，并可以按照这种价格购买公共产品总量。在处于均衡状态时，这些公共产品的价格与每个人所需要的公共产品总量相等，并且与应该提供的公共产品量保持一

---

[1] 英吉·考尔等：《全球化之道——全球公共产品的提供与管理》，人民出版社2006年版。

致。每个人购买并消费了公共产品总产量,按照这些价格的供给恰恰就是每个人支付价格的总和。也就是说,人们对公共产品供给水平达到满意的条件是,他们能够分摊的成本——缴纳的税收,与他们从消费公共产品中所获得的边际收益一致,并且是在讨价还价基础上实现了均衡。从此出发下的定义是,如果每一个社会成员都按照其所获得的公共物品或服务的边际效用的大小,来捐献自己应当分担的公共物品或服务的资金费用,则公共物品或服务的供给量可以达到具有效力的最佳水平。我们说,这种构思还是比较巧妙的:如果个体为政府提供的公共产品和公共服务所支付的税价——用价格表现的税收,与他们对这些产品及服务的主观评价相联系,进而根据自己的评价同提供者政府讨价还价,这就有意思了。可以想见,如果政府提供的公共产品和服务不能令纳税人欢喜和满意,评价很低(就现在的情况看是有高有低,不能一言以蔽之),纳税人就有少纳税的激励。反过来说,政府提供的公共产品和服务也随之减少,实现一种小于合意状态的均衡。前述贸易中的政治经济学也说明,如果众位选民支持某种税率,那么新上台的政治领袖就侧重采取某种税率,以报答选民的厚爱。

"平安"是一种"状态",也是一种典型的公共产品。约瑟夫·奈认为,安全是一种状态,是个体和微观有效生产生活的外部环境。显然任意个人都无力而为,必须由政府提供和保障。在现代社会,及时回应公众的平安需求,有效增加安全公共产品供给,成为政府的天然责任。平安是"不确定社会"频发年代的公众需要——当今国际和国内的全球化和转型,造成利益纷争,形形色色参与者的行为都不好预测。因此,这是民众给政府提出的要求,但是政府能否提供这种有效供给,又令人生疑。很多发展中国家尚没有走出"饥饿"陷阱,对于他们来说,处于饥饿与贫困实际上与不够平安结合在一起的状态,就更需要有效的公共产品供给和国际社会支持。

参考材料22:关于"外部性"的经典定义和对它们的评论

The concept of externality will be familiar because many of the property rights problems . For example, the problem of the doctor and the confectioner, used to illustrate the Coase theorem, is an example of an externality. The confectioner was producing a cost, in the form of noise and vibration that penetrated the doctor's office, as a by-product of the production of confections. Because no market existed to allocate the cost, the allocation was externality to the market system, so the confectioner was producing an externality.①

范里安从直接的利益冲突角度看,当一个个体的行为不是通过价格而影响另一个个体的环境时,就称为外部性。

米德从决策失误角度看,认为外部经济或不经济,是这样一种事件,它将可察觉的利益或可察觉的损害,加于某人,而这人并没有完全赞同,从而直接或间接导致该决策失误。

诺斯将收益与成本联系起来,说明某个人行为若不被社会接受就是外部性:当某个人的行为所引起的个人成本大于社会成本或个人收益不等于社会收益时,就存在外部性。

而奥尔森进一步认为,外部性体现了个体行为与集体行为的对立。所以可以将外部性分为消费的正负外部性,如某人消费某种产品给别人带来的收益或损失——香水给别人带来正外部性,吸烟给人带来负外部性;生产的正负外部性,某人生产某种产品给别人带来的收益和额外成本——在自己庭院中种树给邻居带来正外部性,科学技术发明对社会的深刻影响,生产化学品给环境带来的污染。

关于外部性和市场经济——转型的关系:不管正负外部性,都是对价格配置资源的冲击,因为它并不是通过生产率和交易成本来反映交易双方的利益得失,不是市场配置资源的结果,而是从市场外部强加在参与者头上的。所以,公共产品必须对外部性造成的后果提供补偿或者奖励,降低市场失灵的风险,换句话说,它也是一种特殊的外部性。一般来说,公共物品最容易有外部性,你很难说它是谁的,也未必有人负责,这就导致过度使用、拥挤效应,如此有些人便无法使用大家所拥有的公共产品,造成了实际上的排他。如果说,两个家庭之间产生的外部性问题还容易解决——通过协商谦让和补偿损失等较少交易成本等办法,但是当许多人涉及利益得失时,"交易成本"就凸显出来。所以说,人数众多和交易成本,是理解外部性和公共

---

① 林德尔·G.霍尔库姆:《公共经济学——政府在国家经济中的作用》,中国人民大学出版社2012年版。

产品的两把钥匙。

三、公共产品的供给与利益集团的关系

外部性和交易成本理论的应用。 举一个例子来说明这个关系。众所周知，工业生产是产生"三废"的源泉。为什么生产者常常肆无忌惮地污染环境呢？就是因为他们不必为使用清洁空气付出高成本，这样他们当然有排放废气的激励。所以解决问题的首要措施，是让他们付出与污染造成的机会成本同样的价格，就像他们必须为买进各种生产要素进行特定生产付出机会成本那样。当企业的生产成本必须包含其外部性效应时，产品的售价也就相应提高了。但是高售价面临更加激烈的市场竞争，为保证还能赢利，就需要建立排放权买卖市场，将自己省下的排放指标以高价卖给别人。这个制度设计需要政府做出，政府也应该联合市场的中间型组织对企业的污染排放做出评估，以便向所有企业提供一个相对公平的制度环境。但是当今的问题在于，许多当地政府出于自身利益，对于企业污染采取视而不见的纵容态度。所以说，可以将污染企业和地方政府看成一个利益集团，而附近居民却要饱尝三废之苦，可以算成另一个利益集团。如：假设某地区落后又急于发展，地方政府以GDP为导向，置多个行业和企业的粗放增长方式于不顾，甚至纵容其发展，那么地方政府和企业就构成一个利益集团；而本地公众并没有直接从其生产和销售中受益，而是深受污染之苦。他们这种改变环境的需求与中央政府关于在国际气候变化大会上的承诺（在2020年减少总量二氧化碳排放和对建设美好家园的意图）又比较合拍，双方都有降低污染、惩罚污染企业、鞭策地方政府的打算，因此他们可以算成一个利益集团。可以分成两个基本层次即两个利益集团：中央政府和基层群众、地方政府和污染企业。

解决问题的关键在于削减地方政府和污染企业利益集团的势力。必须考虑到如下问题：中央的政策如何与公众的需求相结合？中间隔着地方政府的情况下，怎样做到信息流通？而地方政府和企业在利益一致的情况下，怎样合谋以对付上级的检查，怎样糊弄本地公众？而且这种情况的发

展还可能改变当地的政治生态，地方政府和企业沆瀣一气，共同对付中央政府和基层群众，形成特殊的利益集团；还应秉持一个理念——征税是解决污染外部性的办法。但是如何将外部性变为企业的内部行为，怎样让企业通过生产成本对外部性进行控制？从政府角度看，一方面应该用税收之一部分，给予减少污染的企业以补贴，激励更多的企业减少负外部性；另一方面就是建立规则、出台政策，鼓励通过市场方式买卖指标的方式解决污染。不管哪一个，其初衷都在于让企业从自身利益出发降低或消除污染源，这是一个基本的立场。但是问题又出来了，比如在机场附近居住的居民整日被飞机起飞的噪声所扰，按理说，应该由航空公司将这种负外部性支出纳入营收成本，以此补偿给这些居民。如果不补偿的话，居民宁可搬走——自己想办法解决，但补偿的话，居民倒可能不搬走了。所以我认为，航空公司的补偿是必需的。但补偿后走还是不走，可以由居民自己选择。

强调帕累托最优、帕累托改进。因为涉及零和与照顾多数人利益的公共利益思想，所以，某种变化比如追求某种产品的效率未必是帕累托改进，而很多变化"打包"在一起，才能是帕累托改进。按照斯蒂格利茨的说法，降低钢铁的关税可能不是帕累托改进（因为国内钢铁生产者的境况会变差），而在降低关税的同时，稍稍提高所得税并用这笔钱补贴钢铁行业，这种变化组合可能会使国内的每个人的境况都得到改善，外国钢铁出口商的境况也会变好——因为进口国并未采纳贸易保护措施[①]。

也许可以提出一个问题，公共产品必须具有可操作性。如果不可操作，那么还有什么意义？也要给公共产品加上所谓的"代际性"问题——如果公共产品只能惠及当下百姓，而贻害子孙，恐怕在道义上都站不住脚。另外，更愿意提供"代际性"强的公共产品的主体，也应该受到鼓励。应该说，对比发展中国家的现实，发达的市场经济国家要做得更好一些。

---

① 约瑟夫·斯蒂格利茨：《公共部门经济学》，郭庆旺等译，中国人民大学出版社2005年版。

第二节　转型进程中公共物品的变化轨迹

一、公共产品从强到弱、私人产品从弱到强

公共产品的性质——按照公共性的范围，分为"纯""准""俱乐部"等不同层次的公共产品，与私人产品的对立关系是由强到弱。理论上说，纯和准公共产品存在的界限，主要是在竞争性和排他性上的完全与不完全，不是以使用人的多少来衡量的，纯公共产品并非商品，也不能用市场交易原则来计量它们。从理论渊源上看，萨缪尔森最早提出"私人消费物品"和"集体消费物品"，指出后者是能被人们共同消费且一个人的消费不会减少其他人消费量的物品；其后，黑德进一步提炼出公共物品两个基本特征——非竞争性与非排他性。然而这两个属性却可在一定程度上分离：非竞争性（只要一个物品可以不限制人数使用，比如一座桥的使用低于其容量，对于桥的消费就是非竞争性的，国防对于一国公民更是如此）并不意味着非排他性（排他不可能或者成本很大，对非排他性物品不可能用价格体系调节）存在，反之亦然。按照斯蒂格利茨的说法，许多产品不是纯公共物品，但是在一定程度上具有其中的一个特征。消防像私人物品，因为排他相对容易——不愿为消防队出资的人在出现火情时不会得到帮助。但是消防又像公共物品，因为多覆盖一个人的边际成本很低。同样地，疫苗的主要受益人可能是受保护的人，多一人接种疫苗的边际成本会显著增加，普遍接种疫苗的公共卫生利益是没有人可能排除在外的利益。有时，容易得到的产品的边际成本很高。不拥挤的公路变得拥挤时，使用成本迅速提高，这不仅仅是道路的磨损，而且包括驾车者在路上浪费的时间。通过道路使用费进行排他，成本很高。从现实来看，只能靠道路收费。采纳对道路的经常使用者自动结账的新技术，能从根本上降低这些成本。

区分这两种首鼠两端的产品具有重要的理论意义，否则很难在其中间

寻找"准公共产品"和"俱乐部产品"①。所谓俱乐部产品，是具有排斥本俱乐部外的人的设施和规则，非成员无权消费，对外排斥对内非竞争——成员对物品的消费并不减少其他成员对该种物品的消费。问题在于该种物品的消费规模，一旦过多成员加入超过临界点，便产生"拥挤"效应，即便原成员也不能消费，产生"有限的消费容量和无限的消费规模之间的冲突"。"费用可以由成员提供。这一偿付机制要求成员为多使用的单位支付费用，通过费用的收取，俱乐部可以保持融资同收益之间的关系，这是因为只有那些边际支付意愿足以偿付会员费的会员才能使用其设施，而且只是使用到边际支付意愿正好等于所偿付费用的程度。边际支付意愿低于所收取费用的一方，并不能从其参与活动中获得足够的收益，来补偿这种活动为其他方造成的边际拥塞成本。跟非竞争性的公共产品不同，因为这些参与者使用产品并不是零成本的，所以将其排除在外是出于效率方面的根本缘由。"②

集团规模和俱乐部产品供给的确有一个相关关系，可以用此说明我国改革进程的线索。实际上改革进程也是按照这个顺序进行——因为对于民众来说，国家利益很虚无缥缈，个人和集团利益最为实在，但个人利益的获得又必须仰仗他人的帮助，所以在个人活动的边缘发展出"集体产品"是必要的——在靠天吃饭分散经营的我国农村中，小规模但是联系产量计算报酬的方式最为有效。专业化的发展、产品生产规模的扩大，才要求俱乐部产品（符合本单位整体利益，一定程度上排他）的出现。但是要分清，公共产品的性质与运作是不同的。运作是"建立后"的运作。比如对电网，对邮政来说，都可以由私人企业运行，只要其服务对象是百姓，且竞争会压低价格。应该说，公共产品具有包容性。

但是，为什么太多种类的纯公共产品不容易掌管和运作呢？按照公共产品的本意，满足消费者的意愿是主旨。换句话说，如果消费者不需要或

---

① James Buchanan: "An Economic Theory of Clubs", Economics, New Series, Vol.32, No.125, 1965, p.1.
② 英吉·考尔等：《全球化之道——全球公共产品的提供与管理》，人民出版社2006年版。

者不十分迫切,那么这种公共产品的建立和运作便失去意义。但是,事实上很难测定消费者对某种公共产品的需求程度,很难确定和累计消费者偏好——所以也无从选择供给者。除了类似国防、社会保障全覆盖、全国性的法律法规等,像公共绿地、城市基础设施和地方性的法律法规等,并不具备全国性的特征,只能按照发展水平由地方确定,所以,这些可以称为"准公共产品"或"地方而非中央级"的公共产品。

参考材料23：准公共物品和俱乐部理论

1965年,布坎南提出俱乐部理论。俱乐部是分担生产成本和分享排他性收益的资源团体,它是"通过收费的方式将外部性内部化、解决集体行动问题的制度方法"。其特征是,奉行自愿加入的原则；限制成员规模；收取会费；建立排他机制。俱乐部的功能在于将正式会员和非正式会员分开,将付费者和非付费者区别对待,促使个人显示对集体物品的偏好,从而避免非付费者搭便车。这就降低了人们采取自愿合作的成本。过去皮古等人认为市场机制无法解决集体物品的有效供给,因此政府干预利用"皮古税"的办法向社会提供公共产品才能补救市场失灵。俱乐部产品理论提出则有效捍卫了市场功能的有效性——即便没有政府参与,市场也能够进化出一种方式来解决问题,只不过必须为集体物品设置排他机制。另外,公共产品的生产阶段也可以和消费阶段分开。还有一个现在大量出现的问题,如果将某些公共资源列为地方或集体的资源,并对之进行收费管理,将纯公共产品变为准公共产品哪一个为好,能更有利于保护资源环境,且有利于通过这些使人致富呢？比如,津巴布韦的大象屡遭猎杀——公共产品实际上无人负责,但是后来政府让当地农民建立公园将大象置于保护区之内,并允许农民对旅游者收取费用,猎杀的行为就大幅降低了。

二、公共物品变化和市场经济作用的发挥

公共产品的体制来源。 前面已说,公共物品是在市场经济的演化中产生的,它和传统的社会主义公有制条件下,除了个人消费品属于私人控制以外,其他一切都属于共有财产即公共物品有着本质不同。萨缪尔森在其传

世之作《经济学》中论及税收性质时,曾说:"在决定如何向他们自己征税时,人民实际上所决定的是如何把满足社会需要的资源从各个家庭中取出,从他们所拥有的企业中取出,以备作为公共物品和劳务来使用。"①政府作为对国民收入进行初次分配和再分配的主体,并不能说明收入的来源问题,即便它将征收到的税收总量用于转移支出的"再分配",显然也是他们行使公众赋予其的"代理人"职能。另外,所谓公共产品"公共"的涵义,是在公共领域中的问题,对解决公共问题提供的产品,当然不见得都由国家从税收总量中提供,为了解决可能造成公共产品供给不足的问题,其他人也可以提供。但是政府似乎是主要的提供者,因为它毕竟与其他市场主体不同,并非以自身的、近期的利润最大化为转移。

政府提供公共物品是为了解决市场失灵问题,但不等于说市场就不能提供公共物品。如果政府提供所有产品而排斥市场主体的作用,便会回到计划经济时代。如果不排斥而专注于市场不能提供的公共物品,也有可能因提供公共劣品加剧市场失灵。在很大程度上,市场本身也有提供公共产品的功能②。针对债务人的逾期欠债,市场发展出代人讨债的企业,时下还把恶性欠债者纳入黑名单,为什么这类企业能够应运而生呢?是因为市场经济鼓励有实力的企业找到寻求利润最大化的途径,于是就有将规范市场秩序视为己任的企业出现。在这种情况下,政府只要鼓励并加以适当扶持,退一步说,只要不反对、不误导就可以了。另外,公共性的含义是,符合公共生活秩序需要的产品。政府在提供公共产品时的另一个两难状态是,不收使用费难以回收投资——很多公共产品是在财政不富裕的时候搞起来的,而收取费用又怕公众消费减少,常常采用延长缴费期限的变通方法。所以,公共产品的本意是公众利益,但其遇到部门之间、市场与国家之间、国家与国家之间利益冲突和阻挠时,其供给便出现短缺。另外,必须确定公共产品的社会参与和社会决策——将其引入公共产品的设计程序以及结果监督。采取听证会等形式,保证公共产品设计和取得实效,避免花架子,耽误与亵渎公众利益。

---

① 保罗·萨缪尔森:《经济学》,机械工业出版社2013年版。
② 罗斯巴德:《权力与市场》,刘云鹏等译,新星出版社2007年版。
  约翰·麦克米兰:《市场演进的故事》,余江译,中信出版社2007年版。

不同层次的公共物品和不同的利益关系,应该是一种"最优配置"。正因为公共产品存在着不同层次,所以不同层次应该对应不同层次的利益关系。比如说,如果要将军队和财政货币政策以"准公共产品"的形式表现出来,肯定是不行的。同样,俱乐部或者社区,也不可能提供举国范围内的"纯公共产品"。最优配置首先取决于每种公共产品的"定位",然后才是"充分供应"。

在转型过程中,公共产品结构也发生了剧烈的变动:纯公共产品向准、俱乐部和私人产品的转变是主流。比如,道路、桥梁由过去国家所有经营,变为向地方和私有的转变,当然,事关国家经济命脉的干线仍然是国家经营,但是,除此之外其他的则出于效率和放权原因,向市场开放,这是主流;当然,少数由原来的"准"向"纯"转变。比如十一五期间,义务教育将农村列为免费。

转型进程中混合产品的作用。转型过程也是从纯公共产品变为准公共产品的过程。我认为用一个词"混合产品"更能描述这个过程的性质。混合产品是什么意思?应该是,供给主体体现为多元化或多方参与,受益主体也不完全是虚拟的"全民",包括社区、行业、集团等特定群体。从受益时间上看,可能先由部分提供者受益,但通过其扩散和正外部性,致使全社会在以后分时分地受益。基本原则是,谁出钱,谁受益,谁承担风险。也因为受益者的收益程度可以测量、可以量化——而越是自诩"全民"都受益,越让人摸不着头脑。这样就有一个边际成本MC和边际收益MR的比较,所以,获得利益和支出成本能够落实到特定的集团、特定的个人头上。否则,就无从做出效用评价,从而无法在需求层面上提出最佳供给量的要求。混合产品还来自这样的背景:众所周知,在市场经济中,私人部门的效率相比公共部门来较高,比如私人部门在晋级、降级、解雇、减薪等方面,都是按照贡献决定取舍,一旦经营亏本或是转产或是破产,负盈负亏是根本的激励机制。而公共部门则缺少追求量化业绩的动力,管理者不能对人力资源和资本进行有效控制,甚至管理不佳却以虚报成绩,便能得到更高的预算经费。

公共产品的提供和市场失灵的关系。原则上,为了弥补市场失灵必须由政府出手。但是问题在于,要视失灵的性质和程度来决定政府干预的力度,比如面对企业欠薪、逃付欠款等问题,只需政府组织实施,而不需亲自出面,利用第三方组织——这些组织既有营利又有非营利性质的,也能够解决问题,这些社会组织——社团被称为第三方或者"公民社会"组织,提供的是解决问题的"集体产品"、带有公共产品意义的"俱乐部产品"。

三、供给公共产品——政府的作用

政府提供的公共产品应该以规则等制度性公共产品为主。我们知道,在市场经济中,私人产品是市场交换的主体,而规则体制等交换的外在环境,则不能被包含在交易的范畴之内——它本身也不能成为交易的对象,比如一定的社会经济制度。经济学家一般认为,对政府功能的研究是政治学研究范畴。市场上的交易和分工才是经济学的研究对象。"多数规范经济学的理论都心照不宣地假定,只要政府知道如何去做,它实际上就会追求福利最大化。"[1]并且认为,经济学家存在着障眼法——完全没有考虑到政府也可能有自身利益,而这种利益会与公众利益产生冲突。当某些官员垄断了公共产品的供给,权力寻租便发生了。尽管政府官员会如此行事,他们在管理社会经济的过程中也可能运用公众赋予的权力追逐私利。但也不能因此就否认这样的事实:只有凌驾于市场生产者和消费者之上的政府才有制定规则的资格。

规则为什么如此重要?因为它是公共产品,可以减少市场交易成本、摩擦纠纷和提高可预见性。如果有全球社会——全球公民的集合体,那么规则一定是其中的黏合剂。规则是社会生活的法则,就像语言中的语法,没有它成不了语言,同时它也是人们合作、取长补短的产物。问题在于,没有权威的世界里,规则如何建立?按照诺奖得主梯若尔的说法,"我们已经逐渐意识到,国家已经不再像以前那样具有生产的职能,它几乎没有生产力,国家应该是制定规则的国家"[2]。谁来确定一定发展阶段公共物品要采取此种而非彼种形式?其道理如下。

第一,制度也是一种"公共产品",只不过它与"物质产品"的外观上有

---

[1] 詹姆斯·布坎南:《经济学家应该做什么》,西南财经大学出版社1988年版。
[2] 让·梯若尔:《市场是需要政府来规制的》,新浪网2014年10月22日。

所区别，它也是"被生产"出来的，也要经过设计、生产和与需要的对接过程，不像有形的产品那样可以通过经验数据化解不确定性，我国改革中很多制度设计和执行机制前无古人，不可能一步到位，不分阶段地走到完全的市场经济体制，也是一个证明。但是，强制性和普世性是制度本身鲜明的特征。尤其对于插上互联网翅膀的市场制度的内容来说，金融监管、社保体系公平运转、信息透明与打击虚假和非法盈利等极其复杂，充满不确定性，后果未必尽如人意，甚至相互打架，不见得能形成"帕累托最优"。又比如政府制定的"确权"制度，对于转型过程中体制建设至关重要，因为它为人们的行为划定了不可逾越的"红线"，为防止失范现象提供制度上的保障。当然我们说，制度不可能完全覆盖人的行为，制度是死的，人是活的，制度总有滞后性，制度本身也存在着缺陷，需要完善。相对地说，制度是外在的，人行为的驱动力是内在的，制度不见得可以解决人的内在问题，或者说制度至多限制行为而不能解决观念与思想。因此，从内在的观念及思想方面解决社会失范问题，尽管难度大，但仍是道德建设努力的方向。

第二，政府作为"代理人"必须依法行政。这虽然涉及对公共产品的"垄断性经营"问题，某些公共产品是"政策产生的结果。或者是社会综合条件——和平、法律秩序、金融稳定、有效市场以及传染性疾病的控制与根除等——所有人都能从中受益，产品的收益不可分"。如果能够发挥公共产品的本来职能，就要求政府必须按规则办事，同样也要按照公共产品自身具备的功能——为公民牟利的原则，对所有的市场主体一视同仁，否则就不能成为公共产品，其严肃性何在？所以要锁定政府职能，必须向社会提供这些公共产品。

在一定时期内，公共物品应以基础设施和战略产业为主。对有形的公共产品而言，比如高速公路、电网等，则必须引入第三方监督并对人们负责。这里面有两个问题：一是政府本身行为要受规则等软性公共产品约束，在对市场秩序的监管中也要规范自身的行为，因为它并非这种公共产品的设计和制造者；二是在市场经济的进化过程中，私人企业也都要按照规范进行活动，政府能否给它们提供榜样？

第三，特别应该着重于创新型的制度。

参考材料24[①]

　　上海自贸区成立以来，在制度创新上取得重大突破性进展。其特点是，制度创新。为什么呢？中国改革开放30多年以来，曾建过很多开发区，比如海关特殊监管区、保税区、高新区等各种各样的区，其共同特点是，划出一片地方，成立开发区，在区内给入区企业以优惠政策，如三减两免等。而上海自贸区却是"制度创新"——完全不同于过去的优惠政策，所以人们的感受和评价有鲜明的差别。例如，优惠政策的特点是直接——在区外有33%的所得税，而在区内变成15%；而制度创新则具有本质区别：首先对于投资领域是一个准入前的国民待遇——对各种性质的企业一视同仁。其次改变了政府以审批为主对市场的管理——是革审批的命，将过去由政府管理的事情还给市场，凡负面清单以外的项目均交市场解决，政府审批只存在于负面清单之内，而且此负面清单涵盖的领域以后会逐渐缩小，还权于市场；建立第三方独立评估制度，让市场力量来规范企业行为。最后，与国际标准逐渐接轨。按照已经初步实现的联合国推行的、在贸易领域中单一窗口受理制度，下一步就将发展成为进出口货物状态管理——货物在任何时间、地点情况下的即时管理，原来意义上的电子围栏就不存在了，这被称为是非常科学的管理模式。综合上述，制度创新以"革审批权的命"为突破口，实则要转变政府职能，还权于市场。政府不干预微观经济也不干预市场，而是监管市场，包括事前、过程及事后监管，并且引入第三方来与政府监管在如下方面竞争：采集诚信信息、完善诚信档案、实施诚信管理、违规追索等（当然在安全审查、反垄断审查等方面必须由政府担当主角）。所以，市场无法提供的而且又是必要的，可由政府提供。其余大部分则由市场提供。

　　信息沟通渠道和公共利益。公共产品的服务主旨是公共利益。而公共利益以信息的上下互动、左右协调和博弈为前提。当下，顶层与民间的信息沟通不畅，联动艰难，只有可怜的网络空间这样的渠道，何况顶层经常出于虚荣心失于不耻下问，未必都能了解；中层——各级地方政府等，也

[①] 根据韩正、张力奋，"韩正访谈录"写成，转引自共识网21ccom.net，2014年11月22日。

有割断上下联系渠道的激励,一方面是顶层制定的政策在这里最容易"异化";另一方面,地方政府常常只将光鲜的一面示人或者以次充好,蒙骗上面和欺负下面。另外,顶层从"维稳"的立场出发,一方面运用资源不计成本维护"统治";另一方面也不能允许在舆论上落败民间,否则认为自己失去"公众认同"。基于这些情况,笔者认为,形成有效反馈的关键在于是否承认民众的主人地位,他们不是懵懂的"被统治者"。

四、公共物品提供与腐败的关系

妄用公共权力与腐败的关系。腐败的基本定义是利用公共权力和公共资产达到个人目的。那么这里有一个问题,为什么公共权力和公共资产太多,给人以公为私用的可乘空间呢?显然应该在总量上限定公共权力的数量,大部分留给市场,同时又要规定运用公权力的资格、路径和对之进行的监管。另外一个问题是,公共产品的供给和应用必须是公平的,不能"刑不上大夫",对不同阶层的人,对与执政者关系亲疏不同的人就有不同。公权和公共品的运用必须要有制度保证,因为其牵扯到很多的利益关系——不但关系到公共产品的投入是从纳税人处获得必然给其增加负担,而且关系到公共产品的分配是否公平。金融系统监管、公共卫生监管、市场秩序监管等,都是覆盖一国之内所有公民的利益的公共产品。而不像私人产品那样,是由所有者具体负责的,其损益当然也由其所有者和代理人承担。

寻租和"寻利"是不同的。后者既可以从追求生产性利润,又可以从非生产性地转移财富二者中来。假定某企业投入人力、物力从事研发,研制出同类产品生产高效而低耗的生产工艺,获得相对竞争对手的"竞争优势"——显然,这已经不是比较优势,而是高一层次的竞争优势了。在特定时期内,生产者获得垄断这种生产技术从而获得的经济"租金",这不是非生产性的寻租活动,而是提高生产率的产物。企业在获得租金时也提升了生产效率和社会福利,对社会经济产生贡献。不可否认,企业都想使这种"租"能够长期保持,但它并不是以损害其他人的利益为转移的。如果按照竞争的市场规律,高额垄断利润并不能长期保持,毕竟其他厂商可以通过模仿(后发优势)或者研发(制度和技术变更)来获得自己原本并不具有的"租金",因此这就促使社会资源配置发生变化,而原先的企业也就不能长期占有超额利润。但是,如果原先的企业(开始有租的企业),利用自己早已建立的政商关系游说政府,使后者行使行政权力并限制别的厂商进入本领域,寻租活动或者说"非生产性地转移财富"就出现了。因此,寻利是一个包容性的概念,包含"正当"与"非正当"两种,而寻租则特指后面一个。

巴格瓦蒂关于"直接非生产性寻利活动"(directly unproductive profit-seeking activities——简称DUP活动)的概念就区分了这二者。该概念是"产生金钱回报但并不创造产品和劳务的活动"[①]。DUP活动不仅包括合法的利益集团游说决策层的活动,也包含非法并与政府无关的走私盗窃等。总之它是以非生产性为特征,但又通过政府权力作用为自己取得利益的行为,这种行为应该受到打击。

制度对反腐的作用。制度是公共产品的几个要点:①好的制度不具有排他性,能够被人普遍承认和接受,当然这是在一定的发展阶段条件下,比如民主和专制政体就有不同的治理方式。②制度的外部性特征。私人产品的交换和生产领域,界定产权较容易,而在公共产品领域,事情变得无比复杂。而制度的好处就在于用正负外部性对公共产品的有效性进行判定。正外部性的制度应该发扬光大,相反,负外部性的制度必须受限削减——比如国进民退的政策。③"市场失灵"的问题越多,越应该有制度对其纠正,如收入差距、公共卫生、经济波动、环境污染等。从运作角度看,却有个委托代理关系,委托人在什么情况下选择代理人(很多国家即便在国家安全问题上也将责任外包出去,何况经济安全问题),什么条件下亲自上阵(什么叫公共领域:是所有人都可以获取并自由消费的事物的集合,这其中包括自然界的共有物,如公海和对地静止轨道)。随着时间的推移,在自然界的共有物(不受人类行为影响而独立存在的)之外,又出现了人造的公共产品,如道路、灌溉系统和军队,同时还有诸如空气污染和金融传染等公共劣品。此外,还有公共条件也随之诞生——社会聚合力。解释社会聚合功能的三个方面:集中力量、辅助最弱环节和最优选择以及

---

① Jagdish N. Bhagwati: "Directly Unproductive Profit-Seeking Activities", "The Journal of Political Economy Vol", 90, No: 5, 1982, p.989.

与此相反的社会对抗与战争全球化之道。进一步看，国家市场都是公共产品，当然国际市场就是全球公共产品，是在全球公共领域中的产品。

公共产品供给的决策程序和利益关系。比如有听证会，听证会的功能、监督及走过场等恶劣表演；竞争招投标时公共与私人部门参与的成本和收益比较——逆向选择与道德风险，引入契约关系的分析等；总的认识是，当产权清晰时，成本是内部化的，而产权不清晰时，便成为外部化的了。

非政府行为主体在公共产品运行中的作用更值得重视。中国企业在帮助外国兴建公共产品时，只注意与掌权的政府打交道，而不同民众打交道。特别是在那些向民主转制的国家，就容易引起公众反对，下面就是一个明证。

参考材料25："中缅矛盾：经济问题的政治化"[①]

总投资超过10亿美元的莱比塘铜矿是亚洲最大的湿法炼铜工程，是位于缅北的中缅合作大项目。2010年6月，中缅两国总理现场出席见证了项目产品分成合同的正式签署——100%的投资方为中国北方工业集团下属的万宝矿产缅甸铜业有限公司（万宝公司），合作方为缅军方控制的缅经济控股有限公司（缅经控公司）。产品分成协议规定前者49%，后者为51%。该矿区由新旧两部分构成，中缅双方共同经营。新的，即莱比塘铜矿，设计年产10万吨。

中方万宝公司表示，之前经营的旧部分矿区的加拿大公司在经营和开采上都遵循严格的国际环境保护标准，中方接手后更提高了原来的技术标准，涉及所有新旧项目执行过程中的搬迁、补偿、环保以及收益分配均由中缅双方共同协定并非中方单边行为，而且有关村民搬迁和土地补偿等大大高于缅方法律规定与当地的市场价格，除此之外，公司还进行了捐赠、帮扶、援建等善举。

而在2012年春新项目开工之际，当地民间质疑和抗议活动随即出现，伴随缅国内民主政治变革步伐越演越烈。同年6月，在大量村民、学生和僧侣抗

---

① 根据尹鸿伟发表在共识网2015年3月14日上的评论写成。

议下，项目被迫停工，当年11月，当地警方以催泪瓦斯和高压水枪驱散示威人群，但过程中的烟雾弹却引发火情，多名示威人员受伤。

事件之严重性引起缅全国关注，最后发展为针对中国驻缅大使馆的抗议。仰光警方对中国使馆严密保护，抓捕多名示威领导人，移送仰光法院起诉。但是，有关该铜矿的全国性抗议此起彼伏，项目被迫中断。

缅总统对此曾公开道歉，下令成立以反对派领导人昂山素季为首的调查委员会，2013年该委员会发布的调查报告称，从经济、社会、环保和国际关系出发，建议采取整改措施，并继续实行该项目，因为它是正式签约，如果停下，势必影响缅国家声誉和与他国关系，降低外国投资者投资信心。报告较为具体地指出项目过程中对搬迁、环保和企业社会责任方面的不足。而政府也组成执行委员会，监督整改建议的落实。

中缅企业也都认可该调查报告和政府措施，做出的新协议也对以前的合同做了重要修改——项目合同方由过去两方改为三方，缅政府占产品分成51%（给政府让利部分增加），缅经控公司占19%，中方万宝公司则为30%，除此之外，还明确规定项目产生的20%纯利用于社会环境投资。到了该年3月，新项目低调复工。万宝公司表示，项目都是按照调查报告认真落实整改措施，取得执行委员会的认可和村民支持。

然而冲突依旧不断，抗议人士认为该项目是缅军事独裁时期通过的，欠缺透明度，也拒绝接受政府赔偿，并坚持认定给环境带来巨大损失，对万宝公司而言，本应2015年就完成项目建设，2016年达到投产条件，但是冲突不断让警察和抗议者都受伤，甚至有村民中弹身亡的事情发生，开工之日遥遥无期。

由于这样的后果，抗议活动更频繁，两国政府都备受困扰。缅不少媒体指责中国企业，在网络上，许多人也把死伤人员责任归咎于中国，煽动性言论和情绪化抗议层出不穷。甚至呼吁终结项目将中国人赶出去等。也有谴责政府对抗议活动的处理方式等。

昂山素季认为，缅政府没有认真执行调查报告，所以才有问题，而示威者也应以国家安稳为重，做自己应该做的事情。希望外资企业在投资缅甸时要考虑当地利益。显然，这些说法还是比较公正的。

一个经济问题为什么至今得不到妥善解决？投资为什么引发这么大

的社会反响？该铜矿项目的推进过程中自始至终都牵扯各方利益及其变化——政府、反对派、军方、民间团体、国际舆论和中国投资者，哪一方都没有闲着和懈怠。当然，这也和缅国内错综复杂的政治形势密不可分，3年之前已经开工两年之久的密松大坝工程被总统吴登盛以尊重民意理由叫停后，所有中国企业都逐渐被妖魔化，过去凡与军政府签署的各种合同项目几乎都被非议。

缅舆论普遍认为，中国项目规模巨大、收益也大，但对环境破坏同样巨大。关键在于，由于中国企业只愿意同拥有实权的缅方官员沟通，与有特殊背景的缅企业合作，罔顾普通民众的意愿和利益，结果是官员得到实惠，而民众落难。

反思起来，作为缅甸最大的投资国，中国企业和商人也没有因缅国情变化做出调整，侧重经济效益忽视社会效益的恶果已经呈现出来。所以，在各种经济交往日益增加，投资机会越来越多的今天，必须拿出诚意并顾及合作方的利益诉求，才能推动发展和推动中缅关系。当然，也必须注意到，许多国际经济合作都难以摆脱国内政治因素影响，国内的利益群体之间的博弈也往往拿国际合作项目开刀。尤其在向民主制度转型的缅甸，激进组织将该项目作为索取政治利益的筹码，激化社会矛盾反华的倾向更值得注意。

第六章　公共物品实践与理论演变
——经济全球化角度

冷战结束以后，经济全球化插上了飞翔的翅膀，迅速发展起来。适应这个潮流的要求，一国国内的公共物品也必须与全球公共物品体系接轨，否则就无法获得经济全球化给各国带来的好处。

第一节　由国内公共物品到全球公共物品

一、过渡的条件

全球公共物品的悖论。在一个由政府控制的国家之中，公共物品的生产和消费没有问题。从某种程度上看，一国文明的历史脉络和公共产品的提供种类和数量有密切的关系，决定了国家的组织化和治理水平以及发达程度，不论软硬公共物品都是如此。这是因为，公共产品与私人产品相对立，这是一个凡公民都能够拥有的东西和发展的外在环境。不像私人产品那样，只有生产它的人或为其付费（市场买卖）的人才能拥有，而且属于公共的无法变为个人所有。但是，如果将传统的公共产品概念简单跨越国界变为全球公共产品，问题就来了。理论上看，公共产品的提出源自经济学理论[1]，是经济学家从防止和克服市场失灵而提出的。就市场而言，它对私人产品的配置是有效的，而对公共产品的配置，市场却无能为力。个中原因在于公共物品的特性——凡是一国公民都可以无偿享用，而私人却没有提供此种产品的激励。所以公共产品必须由各级政府用从人民缴纳的税收中建立并提供——这也就是我们所说的取之于民用之于民的含义。为了符合公民的最大利益，最优

---

[1] Paul A.Samuelson: "The Pure Theory of Public Expenditure", "The Review of Economics and Statistics",　Vol 36,　Issue 4.

提供方式就应当通过两个既分立又联系的过程：全社会的审慎抉择和代表不同利益集团博弈的政治进程。应该注意的是，公共物品的前提，是在由政府控制的国家之内，这是政府参与市场经济的职能所在。

那么，公共物品在国家之内存在有效性，未必就能在全球推广，但现实是全球公共物品的确有很多不断充实的表现形式，于是，理论和实践就出现了矛盾。先不考察全球公共物品的理论方面即该概念是何时提出，渊源何在，但是从现实上看，它却是一个广泛的存在，且总是被妖魔化，要么就是说提供者包藏祸心，在提供时首先满足自身的需要，并通过这么一种形式，将别国绑架在自己的利益上。要么就说这纯粹是一种推断，公平公正对全球有利的公共产品从来就没有出现。实际上，这些对全球公共产品的看法存在误解，关键在于全球公共产品是如何提供的，才能够满足全球共同利益。历史上的提供方式有：霸权国家提供、选择性激励以及国际组织提供。理解其提供方式的钥匙在于利益激励及理性计算，这种计算，因为加入时间分析，所以不像理性经济人那样仅持着现世现报的想法，而是有长期利益的考虑在内。

参考材料26：公共产品的提供方式[①]

以威斯特法利亚条约为基础形成的国际法制度，只有当主权国家同意时，才能将国际义务加于主权国家，由于公共产品提供必须达到全体一致，而现实中达成全球性的协定极其困难；而且提供全球公共产品的国际组织通常远离国内政治，官僚作风严重效率低下，很难向国际社会提供有效的公共产品。然而国际社会又十分需要，所以，历史至今形成了几种提供方式，需要注意的是，在向国际社会提供时，提供者自身的目的掩藏在提供这一事实背后，另外，这些提供方式也在随着发达国家实力的相对式微、新兴国家的兴起发生变化。

首先是霸权国家提供。历史上的英国和美国都为世界提供大量的全球公共产品，发挥着类似世界政府的作用，之所以如此，是因为他们从公共产品提供中获得的利益份额较大，公共产品本身就具有非中性的特点，如果

---

① 张宇燕、李增刚：《国际关系的新政治经济学》，中国社会科学出版社2010年版。

他们在提供时的收益大于成本，即便其他国家都搭便车，他们也愿意提供，"无利不起早"；可以在提供时通过威逼利诱他国提供，将给别人提供的公共产品当成一种要挟别人的手段；也可以对他国进行一定程度的控制。但是这并非一成不变的，随着英美实力相对式微，霸权地位降低，不得不收缩战线，不得不与他国合作来解决世界难题。

其次是奥尔森的"选择性激励"将公共产品的提供和私人产品的活动结合起来。因为公共产品毕竟是为以私人产品的生产和交易服务的。比如国际贸易是在不同国家进行的，这些贸易产品便都有私人产品的特点，而各国在签订国际贸易协议促成公共产品时，将贸易所涉及的解决全球环境问题和促进自由化问题纳入条款，便能够收到双方相互促进的效果。

最后是国际组织成为全球公共产品的提供者，尽管其作用有限、资金不足，但也的确是一个现实作用最大的平台。特别是，应发展和解决现实问题要求而建立的地区性组织、跨地区但因共同意愿结合的组织，在提供公共产品方面的作用越来越大。

二、国内公共物品和全球公共物品的区别

首先，现实生活中的国家内部的公共产品都是由主权国家提供的，不论是在市场经济时弥补市场失灵，还是在集权时代对于宏观经济无所不包的控制这样两个背景下都是一样，这也是国家政府职能的体现。"在公共产品的决策制定以及在融资和生产上都赋予国家政府非常重要的角色。事实上，公共产品往往被定义为由国家政府来负责供应的产品，而这些产品的供应又被视为国家政府存在的根本原因之一"。国家的政治制度、经济体制、管理规则等软性公共产品，都反映了主权国家多元化的发展模式和控制体系，然而在国际上，却不存在一个与国家政府对等的机构体制，没有"世界政府"，即使联合国也是一个协商博弈的组织，在"控制"的权威上无法与一国政府对国内事务的控制相比。所以，也有人认为，全球公共产品和国内公共产品的区别就在于垄断和非垄断：后者是垄断的，代表全民意志，由国家建立和执行之；前者是非垄断的，在各国博弈基础上并

由非主权的国际组织执行之。①

其次,即便在国家内部,公共物品也由不同的地方政府提供,而且呈现出高下区别。在某种程度上,居民的流动性可以检验公共产品是否符合"公众利益"——比如某些城市给居民提供的一些不用付费就能享用的公共设施较多,就会吸引其他地方的人们流入此地定居,一地的市场秩序良好,也会吸引其他人来此经商和交易,等等。

最后,甚至像公司和非政府组织NGO也会提供公共物品。比如互联网公司集体出台行业规范,机构投资者将众多中小投资者的资金集中起来进行投资。为了有效避免其中的"搭便车"问题,民营企业用BOT方式(Build-Operate-Transfer,建造—运营—移交)参与公共产品的建设。当然,因提供的主体和力度的不同,仅依赖"纯公共产品"无法对之做出解释——需要将公共物品划分为"纯公共产品""准公共产品""俱乐部产品"或"社区产品"等若干等次,来说明其相对应的利益关系。不管什么等次的公共物品,都证明一个国家从"集权式的等级社会"向"自治式的公民社会"转轨,权力和责任利益对称局面开始形成。它必然同国际潮流发生某种联系,但毕竟是一个国家的国内事务,别国可以置喙,但无权干涉。

参考材料27:反腐败需要国际合作

中国国内的反腐败与国际合作中的反腐败承诺和机制②具有某种内在联系。

对于国内而言,官商勾结始终是一个形成腐败的顽疾,公司对政治关系进行投资破坏了正常的市场经济秩序。为什么这样说?如果对政治关系的市场价值进行一番调查——比如观察特定股价升降与政治后台的关系,常常可以看到这一点。因其并非按照生产率的标准而是按照"关系"标准,就已

---

① 英吉·考尔等:《全球化之道——全球公共产品的提供与管理》,人民出版社2006年版。
② 戴维·卢纳(David M.Luna,美国国务院国际缉毒和执法事务局打击犯罪项目高级主任、中美反腐败工作组联席主席):《拒绝为贪官提供避风港》,《财新〈新世纪〉周刊》2014年第42期。

经不是经济而是政治问题了。又比如权钱交易是官商勾结的主要表现形式，但这些都是在桌下进行，台面上人人都是正人君子；官商勾结为什么屡禁不止？因为是双方都得到好处，他们也成为"一根绳上的蚂蚱"，利益共同体常常不易攻破。所以，贿赂多发生在私人与公共部门的结合部，因为后者有利可图并且缺少监督；我们对反腐还有一个认识是，如果仅从维护执政党地位的角度，而不从公正、平等、人权的角度反腐，则显得十分狭隘，因为腐败是自上而下蔓延开来，老虎不除，苍蝇泛滥则不可避免，从保护人权角度出发，才彰显执政党坚持人类理想的气派；最后就是必须限制政府部门配置资源的权力，若只强调监督，而不深挖腐败的土壤，实际上也是治标不治本；官商勾结是互有所求。必须找到二者博弈的焦点以及从他们之间矛盾尖锐处打开缺口，实施治理，反腐得力才能顺利转型。

对于国际而言，在反腐败问题上进行国际合作，这种认识、机制都具有全球公共产品的性质。法治有助于铲除腐败，预防与惩罚同等重要。反腐必须进行国际合作，也一样要拒绝外国腐败官员入境和他们非法获得的资产进入，拒绝为他国腐败官员提供避风港。在2014年APEC北京峰会上，习近平、奥巴马以及其他领导人加大了他们对于跨境打击腐败和贿赂的承诺，以保障APEC减少贫困、促进更大经济发展的经济议题，并确保所有经济体的共同繁荣。在APEC乃至更广泛的全球范围内，没有一个经济体能够单独解决当今复杂的治理挑战。在共同利益、价值观和相互尊重基础上，促进APEC关键利益攸关各方之间的公私伙伴关系和共同责任。目前，中美都在推动APEC反腐权力机构和执法机构网络平台，认为这是打击贪污贿赂的宝贵工具。

三、如何认识全球公共物品

全球公共物品和全球利益的对应关系。世界银行对全球公共产品的定义是：那些具有很强跨国界外部性的商品、资源、服务以及规章制度、政策体制，它们对发展和消除贫困非常重要，也只有通过发达和发展中国家的合作和集体行动才能充分供应此类物品。由于全球化缘故，面对贸易争端、金融危机、环境污染、气候变暖、恐怖主义、传染疾病以及跨国犯罪等威胁公共安全的问题，需要各国协作，拿出有效的公共产品应对。这就涉及各国态度和能力的组合：有能力又愿意、有能力不愿意、没能力但深受其害、能够自保而不愿为国际社会做贡献，等等。例如，"国际性的天花疫苗项目事实上消灭了天花，所有人都受益，不管他们是否为这一项目做出贡献"①。最近全球抗击埃博拉病毒传染也是一例：身处西非的若干国家虽没有出钱却直接受益，某些国家出钱出力尽对国际社会的义务，当然也可以说是间接受益。面对全球问题的不断增多，全球公共产品供给呈现上升趋势是必然的。但是其中的矛盾在于，传统供给方的供给下降（美欧等国经济力量相对式微，自己也有许多问题应接不暇，供给全球公共产品的能力和意愿都有所下降），新的供给方尚无力提供全球所需（新兴工业国只愿意付出和自己实力对应的责任，但在全球规则上面的供给，能力还是不足），大多数国家显然愿意搭便车。在这种情况下，新的第三方比如NGO和其他跨国公司的行业组织的作用加强——他们的确有从全球利益出发的因素。但是很多解决迫在眉睫问题的公共产品，需要主权国家提供，仅仅依靠第三方，便会远水解不了近渴。

可以思考的一个地方是，鉴于国际公共产品是一个国家向国际社会提供的供各国共用的产品——非排他性特征明显，包括资源（并非通过市场买卖）、制度、产品和设施等。比如联合国会费、维和部队及其费用、抗击传染性病毒支出、气候变化应对制度、国际水道航标灯塔等。在新环境下，尤其是作为正在崛起的大国，我们向国际社会提供公共产品，也应该改变过去以实物性的经济外援为主，而以经济外援和提供国际公共产品并重，比如全球共用的符合全球利益的产品和制度——促进贸易自由的制度、维和部队及基地建设、自然文化多样性和极地生态保护；提供的公共产品应该具有带动性——造血功能，不仅一时管用，更要形成能力和带动其他发展的功能。否则人家即便使用也不会感恩，反而形成依赖，若不永远提供或提供的稍不如意便反目成仇；不能只在经济上当援助的巨人，在其他方面如人文、人权、政治安全领域，也应该拿出相应的公共产品，同物质产品配套。

---

① 约瑟夫·斯蒂格利茨：《公共部门经济学》，郭庆旺等译，中国人民大学出版社2005年版。

值得注意的几个倾向：第一，金融稳定是典型的公共产品，却明显供给不足，原因既有掏不出钱的困窘，也有发达国家自身体制原因。第二，和平安全是一种供应不足的公共产品，这涉及政治问题，既有过去政策失误，又有没钱和别国不相信的问题。第三，公共产品供给失调。发达国家虽然是全球公共产品的主要供给国，但他们一方面鼓吹多边贸易体制，实际上却热衷于进行双边的或小集团式的贸易体系如TPP和TTIP等，一方面说自由贸易对大家都有利，但实际上却在金融危机之后率先举起贸易保护主义的大旗。第四，提供负效用的国际公共产品。只有人类生产的"产品"，不管是物质还是精神的，软性还是硬性的，才可以用"效用"解释。比如说，月光和大气层都是一种自然赋予的公共物品，但是在人类的生产过程中，排放过度的污染物对这种公共都能享用的公共物品造成了伤害，使其无法发挥让人愉悦生活和调节气氛的功能。第五，公共产品使用失衡。本来公共产品应当惠及全球人类，但在使用上由于种种条件限制不能公正、公平使用。比如互联网的使用是有条件的，而利用掌握互联网节点的优势可以进行网络攻击使别国受损等。所以，必须改善全球公共产品的供给条件和供给机制——建立全球协调各方参与的系统：公共产品最优提供的尺度是其边际转换率等于该产品所有消费者的边际替代率之和，做到这一点要求消费者偏好显示很清楚；不要将意识形态分歧干扰公共产品的供给，坚持普世性；处理好对全球公共产品与本国公共产品供给的关系——也是合理配置资源的思路。比如用于国际维和与本国维稳、国际经济援助与本国脱贫的公共产品资源的关系；解决发达国家与发展中国家的分歧——涉及受益和支出的关系，承担历史责任与现实责任的比例，对不能提供公共产品而专门搭便车或总是采取不合作者的惩罚——解决公共产品融资难的问题。①

全球化过程的两个倾向对公共产品的要求：日益增强的私有性和建立全球公共产品的统一性。如跨国公司扩展——跨国公司是推动经济全球

---

① 可见一个例子：英吉·考尔等：《全球化之道——全球公共产品的提供与管理》，人民出版社2006年版，第93页，表2，国家民航制度的设置主要是为了满足国家需要，但是，如果它与国际协议保持了一致，那么它也成了某种全球公共产品，即国际民航网络的一个构件——作者注。

化和私有化的最大动力,没有跨国公司的贸易投资作用(跨国公司一方面要求市场扩张以寻求利润最大化,一方面又要求开放各种市场尤其是国家的公共领域——即便政府采购和自由贸易投资),就不可能说明经济全球化进程。这就形成了两个重要的倾向:相互依赖和国际化生产体系、日益突出的公共性——相互依赖体现为政府主体、非政府主体和跨国公司复杂多层次的相互依赖性。日益突出的公共性体现在全球问题外溢,要求公共产品跨越国界。但显然目前全球公共产品供给具有局限性,建立的动机也具有多元性——现有的全球公共产品多是发达国家提供的,新的如TPP和TTIP,旧的仍在运行的如IMF和WTO等。不可否认的是,诸如新型经济体、跨国公司和NGO也在提供——如气候变化公约、亚投行等,而且越来越多。即便如此,也不能否定国家在国际合作和提供全球公共产品上的决定性作用。解决今天埃博拉病毒传染,还是要靠国家,但这也是一种非对称性的相互依赖——没有发达国家和新型经济体,穷国是不可能解决的。另外,参与全球化最深入的国家,对全球公共产品的需要和提供就越有热情[1]。当然,使用全球公共产品,也需要有一定的条件,比如开放的市场经济,比较发达的运输才能运用国际运输规则等,也就是说,应用"后发优势"也要有一定的条件——决策者要认识到由于"落差"存在,才会有使用全球公共产品的激励;而且已经"走在路上",有一定的实践,否则便不可能对公共产品有清醒的认识,等等。

从公共产品中受益的模型。 这是从全球公共产品的需求方面考虑的。如果没有需求,那么供给显然不可能长久,也不会有生命力。能否受益、得到什么好处,取决于下面一些关系:第一,是直接受益还是间接受益(直接受益更能得到好评,而间接受益,则因中间环节较多而导致受益量减少)、人数(人数较多使平均受益量减少)。第二,提供公共产品的动机、能力。经济实力强的国家和经济体,提供全球公共产品的能力强,但是照顾自己的动机也比较强,如果过分强调后者,难免引起受益者的反感。第

---

[1] 苏珊·斯特兰奇:《国家与市场》,上海人民出版社 2006年版。"所谓真正的公共物品这个词是指一个政府或其他一些中央政治机构以及决定免费提供广泛利用的物品或设施。与真正的公共物品关系最近的,是个别国家政府主要为了本国的利益而提供商品或设施时附带地使别人享受到好处。"——作者注。

三,从不同性质的全球公共产品中所获收益不同。就我国经验而言,利用后发优势,从特定的全球公共产品中获益是非常明显的——技术、管理以及市场经济的规则制度,比之资金和物资更能推动发展和改革。

在一篇经典的论述效率的文章中,赫伯特·西蒙阐述了一个管理人员如何将效率标准应用于公共图书馆的管理,可以为我们研究管理效率和公共治理提供一些思路。假定,这个管理人员可以支配的资源是有限的,而政府对于这家图书馆的目标定位也是既定的。这位管理人员的任务,就是利用可以利用的资源来最大限度地实现这些目标——这是在使命导向前提下,最好的资源配置。而不在于拥有多少出版的图书数量,也不是图书馆的规模大小。关键问题是利用可以利用的资金,建立起一个投放流通的、尽可能好的图书种类和数量库存——有效库存要符合流通,也就是读者的需要。因为图书馆的最大功能就是图书的流通。

全球公共产品提供者的资格。毫无疑问,在全球化进程中,出现了许多参与"全球治理"的组织,他们向国际社会提供的公共产品也是五花八门①。其中,规则和制度一类"软性"公共产品最契合各国发展道路选择的需要,因此也是最重要的。相反,以实体形态存在的"组织",却不是问题的关键。如果这个组织只是适应少数国家操控国际经济秩序,为了自身利益服务的目的,那么它就与全球公共产品的目标相悖。"目前国际货币基金组织的工作核心便是提高组织的透明度与责任感,以确保对公共资源的优化利用,并保证国际货币基金项目的国内所有权。与此有关的是,透明度与问责制在这个依存性与民主趋势不断加强的世界中已经成了重要的全球公共产品。这两个因素有助于推动信任与信心,并在国际金融体系的背景下加强各方的合作"②。有两个衡量公共产品有效性或者说与全球利益

---

① 国际经济组织是否为国际公共产品?应该清楚,它并不是"世界政府"的雏形,它不会产生领导,也不会产生有效的权力,但是它可以提供日常政策协调的基础,而有效的多元领导有赖于之。因为其目的最重要的是公共利益和多元化的参与。尽管其中存在有搭便车、权力操控和利益分配,但从本质上看依然是解决全球问题的组织形式。参见罗伯特·基欧汉等:《权力与相互依赖》,门洪华译,北京大学出版社2002年版。
② 英吉·考尔等:《全球化之道——全球公共产品的提供与管理》,人民出版社2006年版。

相对接的尺度：第一，旧的公共产品适应公众利益要求的蜕变和发展，不被少数国家利益所绑架；第二，透明度和责任是两个重要的支柱。透明度自不必说，责任必然和参与、权力获得相联系，只得利益而不付出责任，与权贵无二。

四、全球公共物品提供者多元化

跨国公司扩展和实力提升。按照衡量跨国公司对全球经济影响力的因素来看：全球跨国公司母公司数量由1990年的3.5万家扩张到金融危机爆发前的8.1万家，而这些母公司所控制的外国子公司从15万家激增到81万家。大体上看，这些母公司与子公司占据世界总产出的1/3、全球工业生产的4/5、世界贸易的2/3、国际技术转让的70%~80%、FDI的90%（两个衡量指标：跨国化指数、国际化指数）。

按照斯特兰奇《国家与市场》中提出的观点，跨国公司对应的是财富、市场——通过全球市场进行竞争，通过内部市场进行控制；而国家对应的是权力、调控——通过宏观政策和税收对国内经济进行调控，参与全球经济并通过合作和博弈与他国一起对世界经济秩序进行调控。这就有了四个变量，可以根据形势变动进行研究。比如，国家对内对外权力扩展（国家利益的体现）和跨国公司的全球利润最大化到底有什么关系？从国家利益角度，对国家本身和跨国公司互动的研究很鲜见。比如，跨国公司对华投资中，我们从中获得的国家利益究竟有多大，怎么算？在跨国公司主导的要素分工与价值链中，跨国公司的利益与国家利益的冲突是怎样展现出来的？跨国公司从FDI中获得巨额财富，能够转化为母国和东道国的国民财富吗？虽然跨国公司的"国籍属性"日益淡化，但是其股东构成、治理框架、高管来源和利润分配等，乃至于其核心竞争力，又是否系"国家属性"的证明？

全球治理组织的影响力和作用。毫无疑问，气候变化、互联网和贸易金融投资等，都是当今热点的全球问题，治理这些问题少不了全球治理组织的身影。除主权国家为代表的经济体外，众多参与全球事务的"个体"依仗实力的提升，为解决全球问题发挥了更大的作用：第一，贡献自己的一份力量，帮助全球也有利于自己。第二，在解决与己相关问题时落实自身利益诉求，不需要别人"代表"或将自己排除在外——国家未必能代表国内利益集团。有学者将此种趋势定义为"多元化"，希望解释冷战结束后多种力量参与全球甚至干预某国国内事务，呈现出的一种复杂的交织互动关系。认为只要是涉及全球事务的力量，都有参与和实施治理的资格。可以看出如下趋势：第一，全球化参与越深的国家，对于"全球公共产品"的提供就越热衷——可以用历史事实为镜鉴，英国提供的航海图首先满足自己，但对他国而言却是成本小而受益多的事（别国能够搭便车。如果不搭，另搞一套，很不现实，所谓后发优势就是可以利用搭便车之利。当然，内陆国家就不太需要。所以公共产品在使用上也有局限性。反过来说，能够使各个参与方都受益的公共产品是通行的国际规则）。第二，涉及本国权威与全球公共产品的权威矛盾——权力的双重来源。"所谓真正的公共物品，是指一个政府或其他一些中央政治机构决定免费提供广泛利用的物品或设施。与真正的公共物品关系最近的，是个别国家政府主要为了本国的利益而提供商品或设施时附带地使别人享受到好处。"[①]而在国家之间，各种新的合作形式大量涌现，如全球和地区的贸易投资协定[②]。第三，不同的参与者针对不同问题组成联合治理机构，成为一个流行趋势，下面的材料对此有所说明。

参考材料28：关于政府和社会资本合作模式

PPP（Public-Private-Partnership）模式是近期火爆中国的新词汇，即政府和社会资本合作共同提供基础设施及公共服务。社会资本负责承担设计、建设、运营、维护基础设施的大部分工作，并通过使用者付费及必要的政府付费获得合理投资回报；政府部门主要制定公共物品的价格和质量监管。PPP模式之所以能够迅速获得政府的支持和推广，主要是因其具有几个独特的优势：

---

① 苏珊·斯特兰奇：《国家与市场》，上海人民出版社2006年版。
② "从国家层面来看的国际合作形式"包含：外向型合作、内向型合作、政府间的联合行动和网络化合作四个方面，反映了许多国家特别是新兴经济体提供全球公共产品的意愿和行动。英吉·考尔：《全球化之道——全球公共产品的提供与管理》，人民出版社2006年版。

第一，PPP有利于节省公共部门开支，减轻政府预算方面的压力，同时将政府从过去的基础设施、公共服务的提供者转变成监管的角色，进一步保证质量。

第二，PPP可以充分发挥民营资本效率和经营管理的优势。一方面，PPP模式在为公共部门提供融资的同时，为公共部门带来了民营企业新的生产技术和管理技术，从而大大提高了提供公共产品和服务的效率和水平，同时还没有增加公众税负；另一方面，公共部门和私人企业在初始阶段共同参与项目的识别、可行性研究、设施和融资等项目建设过程，保证了项目在技术和经济上的可行性，缩短了前期工作周期，并降低了项目费用。

第三，PPP可以实现公共部门与私人部门风险分担的合理配置。借助PPP，公共部门与私人部门共同分担公共服务的生产与服务中存在的风险，将特定的风险交予最适合控制和管理该风险的部门承担。

第四，利润调节更加灵活。PPP在融资模式下遵循高风险、高收益的利润分配原则，即承担风险的程度越高，分享到的利润越大。

尽管有上面的好处，也还是应了那句老话，理想与现实总是存在差距。尽管我国各地政府对PPP模式寄予厚望，但在真正的实践中，推动PPP模式前行的障碍并不少，PPP模式真正在中国开花结果还需要迈过几道坎。

首先是在规范性和透明度上做出清晰界定。中国现有的PPP项目大多从项目筛选到后期执行，都由地方政府负责，由于缺乏统一的标准，实施过程中流程不合理、合同不规范、纠纷难以调解等问题时有发生。虽然在2015年年初，由财政部统一发布了PPP模式的操作指南，但真正提高PPP项目的推进效率依然还需要更加详细的细分和规范，其中包括权责论证、收益风险共担及激励监管的制度设计体系等。

其次，收益风险的分配也是PPP模式要突破的难点。事实上，PPP项目已经在中国推广了几年的时间，但对于利益共享、风险分担等环节一直没有能够给出令人满意的结果。一方面由于PPP项目大多涉及民生，应当坚持公共利益最大化的原则，但另一方面又要对民营资本形成有效的激励约束机制，这其实是制约PPP模式真正在地方政府和民营资本之间全面铺开的最大因素。此外，消除PPP模式的法律、政策层面的障碍，设立专职管理机构，也将是较为漫长但不可或缺的一项工作。

另外，跨部门协调管理也不可忽视。PPP模式项目监管目前仍然采取了多头管理的模式，监管成本大、协调性差，同时也没有明确监管层级。未来PPP模式在中国有很大的发展空间，如果能够成立一个跨部门协调管理机构，那么对于PPP项目的统筹管理将会是有百利而无一害的，通过集中管理，既可以提高PPP项目的执行效率，又可以结束目前的多头并管的混乱现象。是为一举两得的改进方向。

最后，对于PPP项目的审批和管理也要不断加强。有数据显示，为了化解地方融资平台债务风险，财政部披露的首批30个PPP示范项目中，地方融资平台存量项目占到22个。这就意味着虽然PPP模式具有促进政府治理等功能，但就目前来看，大部分还是用于融资目的，因此避免PPP模式成为新的地方融资平台至关重要。引入民间资本解决地方政府缺钱和欠债的问题才是PPP模式的本意，如果管理不善令PPP成为地方政府新的隐性债务通道，那么推行新的模式就有些得不偿失了。

其实PPP模式的核心，是政府的一种管理模式，是在公共服务领域引入市场机制，这就意味着政府要注重处理好与市场主体之间的关系，掌握好一个恰当的尺度，既不越位也不缺位。从国际经验看，推广PPP模式往往需要国家层面设立管理机构，协调各部门创新机制，对PPP的全过程管理，通常还要有必要的财政约束，以控制PPP项目中的财政承诺，实行总体风险控制。

第二节　全球公共物品的本质及特征

一、区分"硬""软"公共物品的必要性

硬性公共产品要以共同利益为内涵，而规则和制度等软性公共产品应以普世价值观为内涵。可以将公共物品分为两类，一类是实物类的公共物品，比如基础设施、社会保障体系、国防力量等"硬"的，类似约瑟夫·奈所说的"硬实力"；另一类是规则和制度等"非实物"类或者"软实力"类

的公共物品。从全球化角度看，各国设定和建立硬性公共物品的根本目的是以共同利益为转移，利益和相互需求驱使各国采取集体行动——比如我国领导人总结的，现在我国打头的国际合作，称为相关国家之间进行的国际产能合作；但软性公共物品，其决定因素显然是一种共同的价值理念——普世价值，它是基于社会发展基础上个体的共同选择决定的。

全球公共物品的定价。当今世界，西方国家和我国所提供的国内国际公共产品的种类和数量显然存在很大差别，很多文献已经有所论述，这里就不赘述。由于全球公共产品与国内公共物品存在本质区别，涉及共同提供，都要衡量成本和收益，所以其定价问题就特别突出。可以说，硬性的公共产品按照谈判分摊原则由受益方均摊，而软性的则是各国根据对成本收益尤其是长远收益的评价而定。但是问题却可能没有这般泾渭分明，过分强调均摊，意味着有些国家不能享有搭便车之利，大国也应该对全球事务做出比自身经济实力更多的贡献，否则不能得到国际认可。依此才能回答这样的问题：中国海军参与亚丁湾护航的次数和投入等由什么决定？澳大利亚寻找马航MH370的投入由什么决定？

又比如说，硬的公共物品以实力为后盾——投入后得到的收益预期更大，软的以共同认可的价值观为基础，也就是说，这类产品的"产权"是模糊的，容易被人所接受。"当评价有关公共物品的决策时，我们通常用'社会净剩余'最大化作为标准：有关公共物品的决策是否使社会总收益与提供公共物品的总成本之间的差值达到最大化。"[①]但是问题又出来了，谁来衡量社会净剩余，究竟取决于公众偏好还是政府偏好？回答这个问题，可见下述材料。

参考材料29：征收燃油税的条件

清洁环境是一种公共产品，它究竟是怎么生产出来的呢？显然离不开政府对于排放污染物的征税，用此收入从事治理污染的基础设施建设，或者是通过市场的方法，将其中的一部分收入鼓励排放较少未用完排放指标的企业。然而征税（不论是新的税种和原有税率的调整）必须具有法律依据，

[①] 埃里克·马斯金：《机制设计：如何实现社会目标，建立现实世界的经济学》，《诺贝尔经济学奖得主颁奖演说选集》，中信出版社2012年版。

否则很难赢得公众理解。

2014年，国际油价大幅下跌，但是国内征收的燃油税率却连涨三次。舆论认为，我国油价早在几年之前已经和国际油价形成联动之势，当然在三大石油价格期指下跌时，国内成品油价也应向下调整。这一点没有什么疑问，关键在于，在油价下跌的同时却对燃油消费量加税，消费者没有在价格下跌的时候享受好处，反而被政府拿走。另外，由于油价和其他价格的互补作用——燃油税的税负会加到所有的商品和要素中，不但消费者而且生产者也由于成本上涨而深受影响。现在油价中所含的税费竟占一半还多，但是征税部门并没有说在哪些方面要采取措施减轻纳税人的负担。

鉴于消费者反应强烈，有必要看其究竟是否合理、合法。必须向公众陈述征税的理由，而以前推出一项举措时没有这样的公开申明：该税收用于环保——改善环境、治理污染、促进能源产业发展。但是税征收上来之后怎么使用，是否用于环保，新税率征收后的总量增加的开支细目等，却未公开透明。所以很难说让人民代表监督政府的财政支出行为。

燃油税作为一种特殊的税种，在取之于民用之于民上的特征特别明显，不允许挪用。所以，理由公开是必要的，同样用途公开也不容虚设。

二、全球利益和公共产品的关系

公共产品和全球公共产品中承载的利益关系。究竟有没有全球利益，需要在政治经济学框架下探讨其内涵。按照斯密等人的观点当然是有，新自由主义也承认有。但是全球利益与国家利益存在一致与对立的两个方面，说明全球公共产品与全球利益是对应关系。当今全球化年代，只有国际合作基础上的谈判，才能征得不同国家认同并取得均衡——利益均衡。否则，由霸权国家提供国际公共产品，由于必然首先照顾自己利益和主宰国际格局，在利益和道义上都会走偏方向；崛起大国必定要与守成大国在利益和道义上进行比较——从利益上看，必须做到双赢或多赢，从道义上看，必须遵循"普世价值"。中国已经从后发优势中获取了后发利益，是否也应该为全球利益提供一些力所能及的公共产品？

全球公共产品和国家政治经济利益具有紧密的关联：第一，国家提供的全球公共产品越多，别的国家对其崛起感到的威胁就越少，崛起同样意味着承担国际责任。公共产品的供给,不论是对一国之内还是国与国之间的关系来说,属于这两个层面的政治决策范围。因为"公共产品"中的"产品"指"东西"(一个法律框架)或"条件"(环境稳定)——比如金融危机条件下政府采取适当的贸易保护措施,其目的是保护在产业转移和国内市场中受害的群体,减少利益损失。在国际上,发达国家面对新兴经济体蚕食其"国际市场份额"不约而同地祭起贸易保护主义旗帜,也为自己将经济结构转向"新经济"准备回旋余地。第二,制度也是公共产品。转型意味着从政府控制一切到公民组织参与市场资源配置的转变,与之相应的是个体利益兴起充盈国家利益,形成小河有水大河满的局面;主动参与全球化则涉及个体利益向全球扩展过程中与国际因素的结合,个体利益如果不能符合国际规则的要求,也就无法实现。

后金融危机时代,西方国家自顾不暇,难以承担提供全球公共产品的责任——这里主要是指"硬性"的公共产品,相对新兴工业化国家,他们在提供"软性"公共产品上具有相对优势[1]。有鉴于此,新兴经济体就要和西方国家分担提供公共产品。研究的思路在于,可以比较各自的提供清单和权重,来看出谁进谁退;也应该看到新兴经济体在修订国际经济规则方面的举措,虽然开始起步,但距能够符合与自身实力相适应的作用,还具有很大距离。

现在的国际公共物品供给突破了过去霸权单家供给的状况,而由霸权、全球主义和地区主义三家提供。而这三家由于提供能力的区别,比如霸权式微,提供不足;全球主义没有财力支撑,提供的多为价值观一类的东西;而地区级的倒比较好——既有共同利益又有财力。但这是否是对全球化的背离?是个需要观察的问题。

在转型背景下,公共产品也有其特定的含义。强调过程和委托代理关系变化(代理生产和使用公共产品的授权)。一是用纯公共产品、准公共产品、俱乐部产品和私人产品的分析线索描述市场化进程,考察各自的应用边界就可以看出"纯公共产品"的淡化,私有产品增多这一特点:从我国转型的情况看,改革不仅体现了公共产品从"纯公共产品"经过"准公共

---

[1] 这也就是奥巴马和希拉里等,提出要运用"巧实力",制定规则上面的能力越强,就越能更好地操控局势。

产品"向私人产品的过渡,也体现了无形的公共产品从"一国国内"向"国际"乃至"全球"过渡。若以时间为标度,可以看出公共产品的变动与利益格局的变动是相辅相成的。二是三种不同公共产品的类别和建立、作用等都要有公众的授权,而且这种授权关系从后往前要更加复杂,按道理说监督的层次也要更多——源于多层利益关系和成本效率关系。所以,很多分析都以俱乐部产品或准公共产品——地区公共产品来进行并提出最优化指数,而不拿纯公共产品进行分析。三是从决策角度看,比如"一家私营公司一旦进入股票市场,人们就认为它已经走向公共领域,不再由少数人私自掌握或是由国家独自拥有。然而,市场也是一个为争取私有利益得失而讨价还价的场所"[1]。尽管出现这些归属不清晰的问题,但是,衡量的根本在于"谁决策"。可以将公共领域看成私有权发挥作用的外部条件,但它的确引导公司走向社会。

　　从以上角度看待全球公共产品,也能够提出几个层次的问题:第一,它诞生于全球问题的土壤——如非传统安全的各种问题,而以前这种问题并不突出,全球问题仅是"公共问题"的一个维度。第二,是本国的公共产品如何同全球公共产品接轨。制度变革问题可能最为重要。因为计划体制下的公共产品和市场体制下的公共产品有着本质区别。当一国融入全球经济,国内公共产品能否成为"全球公共产品",就立刻变得尖锐起来。比如在本国是"良品",即以"普世价值"为基础、符合全球化趋势与国际规范,就能够被国际社会理解和接受,可能实现"无缝链接",但如果是"劣品"——比如配置资源上的权贵结合体制,就不会被国际社会理解和接受。所以参与并想在全球化进程中发挥能动作用的前提条件,是改革体制实现公众监督,从提供劣品到提供良品过渡。第三,全球公共产品运行经验对本国公共产品建立也会有促进作用。比如碳排放市场的规则和指标,这也可以算作一类可资借鉴的"后发优势"。第四,本国公共产品与全球公共产品在"国家利益"和"全球利益"上的冲突。比如我们不能舍弃发展(在一定时期,粗放的发展不可避免,也不可能一夜之内完全消除,只能采取"边污染、边治理"的方式)而追求"全球利益"。同样,也必须尽可能

---

[1] 英吉·考尔等:《全球化之道——全球公共产品的提供与管理》,人民出版社2006年版。

多地制定当今国际贸易体系中对发展中国家的优惠待遇——比如国际贸易体制中,对发展中国家特有的有区别于发达国家的贸易规则和政府补贴规则,不能过早地搞"不折不扣"的自由贸易。总之要说明在建立和遵守全球公共产品背后"国家利益"的考虑。

三、全球公共物品理论随实践不断深化

全球公共产品的本质——促进发展、安全和秩序的工具。 借用制度经济学的分析思路,用"从什么地方来,到什么地方去"的观点来对全球公共产品提出一系列问题:当代全球公共产品的提供和运转,究竟与霸权国家还有多少关系?国际机制(共同的规则)是否有效,能否得到大多数国家尤其是大国的认同?当国家利益尤其是国家经济利益随着国家力量的发展而延伸的时候——经济利益边疆超越主权边疆,要使国家利益在全球范围内正常扩展,应该遵循或改造什么"全球公共产品",才能符合自身的发展利益和全球共同利益呢?

某些流行的观点,对全球公共物品理论深化亦有重要作用。比如利益相关者理论的一个观点——利益攸关者越多,公共产品就越必要,因为公共产品可以整合不同利益,化不确定性为确定性;各国针对某项议题的谈判中,要求议题设定能够更加直接,不同谈判方能够直接表达对某个问题的利益诉求,直接在谈判场合进行利益博弈,不能只是少数国家拥有话语权;全球公共产品适应时代的发展而不断变化。在全球化和互联网的今天,提供全球公共产品的主体呈现多元特点,联合国、非政府组织NGO和其他团体如天主教会,虽然都不会拥有如国家一样的独立主权,但也都从自己利益出发,在公共产品的建设中发挥更大作用,按照自己的要求重塑世界格局。

——怎样为全球公共产品进行融资?这取决于:第一,打着什么旗号,是否关系到融资方的利益,涉及融资的道义问题。第二,融资成本能否在从公共产品的收益中得到补偿?美国的马歇尔计划,最终确立了美元的统治地位,而这是一个美国获得的战略利益问题。第三,要区分"软硬"公共产品,如果不能以软带硬,必然产生摩擦。第四,国际公共产品的费用分摊,最小付出与最大收益原则对于大国是否适用?

——国际公共产品的搭便车问题。关于全球公共产品的区分标准:第

一，加入一个单位后其边际投入等于零，也就是说，除了初始投资者的投入外，允许存在众多的搭便车国家。第二，大国和欲发挥影响力的国家应该允许他国在一定时点上"搭便车"，不能以"锱铢必较"态度对待小国。过去我们为全球秩序提供公共产品的理念是错误的。其错误表现在：总以救世主的面貌出现，要解放全世界，但又因财力所限，只能赞助某些国家，而赞助的国家又总跟我们反目。

——我国成为"新崛起的大国"，既有与发达国家利益重合的地方，又有与发展中国家利益重合的地方，所以界定国家利益难度增加：一方面取决于在国际生活中主持正义的要求，另一方面又要维护自身海外利益，难免顾此失彼，产生矛盾；过去在发展的初期和中期可以搭便车，因为是后起，且国际舆论是同情弱者。而现在已经站在国际社会的前台，必须开始为国际社会提供公共产品，而且还必须认识到提供的这些也能够约束自己——不能像美国过去那样，只约束人家而自己却在操控棋局。美元作为美国为国际经济提供的公共产品，其根本目的是凭借美元霸权绑架别国到自己的利益战车上。

——中国应当是国际秩序的补台者而不是颠覆者，也不是非要自己拉起大旗搞什么东西。如"一带一路"和亚投行就是补IMF和世界银行的台，希望带动沿线国家共同投资、夯实发展的基础。从参与国的反应上看，都存在巨大的收益预期，离中国近的国家和中东等国家急需高铁、电力等基础设施建设，而欧洲发达国家希望作为"股东"分享这些国家的经济增长成果。

全球公共产品的融资和监管、利益分配问题。过去的公共产品理论主要关注在一个民族国家框架内，尽管在其中可以分为不同层次——中央和地方的公共产品，从供给的角度涉及中央和地方财政。但现在，全球公共产品却更引起世人注意。这是因为，这些产品不仅对特定国家的人口，而且对整个世界都有公共性，比如全球环境的"量化属性"而不是"性质属性"更像公共产品——按什么原则分配排污指标、指标多少更易被多数国家接受；知识和健康也是重要的全球公共产品——知识的传播途径和人均受教育程度、健康的指标（比如人均寿命和社会保障保险等）；而在机构与制度方面，主要的全球公共产品便是推动世界和平与国际安全以及维护全球市场经济发展需要的各种机构与制度。

提供公共产品的能力，这是一个可以比较的事实。 涉及生产公共产品的基础设施、人力物力和体制以及投射能力，比如救灾能力。日本发生海啸之后，美国太平洋舰队很快就帮助日本打捞海上的废船和进行其他抢救活动；海地发生地震，美国也是第一个到达那里，抢险救人。别的国家并非不想那么做，但是没有那样大的投射能力——第一时间将所需要的人力物力运到需要的地方。另外，美国民间也形成了比较专业的和平队、志愿者，政府有时不愿干的事情，民众可以对之进行弥补，发挥了很大作用。这也是提供国际公共产品的两个途径。显然，在这方面，我国与美国还存在很大距离。

全球公共产品提供是否内含某些国家的"阴谋"？ 不见得没有，但是促进安全、发展和秩序始终是全球公共产品提供的主要目的，否则国际社会也不会承认。用公共产品绑架其他国家，用影响力来纠集一些伙伴，来实现自己的目的，也有历史事实依据。但事情总是在变化的：比如若干年前，美国向中国提出就气候变化问题进行合作时，我们就认为是美国的阴谋。凭什么你的尾气在过去工业化时期排放完了，你已经进入后工业化的少排放、少污染和清洁环境的今天，就用苛刻的反排放标准来压我们？你这么做的背后实际上是延迟我们发展和由自己称霸世界的目的决定的。然而当时的这种心态被现在的事实所打破，随着我国经济粗放增长，片面将GDP作为衡量发展的唯一指标，在国家财富迅速增长、民众迅速致富的同时却毁坏了环境，我国东部的雾霾始终挥之不去并越发严重，在我们增长的同时出现了环境安全和经济不可持续问题，过去流行的"阴谋论"在今天也就不攻自破。合作这个当时提出的意向，最终成为今天两国的共识。

比较优势的发挥是全球生产效率的保证——如何保证这个效率的体制，也是一个全球公共产品。 按照H-O（赫克歇尔–俄林的要素禀赋论）模型，比较优势的发挥是全球生产效率的保证。从这个角度出发，自由的国际贸易将确立各国之间完全统一的相对商品价格（Relative producing prices），在一种竞争性的平衡状态中，这些价格将与每个国家的边际替代率相等。进一步可以推论出，自由贸易将实现生产在各国之间的有效配置。在相应的制度下，公共产品也应该出现类似的结果——既然承认这个原则，那么体制的变迁也应该符合其要求。但是仍然需要探讨的问题是，H-O理论指的是私人产品，而公共产品的国内供给如果是为了弥补市场失灵，其结果也应当有助于各国在贸易中的相对商品价格之形成。然而实际中的症结在于穷国与富国公共产品的边际生产成本有大的区别，除非富国提供给穷国资金帮助穷国建立公共产品来弥补他们之间的差异，否则全球公共产品就不会有什么重大的作用。因此，还应该继续观察全球公共产品的走向。

利益的衡量指标与公共产品衡量指标的关系[①]。全球多元利益实现，要求提供更多的公共产品，然而后者却供应不足，为什么？因为政府供应的公共产品可能会低于市场价值，削弱供应者的积极性（在国内可以用税收支付，有时也可以强制性提供，但如果跨国低价且长期提供，本国政府的积极性势必衰减）。所以，公共产品的范围应该受到限制。考虑到开支、质量以及最优化供给问题，可以说，前提是减少国际公共产品的种类和数量，并且重视其优先性。这说明，公共产品的供给问题各不相同，如互联网就不是供应不足，而是使用问题——初始投资可能是商业的利润模式，却带来非常好的正外部性，且其收益增长要远大于投资增长，所以供应问题就不像其他国际公共产品如金融稳定和传染病控制那样不易，换句话说，促进技术进步的体制这类公共产品具有发展的优先性，也是个突破点，因为其与公共利益相关而又可行。

[①] 英吉·考尔等：《全球化之道——全球公共产品的提供与管理》，人民出版社2006年版。

第七章　全球治理进程与全球公共物品

　　国家利益内涵和外延的充实和提升，势必与国内外环境变化形成互动关系。一个重要的外来问题就是"全球治理"思潮和实践的扩展。可以对其做这样的表述：多种角色（很多新角色是伴随全球化和转型问题而出现的）参与全球问题（威胁全球发展和安全的问题）的舞台、规则体系和实施办法的集成和动态发展过程。所谓"治理"就是一个不同角色参与的舞台、规则体系和实施办法的集成。参照"全球治理委员会"[①]的定义，可以这样理解：治理是个人和制度、公共和私营部门管理其共同事务的各种办法的综合。它是一个持续的过程。其中，冲突或多元利益能够相互调适并能采取合作行动。既包括正式也包括非正式的制度安排。它具有四个明显特征：第一，以全球治理机制而不是以政府权威为基础。第二，多元化和多样性的参与者按照一致的利益诉求，组成不同层次的集体行动的复杂结构。第三，从表现方式上看，是用什么方式参与、决定双边和多边的关于各种议题的谈判和协调利益关系。第四，治理的结果是获得一种全球秩序，而这种秩序将符合各方（不仅仅是国家之间，还包括不同的利益集团之间的网状结构）的长远发展利益。很明显，全球治理不仅是理念，也有实现机制，实质在于为全球共同利益实现搭建了可操作的平台。

　　全球经济治理作为全球治理的重要组成，彰显突出地位。原因之一在于，冷战结束后，贸易、投资、金融和环境等经济合作和冲突双双摆脱了羁绊，获得充分展现的机会，以往的全球经济、政治格局和秩序需要重塑；之二在于国际经济中新"角色"崛起，改写了既有世界经济版图，面对相对实

[①] 该委员会由德国前总理、国际发展委员会主席勃兰特1990年在德国提出。1992年，28位国际知名人士发起成立"全球治理委员会"。1995年，发表"天涯若比邻"研究报告，阐述了全球治理概念、价值以及全球治理与全球安全、经济全球化、改革联合国等问题。

力下降的西方国家，他们不但要增加世界市场份额，更要求资源配置向他们倾斜，在全球经济治理中发挥更大作用，然而现有的全球格局却滞后于他们的要求。基于上述两点，全球经济治理必然着眼于"新问题"，不然西方国家主导的国际经济秩序将面临瓦解，但同时遇到与"存量问题"的矛盾：发达国家希望在不改变存量情况下治理新问题，而发展中国家却希望"算老账"，要求前者对问题的成因和历史负责。

毫无疑问，研究全球治理尤其是经济治理，不能脱离全球化和转型的历史进程：第一，治理的"新趋势"和国家利益特别是国家经济利益之间到底存在什么关系，特别是对主动参与全球化与转型进程的中国有什么影响？在国际政治经济学领域内，这两个问题尚未得到深入研究，人们对它们的相互关系更是鲜有论及。然而，这项研究不但涉及全球治理和国家利益的研究基础，也将对现实提供"能动"的解释。第二，治理要素的互动和治理效果。政府决策偏差和治理失灵导致其他治理要素的兴起和发挥作用，如果说这就诱发管制危机，威胁国家利益和经济安全，那纯粹是杞人忧天。相反，应该改变治理方式，以适应内外持续发展的需要。第三，治理新因素崛起也提出了经济发展目的问题。比如说GDP和人均收入增长是中国赶上发达国家的两大指标，但如果因此毁坏了环境，生存出了问题，皮之不存毛将焉附？治理怎样为"合意"的发展做出贡献？第四，必须考虑国际治理架构与生产力，特别是与网络社会发展的关系。美国虽然与别国特别是新兴经济体比较相对实力下降，但仍掌控网络治理规则和其他领域的重要标准，虽然这种领导力并不具有强制性，却是我国参与全球治理、发挥作用时必须借鉴和关注的尺度。

第一节　发展和变革潮流提出的新课题

一、两个"节点"和治理模式转变

冷战结束和爆发于西方国家的金融危机，是两个重要的观察全球经济安全和治理变化的节点。如果说冷战结束凸显非传统安全在国际安全体系

（当然也包括一国国内的安全）的重要性，经济安全取代了传统安全位居安全的首位，成为开启非传统安全的扳机，经济全球化在其后的蓬勃发展，则意味着当今国际关系摆脱了传统国家安全的束缚，国界"下沉"使资源得到全球优化配置，造福各国的生产者和消费者，但其负面影响却屡屡被人忽视。金融危机的爆发和持续发酵，从反面告诉人们经济全球化并非完美无缺，传统排斥监管（不是不要监管，但监管不是重点）的自由经济，如果任其发展，一定导致全球经济的无序状态。在自身痼疾缠身状态下，西方国家必然采取自保或以邻为壑措施，难以对世界经济格局发挥正面影响。他们之间的关系虽经多次协调得到缓和，但也绝不同于过去那般甜蜜。总起来看，危机之后，发达国家相继步入日本早就经历的低增长常态，同样也说明依靠虚拟经济和"寅吃卯粮"模式的破产。相对而言，饱尝危机之害的人们更加关注实体经济复苏：新兴经济体在危机后的崛起，其亮点主要表现在这里[①]，而美、德等发达国家吸取危机教训，制定措施向实体经济回归，也能说明这个道理。

金融危机为新兴经济体崛起，创造了有利条件。新兴经济体的相对实力呈现增长态势，却不能证明发达国家经济实力绝对下降。但就是这个变化，也为世界经济装上多元引擎，加速了全球经济治理进程。历史已经表明，有了全球问题，必然产生全球治理，治理实体和执行机构运作乃是不可缺少的条件。在全球治理重要表现形式之一的全球经济领域中，我们看到，IMF（国际货币基金组织）、WTO（世界贸易组织）和WB（世界银行）等既是实体又是运作机构，没有它们世界经济就不能运转。应名为全球经济问题的治理机构，它们和全球利益的关系也在发生深刻的嬗变。冷战时期和金融危机之前，它们更多代表的是发达国家的利益，冷战结束以后情势峰回路转，当经济安全逐渐取代政治安全的主导地位，金融危机又暴露发达国家对治理全球经济问题无能之时，在危机中相对表现较好的国家参与全球治理就成为必然，开始为了自己利益在国际舞台上发声，也逼迫这些机构进行调整——增加新兴经济体所占份额。IMF现任总裁拉加德在伦敦的一次讲演中说，如果有一天IMF总部从华盛顿

---

① 见联合国贸易和发展组织UNCTAD 2014年贸易发展报告，www.unctad.org。

迁到北京,她不会感到惊讶①。G7(七国集团)到G8(八国集团)再到G20(二十国集团)的发展历程,也能说明一个规律:经济实力的变迁决定了以国家为主体的治理参与力度。之所以说冷战结束也是一个历史节点,是因为它成就了另外两个重要趋势:跨国公司凭借优势地位在全球范围内配置资源和占领市场,遍及全球的公民社会组织对全球问题不断扩大影响力②。事实表明,除主权国家为代表的经济体外,众多参与全球事务的"个体"依仗实力的提升,为解决全球问题发挥了更大的作用:第一,贡献自己的一份力量,帮助全球也有利于自己。第二,在解决与己相关问题时落实自身利益诉求,不需要别人"代表"或将自己排除在外——国家未必能代表国内利益集团。有学者将此种趋势定义为"多元化",希望解释冷战结束后多种力量参与全球甚至干预某国国内事务,呈现出的一种复杂的交织互动关系。认为只要是涉及全球事务的力量,都有参与和实施治理资格。第三,人、社会和环境安全、国际经济危机传染等问题特别突出,威胁多样化并跨越国家层面,隐蔽和不确定性极为明显,客观上也需要各方参与,合力解决。

二、全球治理模式转变

从统治转变为治理。时代的变迁不是简单的线性复制过程,旧有因素嬗变和新因素滋生交互作用,给规范当今国际经济秩序提出新的挑战。适应这种要求,一个被称为"统治转变为治理"的变动模式应运而生。治理理论的代表人物罗伯特·罗茨认为:"治理是统治含义的变化,指的是一种新的统治过程,或是一种有序统治状态的改变,或是一种新的统治社会的方式。"③这个定义告诉人们,发达国家尤其是美国不能任意操控国际秩序,国家或其代表的政府也不能单方决定所有国内事务,排斥其他社会力

---

① 《拉加德眼中的全球经济治理之变》,中金在线2014年8月6日。
② 罗伯特·基欧汉等在《权力及相互依赖》一书中认为,过去的依附型——发达国家居于国际秩序中的主导地位,发展中国家则处于被支配或依附地位,转变为今天的相互依赖型,相互依赖还体现为全球化进程系统内变量的交互作用与关联。
③ R.Rhodes: "The New Governance: Governing without Government", "Political Studies", 1996.

量参与。然而，从根本上看，这个模式包含的转变颠覆了原先的统治内容，标志着一个新的"多元共治"管理社会范式诞生①。

用治理的观点解释现实全球经济问题。第一，西方国家长达几百年的统治权威受到来自新兴经济体的挑战。如果说，在金融危机之前的大部分时间里，西方国家还可以通过行之有效的办法来对付国内经济问题，但后金融危机时代，怎样对付蔓延于全球的通胀和失业问题？发达国家不但拿不出救治良方，自己也要受人救治。危机之前，发达国家治理全球问题属于统治型，即强迫别人遵从自己意愿，似乎自己不但能够有效治理国内问题，还能够给全球提供范例。但危机质疑发达国家全球经济统治者资格，由于不能消除国内金融紊乱根源，不能在危机爆发后有效协调各国关系被一再诟病。一旦需要借助新兴经济体的帮助来缓解危机负面影响，发达国家自己罹患"治理赤字"还欲独霸天下的矛盾便暴露无遗。金融危机还说明，危机之前存在于发展中国家的"金融压制"演变为发达国家自身的"金融动荡"，后者今后的增长无法离开新型经济体的金融资助②。对其原因，金德尔伯格早就有所论述③，可以说是入木三分。

---

① 崔顺姬等：《安全治理：非传统安全能力建设的新范式》，《世界经济与政治》2010年第1期。
　第一，无论国内外哪种场合，统治主体一定是政府，而治理的主体可以是非政府的公共机构、私人机构、公共机构与私人机构的组合。主体逐渐多元化和治理进程具有正相关关系，其后果是各力量相对均衡，故任意一方都不能用强制手段迫使他方屈服，"自愿"是各方结合的必要条件。
　第二，就一国内部而言，政府统治的权力运行是自上而下的方式，治理则是一种上下互动的过程——单向变为双向和有中间项的管理，主要通过合作、协商、伙伴关系等实施对公共事务的管理。
　第三，政府统治仅限于民族国家范围，而治理则可以超越领土界限形成超国家方式。
　第四，治理的权威除了法规命令，更源于公民的认同和共识，带有自愿和广泛参与的性质。

② 由于G8陷入经济问题之中，作用相对下降，以致G20考虑和争议的问题远超G8。关于治理赤字的论述，参见Pascal Lamy and Robert Zoellick: "Is Globalization in Need of Global Governance", 10th Annual Raymond Aron Lecture, Brookings, 2013-10-18。

③ 金德尔伯格对当今资本主义国家"老化"的论述。查尔斯·金德尔伯格：《世界经济霸权（1500—1990）》，高祖贵译，商务印书馆2003年版。

我们认为，发达国家向发展中国家放出治理权，不仅出于无奈，而且不会一举到位。当然获得治理权力的也只是危机后表现优秀的新兴经济体，更多发展中国家仍被排斥在治理行列之外。所以有人认为IMF名义是G192，但实际上，发达国家只在2008年向新兴经济体转让了3%的投票权，2010年年底通过的IMF份额及治理改革方案中，有约6%的投票权从欧洲国家向新兴市场国家转移。中国已成为第三大股东。尽管治理权发生了有利于新兴发展中国家的转变，各国仍还是美国国内政策的人质——因为美元是单一的储备货币，美国政府债务和超发货币带来的风险，仍然还要各国埋单。

第二，利益获取机制发生变化。在统治占据主导地位时，统治者可以强制迫使他国或本国人民接受统治，也可寻求代理人贯彻自己的统治意图。然而以资源全球配置为核心的经济全球化率先打破了这种强制。跨国公司直接投资推动全球产业结构调整，新兴经济体凸显自身比较优势继而上升为竞争优势，某些群体在国际经济领域获得先机而崛起，都对发达国家掌控的统治秩序构成挑战。既然全面掌控已无可能，发达国家只能通过对规则的掌控谋取利益，而新兴经济体对此尚可接受——不仅因为总体实力还不足挑战发达国家实力和既定的国际规则，而且在这方面还缺少经验和思路。所以，"后进入者"要放弃部分经济主权和对自身发展的决策权才能加入到全球治理行列中来。但他们并非没有与发达国家讨价还价的筹码——由于在多个领域发挥不可或缺的作用（就金砖国家BRICs在世界贸易投资金融中的地位不断上升，这些国家在全球制造业产品产量中的比重等很多方面而言）。最后，参与全球治理要照顾投入和收益关系。渐进性参与之所以可行，一方面是考虑到在国际制度中对发展中国家的优惠原则；另一方面，后进入者要遵从既定的国际规则，才能适度"搭便车"从规则中获益。要避免的一种做法是，强求对世界经济贡献和所占份额的绝对平衡，如果对IMF中的投票权锱铢必较，就会在路径和时机上难以融入国际机制①。

第三，转型过程中利益集团兴起和分化。有人用集权转向分权说明统治到治理转化。由于不同利益集团的兴起、博弈与合作，计划体制向市场体制转型才获得基本动力。在此过程中，虽然统治经济（计划体制）的影响还顽强存在，各级政府不肯轻易向市场让渡权力，但他们毕竟很大程度上改变了集权制度下形成的统治偏好，不管政府和其他社会生活的参与者，都需要通过竞争来获取治理资格，以业绩和民众支持作为治理好坏的评价标准，否则必遭非议甚至丧失民心。怎样在各种利益集团的博弈中调节利益关系，怎样减少对资源配置的直接干预，怎样作为一个"服务型"的主体，都是政府在现实中不可忽视的问题。新型"多元参与治理"有别于"统治型治理"，实质是用"自下而上"互动型的关系，将民众合理诉求经过实践检验的做法固定下来并上升为制度，取代"自上而下"的服从与被服从关系。政府的作用就是尊重群众的首创精神，助其扫清参与治理道路上的障碍。从更深层次上讲，现在中央倡导的"和谐社会"，也意味着，在法律框架下由利益集团代表各自利益并通过讨论和博弈来解决共同利益问题——起码从国内和宏观经济角度看，政府绝不能只代表个别利益集团的利益。利益集团也必须通过合理合法的手段寻找代表者并经过授权程序登上治理舞台，否则就会面临其内部存在的委托代理信息不完全而麻烦不断的困局。

第四，治理与信息公开与真实紧密相连。当今，治理理念大行其道，与网络社会发展具有同步的特点。信息技术的发展促进了信息交流，不仅冲击了统治依赖的等级制官僚体系（该体系要求下级在信息闭塞的情况下服

---

① 综合看，虽然G20存在资格和代表性方面没有清晰标准的问题，但毕竟是多极化和非正式的自愿合作的产物——这体现出经济实力的重要性，也是能够争取到对我有利的外部安全环境的条件。G20考虑和争议问题远超G8，但是G20在特定目标、金融措施承诺和治理突出问题的时间表上远逊于G8。可见，参与治理需要过程，不可能一蹴而就。对有效的国际治理而言，不能仅凭改善中美关系G-2就行，应该改善的是全球治理体系——作者注。参见 Homi Kharas and Domenico Lombardi: "Brookings Institution, Global Economic Governance Conference", Washington D.C, 2010。

从上级），而且促使国际生活多重参与主体分享合作与发展信息，从而为落实自身与他人利益奠定了技术基础。如果新兴经济体国家和这些国家的企业不了解国际规则、程序和惯例，盲目制定加入国际化的决策，并依此与发达国家进行谈判，不仅是纸上谈兵，还必定遭遇"进入壁垒"，且给以后发挥作用增添不利影响。所以，相互依赖首先是真实的信息依赖，它能有效降低国家和非国家行为体进入治理过程的成本，促进多元化参与态势[1]。从国内角度看，公民广泛参与社会经济生活，也必须具备广泛的信息基础，政府的作用就是打造可供公众享用的真实信息平台，否则参与必然是一句空话[2]。另外，在设计公共参与的治理体系并使其运行的初期，还必须聚焦于公众感兴趣的切身利益问题[3]。在统治背景下，信息保密、失实和不计成本的监控，反映了统治者利用权力排斥其他社会力量，对社会经济生活和秩序绝对掌控。相反，信息公开、真实和流动，对于治理型社会而言，是个必备的物质前提，也被提升到国家力量的层面[4]。

第二节　全球经济治理在全球治理体系中的基础作用

全球治理实践和以国家利益为中心的安全理论具有相辅相成的关系，治理为安全理论提供了研究素材，而安全理论的充实完善，又让前者有理可依，有据可循。

---

[1] 罗伯特·基欧汉、约瑟夫·奈：《权力与相互依赖》，门洪华译，北京大学出版社2002年版。

[2] 阿玛蒂亚·森：《以自由看待发展》，于真等译，中国人民大学出版社2002年版。

[3] 按照图洛克的说法，如果投票者不将政治追求作为一种爱好，一般来说他就很少知情。强制他知晓他不关心的事情需要付出成本，与此同时也就增加他所关心事情的机会成本——作者注。戈登·图洛克：《特权和寻租的经济学》，王永钦等译，上海人民出版社2008年版。

[4] 奥巴马说，9·11后我们深刻认识到，新技术和全球化如何让个人掌握了原本国家才有的力量。奥巴马西点军校演讲：《未来美国如何领导世界》，2014年5月31日。

一、经济安全呼唤符合时代特点的治理理念产生

从实践上看，冷战结束后全球经济治理和国家经济安全具有同步性和相同的指向性，都是要采取措施，减少对经济秩序的威胁。但是也有区别：区别之一，前者更多强调全球问题，后者则内外兼顾，内部问题的解决是抵御外部威胁的先决条件——所谓苍蝇不叮无缝的蛋，一个国家采取的国际行动是国内利益集团博弈的产物，这也是现在国家经济安全关注的焦点。以我国为例，人口国内流动速度加快，产生向发达国家移民的需求；只追求速度的粗放增长对水资源、能源和其他大宗商品需求增加、生态恶化和各国谈判减排份额、应对贸易摩擦增多等也有着较强的对应关系，这都属于由内而外的情况。区别之二，经济安全问题的解决需要多主体共同参与，但又不能将这类问题泛化，如果将行业企业的正常竞争都上升到国家经济安全层面，就会以小失大，微观单位以此换取政策支持从而破坏市场竞争秩序，造成新的不平等，这也是国家经济安全区别于治理的特点。

统治实践和传统安全紧密联系，而治理实践则与非传统安全息息相关。这个观点前面已有论述，虽然如此，但其中也存在一个争议：因为安全之要义是解决现实威胁和失序，要求统一管理迅速决策和出台措施，要立竿见影；但治理却要更多考虑利益均衡，必须经过多方论证和博弈，结果可能是争议无果延误时机。处理希腊主权债务危机问题便是一例：如果各国采取共同的利率政策——利率接近0的水平，仍无法走出危机，因为各国共同的财政政策才是关键。但让各国采取一致的集体行动，贯彻对总体有利的财政政策，都主动削减主权债务赤字，却不啻天方夜谭。因此，治理陷入困境是不言而喻的。在一国国内，情况也是如此。如果出现失信和坑蒙拐骗严重导致市场无序，阻碍宏观经济运行的情况，再依照治理逻辑进行管理，必然造成决策缓慢、行动拖拉、后患无穷的结局。所以，有效的经济治理必须建立在国家和市场关系基础上，既不能在发展中总是将安全反应常态化，违反市场逻辑，又不能不将应急机制置于发展筹划中，赋予政府"该出手时就出手"的权力。

二、治理理论的经济学源泉

从理论渊源上看,治理理论的经济学基础有二: 第一是福利经济学的市场失灵论——单纯依赖看不见的手不能解决这个问题,必须有政府参与,但要分清各自的职责和权力运用的界限;第二是公共选择理论中的政府失效论。该理论强调突出政府作用的后果,极容易让政府替代市场——毕竟政府可以轻易掌握权力。考虑到偏安市场或政府都有问题,所以治理强调的是共同作用,但必须分清责权利并做到信息对称。至于如何分权和利用市场作用解决宏观经济的内外安全问题,治理思想也有贡献,它从下述方面充实了国家经济安全理论:什么性质的安全任务可以外包?怎样动员社会力量和资源维护经济安全[①]?这么说也不等于政府跟市场在资源配置上具有同等重要性。市场失灵的时候,政府出台政策措施斧正市场秩序,一旦运转正常,便应及时退出,不能赖着不走。既然没有"全能型"政府,那它也用不着时刻紧绷维护经济安全的弦,并依仗权力配置资源。

国家经济安全则聚焦于能力建设(国民经济的生产力基础和制度基础)和规范外部条件影响下的市场经济秩序。假如国家积贫积弱,不但无法获得增量国家利益,存量的国家资产也会丧失;没有健康的宏观经济秩序,各种垄断、潜规则和假冒伪劣行为盛行,那么大多数人也无法从经济中获益。发展经济学和转轨经济学的一些理论观点,为我们提炼出国家经济安全这两个主题,做了很大贡献。

应当将全球经济治理因素融入国家经济安全观中来。第一,竞争与合作应当贯穿于国际国内经济安全之中。治理的着眼点是合作,要求竞争的各方做出一定的妥协和让步,否则必定破局。然而现实中,竞争的绝对性是因为其后存在刚性的利益,妥协和让步也不是无条件的;以国家经济利益为基础的国家经济安全观,必须考虑到治理潮流背后的利益变动关系,说明什么可以让步,什么却不能妥协,必须坚持不懈、一争到底。第二,借用时间分析框架将转型过程中的治理因素变化纳入经济安全观建构。这

---

① 我们这里主要指经济安全,而传统安全则不是这种情况。并非所有的安全资源都能私有化,但有些应当私有化才能成就效率,如在市场秩序监管上引入按照利润原则运营的第三方——作者注。

里所说的时间，并非单指事务发展的前后顺序，而是包含了理念、制度演变过程；与治理因素不拘一格的变动相同，经济安全也强调在不同的发展阶段具有不同的任务和要求（在以人为本的前提下，不能仅以从上到下的福利来争取人心，还应包含从下到上的参与、自治与自由平等来使公众获得真正的权利。否则就无法将个人与公众、国家利益结合起来）。第三，治理虽然体现了从集权化向分散化的调整，然而分散的个体或集团绝不可能取代国家在制定政策和对外关系上的作用（宏观经济治理最重要的手段是财政与货币政策，而NGO——非政府组织、TNC——跨国公司和其他公民组织都不可能实施宏观经济管理，更遑论对外代表国家了）；治理讲究"善治"，但如果单纯强调官员的清正廉洁、法度严密、行政效率高、服务于民等，还是脱离不了统治的窠臼。只有主动分权，让市场配置资源，使参与者既分摊成本又分享收益，才是"善治"的内核。第四，全球经济治理强调平衡各国各地区发展需要，而安全则更多侧重缓解当前的威胁，实现二者有机结合的办法是将安全因素和安全制度建设融入到发展规划当中[①]。这样才能解决下面问题：国内发展势必影响国际关系，比如经济增长对世界资源能源需求增加，自身生态环境恶化将污染物扩散到周边国家，所以发展规划要侧重低碳和能效高的行业；由于存在着物质和体制的短缺问题，经济之"不安全"也常表现为群体性冲突形式。治理则能够用公众参与、帮助实施和监督政府的方式来减少那些潜在性的冲突，所以要结合治理因素来制定安全规划使之促进发展；治理要素的齐备程度和国家利益具有相辅相成的关系。要想在发展进程中获得增量的国家利益，从政府角度看，最主要的应当包括，保证增长速度的能力、履行承诺的信用水平、科学合理的政策和战略性资源的掌控能力等。

三、相关观点评价和理论思考

治理实践和理论的变化发展，充实了国家安全与经济安全研究的内容。在这两者的关系上，某些学者的研究成果，给了我们很多启发。

---

① "Balancing Growth: Global Economic Governance for Development", Brookings.edu, 2010–10–08.

从霸权统治转向国际机制治理。之所以说统治已经过时，因为它与日渐衰落的霸权紧密相连。而治理被世人广泛认可，源于它和新兴经济体崛起带动的多角色参与、多元化发展相辅相成。针对霸权概念，有共识的看法是，居于统治地位的强国如何以通用的词句确定与它所希望的秩序相关的各种条件，并且把这种秩序说成是对所有国家、所有人都有利。霸权需要全面的物质基础，该基础分布在三个方面：生产、贸易和金融。三者实力此消彼长及其组合方式引发霸权兴替。当然，维持全球霸权需要巨额军事和政治开支，长期捉襟见肘便不能维持霸权稳定，丧失霸权国家地位。在霸权国家的动机方面，金德尔伯格与沃勒斯坦有分歧，后者认为，霸权国单纯为自身利益而行动，损人利己是其本质；前者却认为霸权国担负的是一种集体领导责任，并为所有参与体系建立者的利益服务。这就要求各国都有一个清醒的共同利益意识。引出"公共产品"（个人、家庭和公司对其消费不会减少其他潜在消费者可支配总量的物质）应用到国际社会，并认定，一个对所有人开放的市场，一个稳定的国际货币制度，一个集体安全体系都属于公共产品范围。这类产品建立和维持费用都由霸权国家承担，是其国际责任的一部分。冷战结束后，新兴起的国际机制理论发展了上述霸权理论。基欧汉认为，当新的国家兴起但仍不足以全面挑战霸权国的统治权力，旧的霸权又确实呈相对衰落不能事事如意之时，霸权对世界经济的统治将被国际机制（以共同的规则为基础，经过谈判达成）所代替。但条件是，当所有伙伴国都相信国际机制并非某些国家仅为自己私利而操纵这些公共产品，并且都遵循游戏规则时，才有可能实现。然而问题在于，作为国际机制的公共产品，从设计和执行上都有一个如何避免"搭便车"的问题（对于多数国家而言，在一定时间内"搭便车"是必要的，否则便不能为营造公共产品而努力），必须让制定规则的主体得到更多的好处，补偿出钱出力的成本，否则任何国家、任何团体都没有积极性[1]。

---

[1] 金德尔伯格和基欧汉的观点前面已述。伊曼纽尔·沃勒斯坦的观点，见他的著作《现代世界体系》，社会科学文献出版社2013年版。

参考材料30

上述这些思想对我们不无启迪，应当深入思考后发优势与劣势这一对矛盾的形成和表现，探讨其变动趋势。广义而言，安全与发展、权力和实力、作用和本领之间存在强烈的对应关系。中国在赶超过程中，可以依靠的一个优势是"后发"优势。设想如果没有在世界范围内丰富的知识创造和技术发明、已经存在各式各样的市场、贸易投资金融自由化政策、冷战结束后和平发展环境等因素，我们怎可能发展和快速增长？然而，某些后发劣势顽强存在（由于技术和市场策略的模仿相对容易，而忽略了采取主动行动加速制度变迁——这被很多学者称为后发劣势），也可能弱化决策者的进取心，导致未能获得"改革红利"。考虑到这些现实情况，参与全球治理必然不能"全方位"一蹴而就，客观存在着进入的先后顺序；另外，这些观点均提出，规则位居国际机制的核心，遵守规则才能合法扩展安全局面。但一国具备构建国际经济规则的资格和自身实力变动存在什么关系？有待探讨。金德尔伯格初步表述了实力变动诸方面及相互关系，似乎存在一个既定的前提，即实力变动与治理权力的对称——力量强弱和治理权力大小呈正方向变动。由于尚无对实力的组合进行再划分，且获取治理权力也有一个"时滞"问题——比如虽有实力但治理意愿不足，或者自身因为某些问题缠身（比如实体与虚拟经济关系没有处理好），因此，还不能清晰提出参与治理的步骤和条件。

国际公共产品供给真空和供需错位。毫无疑问，公共产品既是治理手段又是缓解不安全问题的利器。但是在霸权统治条件下，公共产品供给内含一个基本矛盾——虽然霸权国家可以提供公共产品，但其宗旨是维持霸权、稳定需要、扩展独家利益，并非都有利于全球共同利益。金融危机后，霸权国家面临财政困境，新兴经济体亦因体制机制等"权力落差"，无法提供足够的公共产品满足国际社会需求，供给屡现真空状态。历史也说明，国际性公共产品存在"先建者垄断"和"路径依赖"的情况，后发国家提供的产品未必得到国际社会广泛认可，尤其是某些"软性"公共产品在占领道义制高点上有问题,比如很难用"北京共识"①作为所有后发国家崛起的有效范本。另外,如果一国政府越俎代庖,试图包揽国内外公共产品提供,从内部来看,就无从让民众进行自我激励而产生懒惰,从外部看,势必排斥其他全球社会组织如NGO的贡献。诺斯②有一个观点,当一项活动引起不断增加的外部效应时,一个规范——公共产品就可能产生。所以,外部性是理解公共产品的关键——具有正外部性的是良性公共产品,负外部性则是劣质公共产品,不管它是谁提供的,关键在于以能否增进全球共同利益作为标准。一分为二地看待这个观点,有价值的地方在于,能够为负责任、切实做到帕累托改进的大国参与治理全球问题提供思路和工具,不足则是,很难进行量化和结构分析③。最后,既有理论都将公共产品的供给不足归罪于搭便车现象的广泛存在,但从历史上看,相对落后国家崛起却不可能不搭便车,尤其对于成长大国来说,今天的搭便车是为将来提供更多更好的国际公共产品准备条件,只要符合国际公平竞争的博弈原则。同样,后发大国在为国际社会提供公共产品时,首先应符合国际认可的道义原则,其次是不能斤斤计较,降低身段。

结构性、联系性权力和国家经济安全。首先,国家无论大小,都有参与全球治理与全球经济治理的资格,但是能否发挥既有利于自己又有利于他人的作用,取决于国家必须坚守的理念——实现财富、安全、自由和正义。而能力建设是增进一国在国际经济中地位和影响力的基础(侧重于打牢一国的经济基础,包括物质生产的结构与效率、金融体系和知识体系的完善信息无障碍流动,以及维护自身安全的能力),否则再有资格也不可能发挥作用④。将能力建设视为一种动态培养过程,说明这是国家行为体义不容辞的责任,这是一个很有见识的观点。但其弱项在于,对国家之间冲

---

① 张士铨、宋婧瑜:《如何理解中国经济体制转型的成果——兼评"华盛顿共识"与"北京共识"》,人大报刊复印资料《体制改革》2011年第7期。
② 道格拉斯·诺斯:《理解经济变迁过程》,中国人民大学出版社2008年版。
③ 英吉·考尔等:《全球化之道——全球公共产品的提供与管理》,人民出版社2006年版。
④ 苏珊·斯特兰奇:《国家与市场》,杨宇光等译,上海世纪出版集团2012年版。

突的动机、行为和信息基础没有详尽的解释,这就很难说明一国具有"正能量"的影响力。其次,不论结构性权力还是联系性权力[①],都是集体行为的函数(并非指在统一指挥下的集体行为,而是一个具有影响力的权威行事,引起别人反应行动的总和)。然而集体行动可能也产生正负面双重结果。在统治和治理不同背景下,二者可能是大相径庭。英美曾经操控国际规则也引起别国追随,但首先是他们受益,别国在后面仅能得到一些残羹冷炙。但在治理条件下,情况必然改观,与前者大相径庭。美国总统奥巴马曾指责中国是最大的搭便车者,也从反面说明治理的好处不仅只是少数具有实力的国家拿走,凡新兴经济体都已经从中受惠。最后,依赖全球治理的深入才能实现经济安全的最高理想——怎样打造一种让微观从自身利益出发关注国家利益和全球共同利益的制度,非常关键。需要引入"看不见的手"和"帕累托改进"——不仅强调资源配置效率也强调配置公平和利益共赢。但是,统治强调的是命令式的资源配置,而治理下面由于利益关系的突出和鲜明性,要求更多地用价格、利率、汇率等经济杠杆调节,这也说明从统治到治理是发展的必然趋势。

第三节　全球经济治理趋势与全球公共物品的关系

冷战结束后,中国和其他新兴经济体更主动参与全球治理和体制改革,营造对发展有利的内外部环境,国家利益非但没有减少反倒呈现爆炸式增长,这是有内在规律的。第一,没有微观利益也就不存在国家利益,没有各国利益也就没有全球利益。个人利益容易和小集体利益而不是国家或

[①]　结构性权力是形成和决定全球各种政治经济结构的权力,其他国家及其政治机构、经济企业、科学家和别的专业人员,都不得不在这种结构中活动。简而言之,就是决定办事方法的权力,构造国与国之间关系、国家与人们之间关系或国家与公司企业之间关系框架的权力。联系性权力就是甲靠权力使乙做他本不愿意的事情。权力不同于权利,不是"资格",而是影响力或作用力——作者注。

全球利益对接，国家之间的经济联系也更多强调"区域性"和"相似性"，奢谈"全球利益"，寻找不到它和微观利益联系的桥梁，无异于纸上谈兵，恐无人相信。第二，相比其他利益，经济利益更是国际关系的稳定器，相互依赖加深也表现为贸易投资金融和技术等要素跨越国界而形成的共同体关系。但一国要实现自身利益，也要把竞争对手的经济增长视为己方的繁荣条件，沉醉于"一枝独秀"，实际割断和他方的关系，不但不客观也令他方齿冷。第三，传统安全观强调用统治方式实现国际国内秩序，现在，这个以国家主体和权力为中心的旧理论范式受到挑战，而被治理所取代，但是治理也有问题，在为社会和经济问题寻求解决方案的过程中，存在着各方界限与责任的模糊性。所以，必须通过博弈和谈判、妥协和合作过程，在时常发生的利益冲突中，维持国际与一国经济安全的基本格局。

一、"多元共治"与国家能力建设的对应关系

我们可以分别从横向和纵向关系的角度看待治理趋势（治理的一个重要标志就是国际组织的内涵与外延的变动）和国家经济安全（国家经济安全的实质是国家经济利益的得失）的关系。横向指全球因素及其代表者的国际组织、NGO和跨国公司与国家间的合作与冲突。在统治也就是传统安全占优年代，全球层面上是霸权主宰国际经济政治秩序——基础在于超强的经济军事实力；国际组织多为霸权国家的传声筒和工具；跨国公司的作用受到不同程度压抑；而NGO对国际生活的影响甚小。**而在治理或是非传统安全占优年代，**以往霸权国主宰作用屡屡受挫，物质生产领域雄风不在，金融领域的独霸地位递减，仅在知识创造领域拥有主导地位；跨国公司在全球配置资源和领导全球市场中的作用凸显。危机以后，跨国公司率先走出阴影[①]；NGO对国际生活的参与度明显提高，国际机制开始主导国际秩序。纵向主要是指转型国家的计划经济（统治）和市场经济（治理）分期。**统治和传统安全占优年代，**各级政府掌管配置资源的所有权力——自

---

① 王志乐：《意见中国——经济学家访谈录》第58期，网易财经，2011年6月30日。

上而下，排斥公众对社会经济生活的参与，也不给他们参与的必要信息。而**在治理和非传统安全占优年代**，政府只有配置战略性资源和经营战略性产业的权力，绝大多数的资源和产品交由市场配置；形成了利益集团、公民组织再到企业和个人的纵向参与社会生活的关系，网络为其参与准备了信息基础。社会经济呈现自下而上和上下互动的多主体竞争合作的局面。

从时间角度看待统治转变到治理过程，它明显具有"制度变迁"的特征：不但经历了多元化和上下左右互动，也更加重视全球利益和国家、微观利益的结合；从无所不包的直接控制到发挥市场机制的作用，从强调自身利益的零和态度到全球共同利益的合作妥协。据此，我们能够提出如下观点：第一，多边博弈和寻求共同利益，关键在于信息沟通，沟通机制本身也是全球公共产品，不论大国还是国内上下层之间，沟通有助于正确决策、削减误判。第二，稳定的横向关系依赖于经济的润滑作用和穿针引线。通过跨国公司和国际组织的作用，形成经济利益共同体，抵消传统安全的风险。健康的纵向关系基础在于"中间组织"——联系民众和政府的桥梁，以便承上启下。"多元治理"强调在尊重公民基本权利的前提下，实现"多元共治"，达到共赢结局。而不能将公民变成实现稳定的工具，最终实现用权力管控社会的目的。所以必须要建立有效的利益表达机制[①]。第三，国家能力建基于既有和谐又有竞争的"社会网络"。这并非政府独家能为，必须依靠民众的力量；在全球经济事务中，也应当吸收一切可以被我所用的要素，照顾他方的利益关切，其实就是"相互承认"——从承认（利益攸关）到信任（共赢）的过程。第四，国家在推动全球公共产品建设上必须有所作为。跨国公司和非政府组织不能替代政府作用。国家不仅能够做出安全的判断，也是决定其能否让渡的唯一决策者，至于如何执行，还应当发挥市场作用。

---

① 孙立平等：《以利益表达制度化　实现长治久安》，清华大学课题组，共识网21ccom.net，2010年5月11日。

二、治理成本分担和收益共享

统治向治理转换，不但依赖全球化尤其经济全球化的深入发展，也依赖于经济和社会的转型。**在统治占优的时代**，霸权国家基本上执掌了全球经济和政治权力，其背后便是政府掌握的财政金融等战略资源；**而在治理占优的今天，**更多国家共同担负起拯救危机、振兴经济的责任。虽不能断言霸权国家开始走向衰败，但经济实力上捉襟见肘显然已是不争事实，经费不足导致影响力必然递减。因此，硬实力相对下降情况下又要保持和发展自己的利益，就要合理运用实力。相比而言，软实力和巧实力的成本投入较小，且能高度聚焦，风险小而受益大。在关键地区的投入也可以获得"四两拨千斤"的作用。

从国内转型的角度看，政府通过向民众放权，用市场"看不见的手"替代过去政府用"看得见的手"来对资源进行配置，政府只在市场管不到的地方或者在市场失灵的时候发挥作用，那么不管民众、市场还是政府，就都有了用武之地，蛋糕做大共享收益的条件是发展和治理成本分摊。

可以归纳出一个共同的转换模式，即：从单方得益到参与者利益均沾，从霸权和统治过渡到多元参与，从部分国家和部分人的搭便车（因为非传统安全不构成对政治主权的威胁，所以搭便车不可避免）到共同分摊成本。由于大国提供公共产品的成本要大于收益，而且收益并不是短期能够见效的，所以，"负责任"的大国提供的公共产品应当具有示范效应并引导其他国家投入，而不能斤斤计较；从国内来看，政府减少对市场经济的干预，缩小规模，打击权钱交易，让发展成果更多向民众倾斜，这是"善治"的要求。

总结一下，可以得出如下结论，治理是一个矛盾的辩证统一过程：治理需要付出成本，如果治理后的收益大于成本，可以认为是治理取得成效，这取决于合作意愿，为此双方必须做出妥协，从而获得共赢；而冲突的原因在于各方希望有更多收益但是少付甚至不付成本，同时指责对方。现实中治理的一般过程是，第一，磋商——信息沟通；第二，协调——寻找利益共同点；第三，相关方出台一体化的政策加以落实。名义上看，这属于合作过程；然而，冲突伴随合作而展开。存在于第一个环节的问题是：隐瞒信息和逆向选择。在第二个环节中的问题是：讨价还价。在第三个环节中的问题是：道德风险。从治理主体角度看，只有国家可以从头至尾承担国家利益角色，而跨国公司和NGO不可能充当国家利益的最终责任人，所以政府在维护国家利益上的主导作用毋庸置疑。在国内的体制转型过程中，集权向分权的转化，肇始于分配领域。成本分担、收益共享类似于按劳分配，要解决的问题是，投入（贡献）和收益的平衡、谁来评价贡献和收益、在贡献和收益之间的均衡原则又是怎样制定。这在全球范围内简直无法做到，所以解决国内问题，磋商协调妥协也是唯一出路。

第八章 案例和新问题分析

以下一些案例都涉及全球公共物品与国家利益（国家经济利益是国家利益中的基本利益）的关系。但是对这些问题应采取区别对待的态度，为什么呢？第一，由于全球公共物品在"层级"上存在差别，某些带着"世界"和"国际"字样的组织是名副其实的公共产品（联合国、世界贸易组织WTO、世界银行和国际货币基金组织IMF），在名义上具有较高地位，但意见的不一致和分歧也使他们难以取得共识，增加集体行动的难度；相反，区域性的公共产品（如欧盟和北美自贸区等）运行却相对容易一些，取得的成绩似乎也更大一些。第二，发达国家在全球共同物品的建立和运作中，占着主导地位和垄断性的话语权，是不容置疑的。我国加入WTO的进程，以及在国际货币基金组织中通过增资扩股提高在国际经济中的地位，虽然都说明这是经济实力和国际贡献力使然，但也面临"非市场经济国家"的约束和我国承担国际义务不够的指责。通过下面的案例研究可以得出一个结论，全球公共产品一定要符合发达国家尤其是美国的国家利益，但是这些利益在当前也有和全球利益有契合的方面，对于这些我们就不能抵制；又比如北极航线具有全球公共产品的性质，但是我国却不能像沿岸国一样享用。所以必须仔细对有利与不利因素进行分析，才能得出怎样加入才能符合国家利益的结论。

第一节 美国主导下的跨太平洋伙伴关系

美国主导下的区域性公共产品TPP（Trans-Pacific Partnership——跨太平洋伙伴关系）。在当今亚太区域内各种自由贸易协议中（包括APEC——亚太经济合作组织总体和所有次区域贸易自由化协议），毫无疑问，TPP的影响力最大、自由化程度最高，覆盖了贸易投资金融乃至市场准入和劳工标准等各种问题,代表了该地区国家经济合作的发展方向——尽管现在很多国家未必达到这些要求。而且,该协议的十二个国家中,GDP占全球的40%,贸易额占50%,国际直接投资FDI(Foreign Direct Investment)总额占全球FDI总额的30%,如此具有影响力的经济实力和经济联系,加上以规则激励和约束的制度形式,二者相互作用,对世界经济格局便可施加全方位的影响。可以设想,以经济实力的各项指标为一个坐标,而制度建设为另一个坐标,二者中间的面积和它占世界的比例,能够衡量它在世界经济中的地位和影响力。通过如下的事实也可以得到这个结论:TPP早于2004年成立,开始的加入国都是亚太区域内的小国,本来对区域经济格局的影响无足轻重。但美国通过与发起国谈判,于2008年加入以后,便以自身的经济实力和操纵议题、影响谈判进程的能力获得主导地位,使本来并不起眼的这个组织,在该地区乃至全球的影响瞬间增大,谈判议题和内容也由于美国加入而丰富多彩,包括了使其高级化的种种安排。比如它不但涉及货物贸易这个比较低端、凡自贸区都逃脱不了的问题,也涵盖了知识产权和政府采购等对参与国政府的要求等问题,甚至将政府透明度和国企改革等体制和价值观等深层问题也纳入其中。如此深入程度,不但令传统的FTA(Free Trade Area,自由贸易区)大为逊色,就连WTO以鼓吹贸易自由化理念并落实自由化政策的组织也无法企及。

  美国的加入,导致TPP被捧上了天,称作是21世纪的贸易协议,对劳动条件、政府采购、国有企业、知识产权和环境保护均提出很高要求。用专家的话来说,TPP是国际贸易谈判的分水岭,以前自贸区谈判谈的都是边界开放问题,也就是关税减免问题,而现在则是讨论边界内的问题,涉及一应营商模式等传统主权范围内的众多议题。

  尽管目前TPP谈判成员对知识产权、国有企业和农产品等仍有很大分歧,如马来西亚和越南在国有企业,日本在农产品上都有较大困难(日本大米进口关税逾700%),但美国将TPP作为其整合亚洲地缘经济的重要一环,推动力度极大。

  日本、越南等从地缘政治出发,估计会忍痛割爱,在关键问题上做出让步。美国当然也希望早日结束谈判。同时中国已经表示将力争早日完成与东盟等国家的地区全面经济伙伴关系协议(Regional Comprehensive

Economic Partnership，简称RCEP）谈判，这对美国也是个压力，美国推动加快谈判速度是毋庸置疑的事实。

美国的加入对TPP发展和未来走向具有决定性作用。这取决于美国对TPP的贡献度和从中获得的收益大小，以及二者关系的紧密程度。可以拿北约做个对比，北约应该是一种"集体性"的产品，大部分参与国都位于欧洲，但是美国不成比例地承担了较大份额的军费，这在很大程度上又体现为自愿，相比之下，诸如卢森堡这样的小国却又不成比例地过少承担军费开支，怎么解释这样一种"利益量相同但投入却大不相同"的现象？如果从人道主义或是美国在全球的战略意图的角度考虑似乎能够说明，美国获取的是一种战略利益，而这个利益，小国卢森堡根本无法想见，美国的这种霸权企图，必定要追加高额的军费支出，但是相比其成本而言，还给他带来更多的好处，然而这个分析却难以证明①。但是，经验却告诉我们，这是美国的一贯做法，在TPP上也不例外：它意图用此引导区域乃至全球经济一体化的方向，在新兴经济体崛起和西方国家由于金融危机拖累在全球经济中地位相对下降的背景下，还能够通过对规则、对体制的塑造掌控主动权，给予TPP高标准和高准入门槛，"瘦死的骆驼比马大"，何况它的经济正在复苏；美国优势的一个法宝就在于，它时刻都在瞄准未来的需求，以打造一个引领将来贸易和投资谈判的"样板"。

必须考虑美国全力推进TPP谈判背后的意图。该谈判时间差不多与其转向亚洲，提出亚洲再平衡战略同步，从中可以看出其深层次的战略考虑。冷战期间美苏竞争主要集中在军事和意识形态领域，因为美苏两大阵营在经济上基本没有往来。如今中美之间竞争和合作并存的复杂关系则遍及各个领域，而且更多体现在经济领域，在军事领域，中国短时间内无法成为美国的对手。事实上今天中美经济互补性、依存度都很强，已经形成你中有我、我中有你，谁也离不开谁的合作格局。自2012年以来，中美贸易额逾5 000亿美元。中国3.66万亿美元的外汇储备中，有1/3以上购买美国国债，成为美国第一大债权国。从亚太范畴看，亚太经合组织成员经济总量

---

① 按照奥尔森的说法，这是小成员剥削大成员的情况。无论什么成员，本都应该是按照国民收入规模和花费在防卫上的国民收入比例来决定其投入，这样才是比较公平的，因为小成员从共同防卫中所获得的收益更大——作者注。

占世界54%,全球贸易额占44%,人口占世界40%,拥有27亿消费者。尤其是中国所在的东亚地区更是全球经济最有活力、前景最为看好的地区。

美国提出并力推TPP,将中国和其他发展中大国排挤在外,更多凸显了美国与中国竞争的一面。每当问及美国是否希望中国加入TPP,美方的回答常常闪烁其词,反问TPP的门槛高,中国能接受吗?美国前白宫官员也曾说过,美国亚洲再平衡战略从一开始核心就是经济。理由是,如美国对亚洲的投入不能转化为看得见、摸得着的经济利益,带来更多的出口、经济增长和就业,美国老百姓就难以支持政府增加在亚太的军事部署。更有美国高官十分直白地说,TPP是美国亚洲经济再平衡的核心。换言之,美国推动TPP能否顺利,将决定美国亚洲再平衡战略的成功和可持续性。

以金融危机为标志,2008年对全球经济、政治都是历史性的转折年。对美国而言,它已经开始放弃经济多边主义——力图以自身经济实力塑造全球经济格局,而转向以利益和价值取向为主导的经济联盟。有报道称,美国认为,以世界贸易组织为代表的多边机制给发展中国家带来快速发展机遇,包括中国在内的新兴经济体,在现有体系内的发展已经对美国经济形成强大的挑战。

美国要重新制定全球贸易和投资领域的游戏规则,来规范和牵制来自发展中国家的竞争,提高发展中国家的竞争成本和门槛。它在东西两个方向同步积极推进TPP和TIPP(Trans Atlantic Trade and Investment Partnership,美国与欧盟就跨大西洋贸易投资伙伴关系)谈判正是这一战略的关键步骤。

在平等、互利的基础上努力推进亚洲的经济和贸易投资合作,把亚洲的蛋糕做得更大,符合区域各国人民的长远和现实利益。美国推进排他性的区域贸易安排,来替代全球贸易体系,是自我利益至上的小算盘,从长远看解决不了全球化过程中出现的全球经济失衡现象,也无助于美国经济的稳定和复苏,只会增加、激化现有矛盾,破坏全球贸易和投资体系的完善和建设,损害互利共赢的多边国际体系和多边主义。

TPP和我国的国家利益的关系。问题在于,如此高的标准和进入门槛,明显有排斥中国的意图在内。它虽然代表未来经济合作的方向,加入它对于我国似乎也是大势所趋,但对现实的国家利益和经济利益的影响怎样,值得认真思考。毫无疑问,亚太地区是当今全球经济政治发展中的重点,经济利益博弈的突出之地,不管是美国这样的超级大国还是中国这样的崛起大国,在此地区发挥作用,都不能不通过搭建新的国际贸易体制的方式——美国通过TPP和TTIP的软权力,中国则通过"一带一路"侧重硬权力并惠及参与国的方式。事实上,都是以自己为龙头带动众多国家的参与和发展。但是,TPP的问题在于门槛和标准过高众口难调,曲高和寡。如果只是一个大国带动其他小国,估计问题比较简单,大国提供让小国搭便车的公共产品,但是如果大国比如中国和日本都参与进来,其加入成本必然相对较高,短期未必能够产生结果。主要原因是国内利益集团对自由贸易的反应不一,反对者通常可以组织强大的游说政府力量,比如日本农民的态度,中国的劳动密集型产业也正在受到来自东南亚其他国家的挑战。另外,众多国家的发展水平也存在差距,只要不是生产单一产品的国家,都面临着某些需要保护的产业领域,以自由贸易和投资为基础过高的标准和门槛导致TPP曲高和寡、无人响应的状况,也不是没有可能。因此,美国虽然在经济转好、复苏有力的前提下更多地鼓吹自由贸易,但未必能够单独冒进,这是一个两难情况。

在亚太地区,能够与TPP相提并论的是RCEP[①],它被认为是门槛"适中",范围更广、包容性更强、更具开放性尤其是可行性,因为可以吸纳众多发展水平不一的国家参与,比如对部分落后的东盟成员国区别对待——而以我国为龙头的"一带一路"只能是一种经济上的合作共同受益的事情,并没有任何自由贸易的意涵,但就是因为层次低因而更具包容性,容易得到赞同。总体而言,RCEP在自由化程度上低于TPP,尤其是一体化标准和层次更是如此。所以,TPP在发展水平上存在差异、经济体制上有别、多个大国并存于本地区的情况下,怎样才能弥合这些分歧,照顾到更多的大国利益?TPP看来有些欲速则不达,跟美国的初衷差距较大,其进展缓慢就是证明。这也和各国对"一带一路"和亚投行的热烈反应形成鲜明对比。

有人认为美国不会接受中国加入TPP,否则其制定未来贸易规则的权

[①] RCEP——区域全面经济伙伴关系框架协定,是由东盟主导的新自由贸易协定形式。如果相关国家协定谈判达成妥协,将会产生东盟、中国、日本、韩国、印度、澳大利亚和新西兰等16个国家参加的30亿人口规模的巨大经济区——作者注。

力就会受到挑战，它不会允许"一山二虎"；对于中国来说，高进入壁垒也会让我"知难而退"，否则让步太多，交易成本太大，不但对贸易而且对其他也不利。考虑到谈判中的各方利益协调也是个问题，当然主要在于美国和中国两个大国对对方的意图和措施的评价。对中国而言，要想在本地区乃至全球发挥影响力，获得更多的国家利益，只有在一定的国际规则约束下，来倒逼国内的改革。何况在产品的竞争力等方面已经今非昔比，在制造业领域尤其如此；对美国而言，虽然近期它要提防中国崛起对其现实利益的威胁，但是其既定方针是将我国纳入它所预定的轨道，凭借经济实力和掌控国际格局的能力，用新的办法让你"入套"——巧实力的体现。所以只要你能做出其需要的承诺，它不可能永远将你拒之门外，而且从道义上也不能排斥愿意搞自由贸易的国家，只是需要适当提高门槛而已。

综上所述，改革和开放才使我们拥有更多获得国家利益的机会，经济利益永远是国家利益的先导，在获取利益和承担成本的关系上要有精确的测量，但是也不能因为斤斤计较而丧失了机遇。在理论上，这涉及一次博弈与长期博弈的关系——在博弈双方处于一次博弈的情况下，双方都会采取利益最大化的不合作策略，在双方存在无限次博弈的情况下，未来的预期收益就会越来越富有吸引力，双方可能会选择互惠合作的策略，所以这里又有一个"短期激励"和"长期激励"问题，所谓"利益攸关者"的说法，就是一个具有长期博弈和激励的眼光。从国家经济利益角度看，它既是切入点，又具有长期意义。所以，当博弈处在时间序列中，博弈双方将会约束各自的利益最大化行为——怕对方报复，就会通过与对方的互惠合作实现共同利益，大国之间建立的合作也会被其他国家模仿，这就建立了一种公共秩序，即全球公共产品。

在美国将重心转向亚洲、推出亚洲再平衡战略，表明亚洲尤其是东亚已经取代欧洲成为美国全球战略的中心的背景下，中国政府已明确表示，中国对包括TPP在内的任何有利于亚太地区经济融合、共同繁荣的合作倡议都持开放态度。同时，中国正在积极推进由东亚峰会16个成员组成的RCEP谈判，旨在通过削减关税及非关税壁垒，建立涵盖全球近一半人口、生产总值和贸易额均占世界30%的统一市场。

而且，因为参与RCEP谈判的大多是发展中国家，这样的贸易和投资安排,会更多考虑发展中国家的实际情况和全球发展因素。中国仍将全力支持和兑现二十国集团峰会反对贸易和投资保护主义的承诺,愿积极参与和支持包容性、开放性的全球和地区贸易和投资体系,支持世界贸易组织的多哈回合谈判。

中国和美国在亚太有着巨大的共同利益,无论在亚洲建立何种自由贸易的安排,中美合作都是取得成功不可或缺的关键因素。任何排挤对方的做法只会损害双方的利益,更无助于建立相互信任。中美需要从两国人民的根本利益出发,进一步加强沟通与协调,共同构建更具平衡性和合理化的全球贸易体系,创造经济全球化继续发展的良好环境。

第二节　全球环境与生态合作

环境与生态同全球利益和国家利益存在紧密的联系。我们知道,在国家安全与经济安全体系中,环境安全始终是一个"上位"和"长远"的问题。所谓"上位",是指没有环境安全和资源安全,人类生存时时受到威胁的情况下,国际国内的市场秩序、一国的能力建设显然无从谈起,它是一个基础。所谓"长远",指的是威胁因素的积累,但眼下没有进入全面性危机状态,宏观经济尚可运行,因此并不受到世人重视。有如打击恐怖主义活动是当务之急,而消除恐怖主义威胁却被置之脑后的情况。从另外一个角度看,怎样建立起一个有效的机制,令所有国家都能够从对近期的关注中,去获得长远的国家利益和全球利益,比如核定和执行碳排放市场上的份额等,就是这样一个事情。当今,发展中国家提供了"热带雨林"这样的公共物品,为了减少他们对环境与生态的破坏,必须让其得到补偿,否则必然一意孤行,加速环境破坏。在环境问题上,发展中国家通常掌握着解决全球问题的钥匙。

为什么环境与生态问题与全球利益在很大程度上脱钩?在于它的特殊之处:比如人和人之间的关系,一般是比较直接的快速反应。当人对他人造成损害,立即就会遭到报复——比如贸易摩擦就是如此;而人和自然的关系却是间接的,自然报复人给它损害的"行动"必然发生,但可能是滞后并以突然方式出现①。问题在于,当我们欠着自然与环境的债时,没有因立即得到报复而沾沾自喜。所以,解决环境和生态问题的焦点,在于如何将环境安全的长期问题,演化为对人的利益攸关的短期问题,才能唤起人们注意并采取切实可行的集体行动。可以说环境市场、碳减排市场都是尝试。

环境生态与人们收入的关系。我们可以把收入提高看成经济发展的结果,但收入提高并不必然带来环境的改善,而局部的优良环境也不会让所有的人都从中获得好处。欲将收入增长与环境改善联系起来,可以通过市场排污权的买卖来实现,这是一种新型的制度设计——因为产权是经济学的核心问题,也是调节利益的关键,而产权的划分和运作的方式又属于一种"软"公共物品,它给予人们一定的管理清洁空气的权利,并且这种权利可以买卖②。

在工业化背景下,人们收入提高总是和一定的资源环境破坏有关。按照库兹涅茨的倒U形曲线描述,将人均收入和环境污染作为横纵坐标,人均收入刚开始增长时,环境污染上升,人均收入达到一定程度,环境污染下降。为什么? 经济发展的初级阶段,污染程度不断上升,资源和环境损耗无人过问,也找不到政治代言人。而到经济发达阶段,人们越发关心环境问题,环境代言人应运而生,如绿党在国家政治生活中的作用日趋凸显。人们的关注和积极行动带来环境的改善。再次,仿真预测表明,随着污染加重,总有一天人们的实际收入会下降(虽然有很高的名义GDP,但社会福利和生活质量下降)。使用原始方式生产产品,可能污染较少,但若以此和高生活水准的现代有某些污染的生产方式交换,用不发展来取代空气纯净,天蓝水绿,难道就是可取的吗? 所以问题在于选择最优结合方式,按照经济学的语言,叫作边际污染成本等于边际收益,但是这个问题只靠市场无法解决。必须依靠政府制定"新规",即规定企业的排放指标和应当缴纳的"庇古税",凡此这些,又必须由人民代表讨论和监督执行。

---

① 恩格斯认为这就像物体必然下落,体现出自然界中的"重力定律"强制性地给自己存在开辟道路那样——作者注。
② 林德尔·G.霍尔库姆:《公共经济学——政府在国家经济中的作用》,中国人民大学出版社2012年版,第78—81页。

资源环境作为公共物品的特性。空气作为一种"公共物品",与环境一样,是非竞争性和非排他性的,现在还不到稀缺地步的共有资源。但在今天,空气状况引发诸多争议。问题症结在于,大自然赋予的并不涉及产权关系因此事实上并不稀缺的物品,与人类出于保护环境这一目标而创设的限制排放的指标这种"新型"的公共产品相互混搭,将一定程度的排他性,给了某个国家在一定时间的排放总量许可,这就等于由国际组织或者国际博弈赋予某国排放产权,纳入原本的非排他性体系中。开宗明义指出后者为了前者服务,是全球性的,对任何国家没有例外。毫无疑问,这体现了人类的智慧。"在有关全球环境问题的政策性讨论中,空气状况与新生的、人造的私人产品之间的联系越来越紧密。具体而言,这些产品即是污染物排放许可。这些许可并没有把空气变为一种私人产品,但是它们却通过一种特殊的途径限制了某些群体对它的使用。如果像《京都议定书》这样的国际协议得以推行,那么与该资源相关的一个具体权利便成了一种私人(国家)权利,一种将空气作为"排污罐"的权利。或者更确切地说,是一种把某种定量气体排放到空气中的权利。通过这种方式对空气的上述利用途径进行限制可以保护空气,使所有群体都能以更广泛的方式来享受空气资源。①

全球生态合作的困境。历史已经证明,针对生态的全球性合作无法取得令人满意的结果,主要原因在于全球生态环境问题具有其特殊性:首先,全球生态环境是一个典型的公共物品,涉及在地球上绝大多数人口的利益,需要大量的国家和组织参与到其中。然而往往因为地区发展程度、受影响程度等多方面的差异,不同国家和地区对待全球环境问题的态度也不尽相同,搭便车的打算和行为又令谈判过程中交易成本居高不下,难以获得成效。其次,如前所述,全球生态恶化具有代际性、长期性的特征,即便当下就采取行动,启动治理步骤,也不能立即获益,当然毁害环境的行为未必立即产生灾难。因此,客观上不存在对环境保护的有效激励,导致环境安全更凸显。还有一个问题是,各国对于环境问题的认识不同。在一个国家之中,假设政府希望减少某种污染物在空气、水或土壤中的排放

---

① 英吉·考尔等:《全球化之道——全球公共产品的提供与管理》,人民出版社2006年版。

量,一种有效的方法就是对所有排放污染物的出口征收统一的排放税,这样一来,只要采取相关措施的成本低于上述税收,污染物的排放者就有减少排放的动机。于是,成本最低导致排放税率与减少污染的边际成本保持对等,这就保证污染问题在减少污染所需成本最低的地方能得到治理。同时,在平衡状态下,所有污染物排放者在减少排放量上都要承担同样的边际成本;另外一种办法是引入可转移的配额体系。配额总量应当等于目标排放水平。假设政府按照某个经专家集体议定的标准和以往数据形成的经验,在所有污染物排放者当中分配污染量配额,那么在市场经济中部分配额势必被当成商品上市,成本相对较低的企业就会倾向于出售自己的配额,从中获益。但是,这些行之有效的办法却没有得到应有的实验和推广,一个根本原因就是不相信市场的力量也在一定程度上可以解决自身存在的问题。

全球生态与环境合作的成功案例。各国关于臭氧层的保护合作,是一个环境治理促进安全的成功例证。从研究制冷设备,到正式生产稳定无毒的制冷剂,再到含氟制冷剂和空调等制冷设备的不断推广,其对生态环境的破坏作用逐渐被人们发现:1984年,英国科学家首次发现南极上空出现臭氧空洞,其成因就是这些制冷剂散入大气后能够高效分解臭氧。臭氧层被破坏将会使大气层失去对紫外线的隔离作用,过多的紫外线照射严重影响农业生产以及人体健康。意识到此事严重性后,各国逐渐开始联合行动:在几个国家单边行动基础上,24个国家签订《蒙特利尔议定书》,限制和禁用氟利昂,并为其寻找替代品,标志着治理环境安全的全球性合作正式展开。发展中国家随后大量加入,合伙制定了一系列逐步淘汰制冷剂的未来规划。2012年最新的观测表明,南极上空的臭氧层空洞已经降低至1989年以来的最低范围,至2065年臭氧层将会恢复过去的水平。如果这一预测能够在未来实现,那么针对臭氧层的全球性合作将是治理促进安全的成功案例。

为什么针对臭氧层的全球合作能够取得成效?原因集中于以下几点:第一,对臭氧层造成破坏的物质主要是一些含氟的制冷剂,其种类和用途都较为单一,易于被确定和控制,同时也容易寻找到更环保、更合适的替代品。技术可行和方便易行使各国容易接受,交易成本较低不需斤斤计较。第二,《蒙特利尔议定书》是一个全方位的、渐进式的协议,为各国提供了一个将本国与全球利益结合的现实途径。其主要内容包括:①各国逐步削减和淘汰指定的有害制冷剂,也给发达国家和发展中国家设定了不同的时间表;②建立一个由发达国家提供资金、援助发展中国家达到议定书目标的多边基金——运用市场方法使发达和发展中国家都能接受,达到共赢结局;③规定参与和未参与该协议的国家之间禁止有关制冷剂以及使用该类型制冷剂的空调和冰箱的生产和贸易——也不是没有硬指标;④对氟利昂等制冷剂的禁令使用还在于一些从事相关化学品研发的公司的推动——禁止旧的、有害于臭氧层的制冷剂,有助于推广其研发的新式制冷剂,以技术垄断为手段取得较大的利润。

全球气候变暖问题上的合作与博弈也体现了治理与安全的关系。从全球资源环境不安全导致各国合作采取集体行动角度看,首先要注意两个问题,第一是人们使用化石能源后大量温室气体排放,第二是砍伐森林加剧了地球对二氧化碳的吸收能力,温室气体不断累积又导致地球表面温度不断上升,海平面抬高,吞噬各国沿海地区,淹没某些小岛国,海水酸化加重,各国渔业受损;低纬度地区的农作物收成锐减,不但人的生存受到威胁,国家的经济命脉和产业结构也难逃劫数。

其次是采取集体行动才能应对。出于安全需要,协调立场,制定可行的实施方法至关重要。然而在这个问题上,既有的国际合作成绩和挫折参半,充满曲折和反复。1992年,《联合国气候变化框架公约》正式通过,超过150个国家和地区签署了该公约。随后,每年召开大会商讨合作。其中一个标志性事件即1997年在日本京都举办的第三届会议,签约国通过了具有历史意义的《京都议定书》,旨在降低温室气体排放恢复到全球变暖之前的状态。主要内容是设定投赞成票国家未来碳排放标准,并通过一系列途径和原则来实现。对发达国家和发展中国家区别对待的"普遍但有区分的责任"原则和实现各国之间的碳排放权交易,深具里程碑意义。然而定原则易,执行起来却因为利益纠葛裹足不前。虽然后来十八届世界气候变化大会上与会国家将《京都议定书》指标完成期延长至2020年,并通过了第二承诺期的减排标准,然而世界各国,尤其是一些重要国家对《京都议定书》的态度并不相同,导致议定书无法发挥应有的作用,给针对全球气候变化的国际合作蒙上一层阴影。

　　为什么合作不易？主要基于以下几点原因：第一，议定书本身并不具有强制效力，违反协议或未实现承诺并不会给参与国带来多大的损失，既缺乏负面激励，也为别国提供反向榜样。第二，从自身利益出发，各国对议定书内容的关注点不尽相同，谈判过程难以达成一致。欧盟支持议定书，部分原因在于其自身拥有较强的经济实力和技术水平，人口增长压力小，东扩之后又获得了更多的排放额，实现承诺排放标准较为容易；小岛国是气候变化最主要的受害国，强烈的领土安全危机感迫使他们团结起来，全力支持议定书的内容；不同意的国家大多基于减排将影响本国经济发展，以及受到本国一些利益集团的阻碍这两方面考虑。曾任美国总统布什就表示，他并不反对议定书本身的思想，但认为议定书的内容会影响美国经济发展，美国参议院的说法与此如出一辙；非洲的一些欠发达国家更多考虑发达国家对其减排援助问题；产油国则关注减排在能源领域会造成多大冲击，进而影响其国家收入。第三，受损受益大不相同。最大的受损国是太平洋地区岛屿国家，海平面上涨将直接淹没这些国家的领土，属于覆巢之灾；另一些受损国因自然灾害增多，存量与增量利益双双受损，然暂时可以支应；一些高寒纬度的国家，甚至有可能从中获益，比如俄国从北冰洋解冻中获得通航和收费之便。另外，现阶段各国发展仍然对化石燃料有较大的依赖性，出于成本与收益考量，不少国家偏向不参与合作。

　　加强环境生态上的国际合作有助于国家利益和国家经济安全。综合上述，在治理条件下促进一国和全球经济安全，是我们考虑问题的基本出发点：第一，寻找合适的合作切入点。臭氧层破坏将会使全世界各国均遭受极大的损失，所以在对待具有破坏臭氧层作用的制冷剂上，各国的合作态度都比较坚决。但必须妥善处理成本和收益对称问题，增强参与治理的动力。第二，国际组织、企业和非政府组织日益增强的重要性。全球变暖问题基本上是在联合国的主导下进行的。处于"全球价值链"中的跨国企业的经营指标与全球问题，比如金融危机的进程，也有着极大的正相关性，他们对"问题治理"的态度会影响国家的取态；非政府组织往往从道义上对全球治理中的进程起监督作用，并通过舆论等方式实现合作的透明性和公开性，特别是对舆论的导向作用，这是政府决策不能不重视的方面。

第三，全球治理领域矛盾尖锐、纷争频发，但不致破局。发达国家和发展中国家"普遍但有区分的责任"是一个共识，要让发达国家担负起技术转让和资金支持且自身先行减排的义务，尚存一定困难——有危机后自顾不暇的缘故。然历史数据表明，经济条件好时，可提供的国际援助就多。比如美国，只要不抛弃合作治理环境的旗帜，全球气候治理合作就有希望。第四，发展中国家虽然具有更多的话语权，但并非铁板一块，利益纷争将频繁发生。利益诉求上的不同，使发展中国家在一些问题上并不能完全统一起来。在全球气候变化问题上，发展中国家内部形成了不同的利益集团，经济发展迅速、能源消耗较大的发展中国家的减排压力，不仅来自发达国家，而且来自太平洋岛屿国家结成的同盟，这些岛屿国家事实上属于发展中国家。在全球环境问题上，并不能简单地区分为发达国家和发展中国家两个阵营。

就环境保护而言，保护全球利益的两个根本办法和相辅相成的方面（统一税制和统一市场）：第一，征收庇古税（Pigouvian Taxes）；第二，引入一种可转移的配额体系（政府首先按照某种标准，如以往的污染水平，在所有污染物排放者当中分配配额，然后批准开展配额交易）。但这两个方面，建立在国内即一国能够控制自己的国内事务的基础上。如果将其推至国际，便可以看出，全球统一的、针对二氧化碳的排放问题引起国际社会的关注，聚焦点在于，这种全球统一的税收将提升全球生产效率（类似国内一样，迫使资源向排放优化的国家集中），同时，有关排放配额的国际贸易体系将使减少排放所需成本最低的国家最大限度减少排放量（同国内一样，配额的价格杠杆调节厂商的排放量）。当符合上述两个方面的公共产品的条件即支出的边际成本相等且等于边际收益时，国内的公共产品才能转化为国际公共产品，公共产品的利益获取和利益分配才能从国内扩展到国际。这种情况还取决于如下条件是否具备：第一是有无理想的国际收入再分配（世界银行等国际组织起到一定作用，但远远不够），没有这种再分配，穷国将不可能将更多资金用于国际公共产品，或者穷国税制低于富国才行。第二是在可买卖的配额上，穷国的配额价格必须低于富国，否则也不可能促进配额在国际市场上的买卖（允许给穷国一定的价格补贴，就像WTO和GATT中对于后发国家的某些特殊优惠政策）。第三是如果穷国得到更多的国际收入分配或者可交换的低配额价格,那么,跨国公司会从富国迁入穷国以便获得这种国际公共产品之便。毫无疑问,迁移对于穷国来说是把双刃剑,一方面创造了就业机会,但根本上却污染了迁入国的环境,然而如果迁入国也能利用国际公共产品,就可以约束跨国公司纳统一的污染税并且买卖配额(对跨国公司规定高于本国企业的配额),从而既用其长处又避免其短处。当然,问题在于在国际中的体系建设和执行力度,以及对搭便车问题的适当容忍。

第三节　贸易摩擦中体现的国家利益和全球公共物品之间的关系

贸易摩擦背后的复杂利益关系。贸易摩擦不但反映了参与国之间的利益关系,也反映出一个国家内部政府和行业企业、行业企业之间、不同的利益集团之间的关系。解决贸易摩擦的谈判活动,也不要求都由政府出面,行业协会就可以代表企业发声,承担一定的责任;当然,应对摩擦的政策必须是政府职能的体现,谁也不能替代。可以从倾销和关税、补贴和关税的关系上看到企业行为与国家行为的一致与冲突[1]。

---

[1] 比如反倾销和反补贴之间的互补关系——如果出口国厂商制定更低廉价格源自出口国政府给予这些厂商的出口补贴,且有明确的证据证明该产业在出口国家属于市场导向,即以占领国际市场份额为目的的产业,那么进口国政府就可以对出口国厂商实行"双反"措施。互补是建立在两种政策措施的差别基础上的,只有功能不同才能形成互补:反倾销针对的是出口国厂商,而反补贴针对出口国政府;倾销可以是市场行为,而补贴则是不折不扣的政府行为;在美国,反倾销可针对任何国家出口产品,反补贴曾一度不适用来自非市场经济国家,但后来有所修正。又比如两种措施之间存在冲突,反映的是不同的利益矛盾:容易引发国际贸易争端——假如双方都以此联动制裁对方,必然导致摩擦升级,结果是利益双输;由于这些是针对特定国家、特定出口商品的征税,不具备普遍性,被征税方也能通过各种方法逃避,因此进口国的双反措施难以奏效,预期利益未必能够实现;尤其是在全球价值链已经形成的状况下,该种政策可能对本国某些产业造成恶劣影响。加入双反征税聚焦于某种"中间品",伤及的不仅是该行业的上下游企业,而且不论本国企业和外国企业都不能例外——作者注。

全球价值链与贸易摩擦的传导机制。分析这个问题,可以从贸易摩擦的政治经济学以及奥尔森的集体行动理论,对之做出合理的解释。我们知道,在全球化年代,从经济利益角度看,东道国、资本输出国和跨国公司的利益是相互交织的。另外,利益受损的集团容易结合且以规模取胜,而获益者就不是这样了。当今贸易摩擦中的一个问题是,由于产品内贸易和中间产品贸易的发展,全球产品价值链形成,如果再提高零部件的关税,势必对自由贸易造成破坏,所以贸易新趋势要求自由化——不仅对跨国公司,对发展中国家亦如此。在贸易摩擦问题上,发展中国家凭借着比较优势而非竞争优势的出口不能持续,而发达国家又希望保持旧有的经济秩序而不肯向他们转让技术;国家和市场的关系——有权威和没有权威的关系,解决摩擦,国家就应该从市场的现实需要出发使资源配置更加合理,而且市场的反应速度要比官僚化的国家快。

以往发达国家常常是贸易摩擦的发起者,但是,由于全球价值链是一个变化的体系,发达国家、转型国家和发展中国家在其中的位置也处于不断的变化中,国际贸易摩擦发起者的身份也并不是不变的,近年来,发展中国家、转型国家,特别是新兴经济体所发起的贸易摩擦的数量逐渐上升,发达国家与发展中国家之间、发展中国家之间的贸易争端成为国际贸易摩擦的一个重要的来源。

全球价值链在确定各国在全球分工中的部分作用和地位的同时,也将各国置于一个上下游或者并行的竞争合作关系中,在这一关系中,一方面各国在货物贸易和服务贸易两大领域中合作的范围和深度不断加强,各参与方都能从中获益;另一方面深化合作也会带来更加直接的利益冲突,而并行关系则会使国与国之间在某一行业中展开激烈的竞争。具体来说,随着国内工业体系和研发能力的加强,发展中国家和转型国家开始向价值链的顶端移动,这就抢占了发达国家的市场份额,而发达国家之间也为了获得价值链某一节点的独占地位而展开市场竞争,这些行为在很大程度上都会表现为国家之间的新贸易摩擦或者使原有的贸易摩擦升级。

全球价值链的形成和升级不仅会扩大贸易摩擦的总量、加深贸易摩擦的程度,还会使得贸易摩擦对象的范围变得更加广泛。在不断复杂化和细化的全球价值链中,国与国之间的经济联系早已不再局限于货物和服务领域、国际投资、知识产权、政府采购等多边安排中已有涉及的领域自不用说，而动植物检验检疫标准、竞争政策、环境治理、消费者保护等非多边安排的领域也通过各国之间双边协议成为国际贸易所关注的重要议题，相应地，贸易摩擦同样开始逐渐扩展到这些领域，贸易摩擦的重心开始转移。在这一背景下，传统的诸如关税等贸易保护手段显得力度不足，达不到预期的效果，而以保护消费者利益为立足点的技术性贸易壁垒、以保护劳动者权益为立足点的蓝色贸易壁垒和以保护自然环境为立足点的绿色贸易壁垒开始成为贸易保护的重要手段，这并不仅仅影响产品的价格、控制产品的交易，而且顺着生产流程和价值链溯流而上，对产品的设计和生产过程施加限制，这不仅会影响到一国的出口部门，还会对相关部门产生重大冲击。

总体来看，中国正处在从全球价值链分工体系中的加工、组装环节向研发、设计和品牌与服务、控制营销渠道等高端环节逐渐升级的中间过渡阶段。近年来，中国进出口贸易总量不断增加，外贸依存度不断提高。1980年中国货物进出口总额仅为381亿美元，到2013年，中国货物进出口贸易总额达到41 589亿美元，出口总额和进口总额分别从181亿美元、200亿美元增长到22 090亿美元、19 499亿美元，上涨了约121倍和96倍。中国的进出口贸易在推动中国经济发展的同时，也提高了我国对国际市场的依赖程度。从结构上看，在出口方面，虽然附加值较低的消费品仍是出口的主要产品，但是资本品和中间产品的出口比重在逐渐上升，这说明我国的贸易结构在逐渐优化，从全球价值链低端的劳动密集型逐渐向价值链中高端的资本和技术密集型转变。在进口方面，初级产品和用于生产的零部件仍占很大比重，中间产品和最终产品的比例则逐渐下降。

综合以上两方面的信息，可以通过贸易竞争力指数（Trade Competitive Index，简称TC）来分析中国在全球价值链中的比较优势和所处位置，对我国的贸易现状进行评估。TC是指一个国家某类产品出口和进口的差额与该类产品进出口总额的比例，反映一个国家某类产品在国际市场上的竞争力状况，其公式为 $T_{ij}=\dfrac{X_{ij}-M_{ij}}{X_{ij}+M_{ij}}$，从纵向比较的角度来看，中国在全球价值链分工中的地位有了明显的提高，半制成品的TC指数从1995年的-0.17快速上升到2012年的0.05,零部件产品的TC指数从1995年的-0.28逐步上升到2012年的-0.08,资本品的TC指数由1995年的-0.31上升到2012年的0.41。从纵向上来看,中国在全球价值链分工中各环节的竞争力的变化,说明了中国的国际分工地位在逐步提高,逐步从以劳动密集型为主的简单消费品分工生产转变为资本、技术密集型的复杂资本品和精密零部件为主的分工生产。但从横向比较的角度来看,中国在全球价值链分工体系中的专业化层次并不高,比较优势主要集中在最终产品尤其是附加值较低的消费品上。

1983年中国实际利用外资总额为22.6亿美元,而2013年则达到了1 187.2亿美元,约是1983年的52倍,IFDI(Inward Foreign Direct Investment,外国在本国的直接投资)年均增长率达到了17.46%,IFDI成为中国经济增长的重要动力。在产业方面,我国第一产业、第二产业和第三产业的外商直接投资的合同项目分别为882个、9 419个和14 624个,所占比重分别为3.5%、37.8%和58.7%;2012年我国第一产业、第二产业和第三产业对外商直接投资的实际使用金额分别为20.6亿美元、524.6亿美元和571.9亿美元,所占比重分别为2%、47%和51%。因此,我国的外商直接投资主要集中于第二产业和第三产业,外商对第一产业的直接投资非常少,进一步说明了外商直接投资不仅集中于加工组装等劳动密集型生产环节,而且对附加值较高的第三产业的投资也占有很大比例。

在行业方面,外商投资的广泛性是一个重要的特点,除了涉及国家安全和军工的行业以及其他法律禁止的特殊行业外,几乎所有国民经济领域都有外商投资的身影。截至2013年,我国的外商直接投资主要集中于制造业和房地产业,其外商直接投资实际使用金额所占比重分别为39.7%和24.5%,而剩下的各行业外商直接投资占总投资比重都不足2%,这样看来,制造业是吸引外商直接投资的最高行业,其次是近年来房地产业已吸收大量资金。因此,外商直接投资主要集中在加工组装等劳动密集型行业和资金密集型行业,表明外商直接投资的产业结构水平有待于进一步提高,我国吸收FDI在全球价值链分工中处于中后阶段。

自我国加入WTO后,我国与发达国家和发展中国家的贸易摩擦数量连年增加。目前国际贸易摩擦的主要发起者仍是发达国家,改革开放后,我国的贸易规模和贸易结构都取得了很大的发展，在国际价值链中的位置不断上升。其中的一个重要的表现就是我国的贸易顺差一直保持在高位，这就意味着我国出口部门的产业可能对一些发达国家相关产业的发展和就业产生一定的冲击。因此，很多发达国家在对外贸易收支平衡和国内就业的双重压力下，频繁地通过各种类型的贸易壁垒阻碍中国制造的产品，进而形成两国的贸易摩擦。一方面，在我国具有比较优势的产业领域，发达国家通过"双反"和普惠制下的特别保障措施打压我国出口的低端消费品；另一方面，在发达国家具有比较优势而我国相对劣势的领域，发达国家则更加注重其在该领域内全球价值链上的优势和主导地位，因而，在限制知识产权、高新技术转移和鼓励国内竞争产业发展的同时，利用技术性贸易壁垒、出口配额的方式进一步束缚我国该领域产品的出口，进而影响我国相关产业的健康发展。

相较于发达国家，产品的同质性和全球价值链中地位的相似性是造成我国与发展中国家贸易摩擦的重要原因。普遍来说，发展中国家对发达国家市场的依赖程度都比较高，而新兴经济体间的市场的培育又需要一段时间，这就使各发展中国家在国际市场上面临比较激烈的竞争。总体来说，我国与发展中国家特别是新兴经济体的贸易摩擦呈快速上升的态势，阿根廷、印度、土耳其等国便是其中的主要代表。以反倾销为例，根据世界贸易组织统计的数据，从1995年1月1日到2012年6月30日，共有31个国家和地区对我国发起884件反倾销调查，在这31个国家和地区当中，发达国家8个，发展中国家19个，转型经济体4个。

中外贸易摩擦的相关领域迅速扩展。首先，中外贸易摩擦在快速地由货物贸易领域转向覆盖货物贸易、服务贸易的所有贸易领域。这主要是因为中国在全球价值链分工中地位的变化带来我国贸易结构不断优化升级，我国的贸易结构正在由货物贸易为主转向货物贸易与服务贸易并重。其次，中外贸易摩擦的焦点转向高附加值的产品。随着我国企业自主创新能力的加强和出口产品结构的优化，我国高附加值产品的出口数额不断增长。从具体行业来看，我国出口产品所遭受的贸易摩擦也逐步从轻工、纺织等附加值较低的劳动密集型产品转移到部分附加值较高的资本密集型和技术密集型产品。

中外贸易摩擦的手段在不断升级。"双反"和保障措施等传统国际贸易摩擦手段仍被很多国家所采用，1995年到2012年，国外对华发起的反倾销案件共916起，反补贴案件62起，保障措施1起，特别保障措施32起。与此同时，中外之间的动植物检验检疫、技术标准、环境保护、劳动力市场、人权等各领域或明或暗的贸易壁垒也愈发严重。2012年，我国有23.9%的出口企业受到技术性贸易壁垒的影响，致使我国全年出口贸易直接损失685亿美元，其直接损失额占同期出口额的3.34%。

中外贸易摩擦不仅会因为惩罚性措施使我国的市场主体在短期内承受巨大的经济损失，而且长期隐性的经济影响也不容忽视，从宏观层面上来说，对我国的新兴产业布局、产业结构升级和对外经济多元化战略等多个经济战略都会有负面影响。例如，2000年欧盟禁止我国动物资源性产品进口，其涉及的贸易金额达到了6 023亿美元，相关的94家中国企业直接破产的不在少数，剩下的也面临重大的经济损失。2012年，欧盟对中国光伏产品进行双反调查，并最终裁定在2013年6月4日后对中国光伏产品实施11.8%的临时反倾销税，两个月后税率升至47.6%，中国损失达3 500亿元。

结束语

本书着重探讨的是在全球化与转型背景下的国家经济利益与全球公共产品的关系问题，得出一些基本结论，也有一些待研究的问题，总结如下，希望学界同仁对此不吝指正赐教。

国家利益并非铁板一块。只有在决定民族存亡的战争时期，各个集团、阶层的利益才能整合在国家利益的旗帜下。而在和平和经济全球化飞速发展的今天，在要素加快流动的情况下，依靠经济上的纽带和共同价值观，形成了跨越国界的利益集团——不同国家之间可能因利益相关组成利益集团，比如金砖国家和参与"亚投行"的意向创始成员国；各国国内的利益集团也可能基于相同的利益组合成跨国界的利益统一体，比如针对不同的全球问题，产生不同领域的NGO等；由于利益是永恒但又是变动不居的，因此在此基础上建立起来的朋友关系，也不可能是永远不变的。从国内来说，如果政府不能给失去利益的群体以补偿，让他们认同国家利益也只是一句空话。

增进国家利益，必须说明并夯实各方的利益基础。建构主义认为，合作不是利益集团之间的自发行为，而是政府引导和规范条件下采取的有组织的集体活动。在市场有效运转的地方体现为一种"自然的合作"，而在市场失灵的地方，就要有一种"诱导式合作"，调节冲突促进社会利益。这个观点虽然强调了合作的非强迫性、自愿性，但是更为重要的是，要看当时社会发展必须解决什么样的问题，"问题"毕竟代表了多数人和政府的共识，也构成了利益存在及合作的经济政治文化基础。显然，本书对此研究得还比较肤浅，需要更多地向同仁学习。

国家利益有其内在结构，在一定外在环境下各种利益之间存在互补与替代关系。比如经济利益、政治利益、行业利益或者统治者利益等，但是经济利益一般是背景和决定性的因素，尤其在经济全球化和体制转型的情况下，凭借不断提升的经济实力，有效运用经济利益手段，不但可以调节国家间关系，也能有效缓解政治上的纷争。

在此前提下，应该深入分析别国与中国经济存在什么互补性与冲突，如何实现对现有国际机制的承诺，准备采取怎样的措施，修正和改善不合理的国际机制——国际公共产品；在霸权对全球经济统治向治理的转变过程中，也为"新"的全球公共产品提出改革要求——比如怎样解决平等（究竟是平等的收益还是平等的机会），与现实中首先是为了发达国家利益的矛盾，事实上的全球公共产品和人们所需要的公共产品还有什么差距，我们应该怎样提升能力从而增加对全球经济的影响力，等等。

经济崛起是撬动利益关系嬗变的杠杆。本书探讨了我国作为大国崛起的一个特点：快速非温和，这就决定了对世界经济的影响是正面和负面同在。考虑到崛起引发的利益冲突及其背后的原因，可以把贸易摩擦和争端（制造业的品种数量和在世界市场中的份额）、GDP的增长及速度对全球资源的争夺和对全球市场份额的获取等计算在内。但对于新的问题仍然有待深入研究。比如我国从资金和产能角度对"一带一路"的带动和在规则上带动之间的关系，如何搭建"硬公共产品"和"软公共产品"的组合，使自身与沿线国家经济利益和付出责任的对等，怎样处理参与国短期内的"搭便车"与长期贡献之间的关系，这些都事关我国的影响力和对世界经济"正外部性"问题，应该给予回答。

本书尝试以问题为导向，分析利益格局和公共物品的供需关系。面对多种复杂和不确定问题叠加的局面，国家治理体系的建设，不能被众多枝节问题所困扰，应该确定几个大的方向，作为中长期工作的着眼点：建立网络化社会、突出节点作用；构造利益相关者的促进关系并以公民不断增长的需求为基础；用协商和达成共识的方式化解冲突；塑造具有普世含义的价值观并使之对发展、对增强我之国际影响力起推动作用；促进社会自组织能力和信任、互惠与合作能力的建设。

后　记

本书系我系(国际关系学院国际经济系)承担的"北京市与中央在京高校共建项目——国际经济与贸易"的一个子课题,也是该总课题涵盖的两个系列(教科书和学术专著)第二个系列中的一本专著。

踏实进取的学风,是国际经济与贸易专业的学生必备的素质。不仅需要打牢国际经济学的理论基础,分析和研究当今国际关系和全球经济中出现的新问题,更重要的是应当分析和研究这些新问题背后的原因和参与者的动机。否则,纵使你将"问题"介绍得有条有理,但是不能有效发掘素材,研究能力非但无法提升,写文章也只能是"炒冷饭"。这就与我们培养"思想深刻"的人的目标相悖。笔者愿意率先一步,既不追时髦,也不假大空,而是针对现实做些实实在在的理论研究。

自本书立定题目和研究写作大纲时起,笔者即向本系教师做过介绍,并征求他们的意见和建议,在写作过程中,也曾多次与他们及外校同行进行交流,吸取经验、辨明观点。还利用给研究生讲述"国家经济安全"课程之时,同他们就该课所涉及的与本书有关的内容做过探讨。在多个思想交锋过程中,笔者获得的思想营养和启示都是前所未有、多种多样的。显然,没有他们的帮助,这本书就无法成形。

最后要特别感谢我系一些研究生为本书提供的帮助。毛云飞对本书的格式进行了仔细的审阅和编排,本书在案例研究中也引用了赵顺的一些分析。可以说这是他们对本书的贡献。当然,书中的毛病和文字不详之处,都由笔者一力担当。